Liebe Leserin, lieber Leser,

vielen Dank, dass Sie sich für ein Buch von SAP PRESS entschieden haben.

SAP PRESS ist eine gemeinschaftliche Initiative von SAP und Galileo Press. Ziel ist es, Anwendern qualifiziertes SAP-Wissen zur Verfügung zu stellen. SAP PRESS vereint das fachliche Know-how der SAP und die verlegerische Kompetenz von Galileo Press. Die Bücher bieten Expertenwissen zu technischen wie auch zu betriebswirtschaftlichen SAP-Themen

Die technischen Bücher von SAP PRESS sind von Mitarbeitern der SAP oder qualifizierter Beratungsunternehmen konzipiert, verfasst und geprüft. Niemand wäre berufener als diese Experten, Sie bei Ihren anspruchsvollen Administrations- und Beratungsaufgaben zu unterstützen.

Jedes unserer Bücher will Sie überzeugen. Damit uns das immer wieder neu gelingt, sind wir auf Ihre Rückmeldung angewiesen. Bitte teilen Sie uns Ihre Meinung zu diesem Buch mit. Ihre kritischen und freundlichen Anregungen, Ihre Wünsche und Ideen werden uns weiterhelfen.

Wir freuen uns auf den Dialog mit Ihnen.

Ihr Florian Zimniak
Lektorat SAP PRESS

Galileo Press
Gartenstraße 24
53229 Bonn

florian.zimniak@galileo-press.de
www.sap-press.de

SAP PRESS

SAP PRESS wird herausgegeben von
Bernhard Hochlehnert, SAP AG

PricewaterhouseCoopers, SAP
Der E-Business-Workplace
Das Potenzial von Unternehmensportalen
2001, 240 Seiten, geb.
ISBN 3-89842-134-1

Helmut Stefani et al.
Datenarchivierung mit SAP
Praktisches Handbuch für Archivierungsprojekte
2002, ca. 360 Seiten, geb.
ISBN 3-89842-212-7

Thomas Schneider
SAP R/3-Performanceoptimierung
Analyse und Tuning von SAP-Systemen
2., aktualiserte u. erweiterte Auflage
2001, 504 Seiten, geb.
ISBN 3-89842-192-9

Sue McFarland Metzger, Susanne Röhrs
SAP R/3 Änderungs- und Transportmanagement
R/3-Systemlandschaft implementieren und warten
2000, 680 Seiten, geb., CD
ISBN 3-934358-42-X

Horst Keller, Sascha Krüger
ABAP Objects
Einführung in die SAP-Programmierung
2. Auflage 2001, 665 Seiten, geb., 2 CDs
ISBN 3-89842-147-3

Paul Read
mySAP.com-Datenbankadministration mit Microsoft SQL Server 2000
2002, ca. 300 Seiten, geb.
ISBN 3-934358-87-X

Aktuelle Angaben zum gesamten SAP PRESS-Programm finden Sie unter
www.sap-press.de.

Guido Schneider
Florian Zwerger

Sichere Unternehmens-portale mit SAP

Galileo Press

Die Deutsche Bibliothek – CIP-Einheitsaufnahme
Ein Titeldatensatz für diese Publikation
ist bei der Deutschen Bibliothek erhältlich

ISBN 3-89842-206-2

1. Auflage 2002

Der Name Galileo Press geht auf den italienischen Mathematiker und Philosophen Galileo Galilei (1564–1642) zurück. Er gilt als Gründungsfigur der neuzeitlichen Wissenschaft und wurde berühmt als Verfechter des modernen, heliozentrischen Weltbilds. Legendär ist sein Ausspruch **Eppur se muove** (Und sie bewegt sich doch). Das Emblem von Galileo Press ist der Jupiter, umkreist von den vier Galileischen Monden. Galilei entdeckte die nach ihm benannten Monde 1610.

Lektorat Wiebke Hübner, Florian Zimniak **Korrektorat** Johannes Gerritsen, Emmerich **Einbandgestaltung** department, Köln **Herstellung** Iris Warkus **Satz** reemers publishing services gmbh, Krefeld **Druck und Bindung** Bercker Graphischer Betrieb, Kevelaer

Inhalt

Danksagung

Wir möchten allen Kolleginnen und Kollegen danken, die sich nicht scheuten, ein umfangreiches Werk teilweise mehrmals Korrektur zu lesen, und die uns zahlreiche Anregungen für Verbesserungen gaben. Unser besonderer Dank geht an Klaus Schmeh, Gesellschaft für IT-Sicherheit AG, der durch seine fachlichen Anregungen und Hinterfragungen wichtige Beiträge und Hinweise geliefert hat, an Stefan Bohlmann, btexx business technologies, an Michel Lang, Novell GmbH, und an Dr. Sachar Paulus, SAP AG, für ihre zahlreichen fachlichen Beiträge im gesamten Buch.

Ohne die Unterstützung der beiden Co-Autoren Alexander Brietz und Alexander Kerwien, sowie von Petra Mai-Fiebrich und Mario Fiebrich, alles Mitarbeiter der SecurIntegration GmbH, wäre dieses Buch nicht zustande gekommen. Daher möchten wir uns an dieser Stelle ausdrücklich bei ihnen bedanken.

Abschließend möchten wir unseren Familien für ihre Geduld und ihr Verständnis danken. Insbesondere in den letzten Wochen waren wir nicht immer in dem Maße für sie da, wie sie es von uns gewohnt sind und wie sie es verdient haben.

Walldorf, im April 2002

Guido Schneider   Florian Zwerger

Vorwort

Portale sind als Schlüsselbegriff für die Zukunft des Internets in aller Munde. Das ist erstaunlich, bedeutet doch dieser Begriff nichts weiter, als dass ein paar Web-Inhalte aus dem Internet mit ein paar Applikationen kombiniert werden – denkt man auf den ersten Blick. Doch hinter Portalen steckt mehr, als man zunächst vermutet.

Zum Ersten haben Portale nicht nur die Aufgabe, Informationen mittels verschiedener Applikationen über Web-Technologie zur Verfügung zu stellen, sondern vor allem, diese Informationen einheitlich und gezielt für den Benutzer aufzubereiten, so dass er optimal mit der integrierten Oberfläche arbeiten kann. Dazu gehört, dass die Informationen und Applikationen genau auf ihn zugeschnitten sind, ohne dass er sich diese Konfiguration selbst mühsam zusammensuchen muss. Portale integrieren strukturierte und unstrukturierte Daten aus Internet, Intranet und Applikationen in einer für den Anwender möglichst produktiven Umgebung. Portale sind also nicht nur technologisch interessant, sondern haben auch eine semantische Aufgabe.

Zum Zweiten bilden Portale im Hinblick auf den Anwender eine Integrationsplattform, hinter der man die eigentlichen technischen Komponenten verstecken kann. Benutzerorientierte Erfolgskriterien für eine Applikation wie Usability und Look-and-Feel können demnach vom Portal realisiert werden und erhöhen damit die Akzeptanz von unternehmenskritischen Anwendungen. Auch ist es damit viel leichter möglich, Applikationen auszutauschen. Man braucht keine aufwändigen Produktschulungen mehr, keine umständlichen Installationsprozeduren, um die Applikations-Frontends auf die PCs der Mitarbeiter zu schaufeln. Auch nicht-webfähige Applikationen aus grauer Vorzeit lassen sich mit einem Portal-Framework integrieren. Darüber hinaus können Applikationen im Nu auch Kunden, Lieferanten und Partnern zur Verfügung gestellt werden. Portale verfügen folglich auch eine administrationsentlastende Komponente.

Schließlich bilden Portale einen konsistenten und kontextsensitiven Zugang zu Web Services, der Web-Technologie der nahen Zukunft. Web Services bestehen rein technisch aus einem strukturierten, einheitlichen, semantisch reichen Frage-Antwort-Protokoll, das an sich keine Benutzerschnittstelle hat. Diese Aufgabe übernehmen Java Server Pages oder Active Server Pages. JSPs oder ASPs sind schnell geschrieben, doch würde ein Web Service alleine, also außerhalb eines Portalumfelds in einem Browser laufen, müsste die Page die gesamten Kontextinformationen und die Benutzerführung selbst abwickeln. Dies ist nun Aufgabe eines Portals; es ist das generische Graphical User Interface der Zukunft.

Doch was für den CIO gut klingt und sich nach Produktivitätssteigerung und Einsparungspotenzial anhört, ist für den Sicherheitsadministrator zunächst einmal ein Alptraum. Hat er sich doch so viel Mühe gemacht, die Applikationen alle abzusichern, Netzwerkzonen einzurichten, Sicherheits-Policies auszuarbeiten, sich genehmigen zu lassen und vielleicht sogar flächendeckend umzusetzen! Und nun: »Alles« soll zentral, mit einer Anmeldung, über das Internet der gesamten Welt zur Verfügung gestellt werden? Das ist doch glatter Selbstmord!

Guido Schneider, Florian Zwerger und ihre Co-Autoren treten den Beweis an, dass Sicherheit dem Portal-Konzept nicht widerspricht, sondern vielmehr Teil eines erfolgreichen Portal-Konzepts ist. So bedingt z.B. ein Portal die Auseinandersetzung mit einer organisationsweiten zentralen Benutzerverwaltung, die an sich schon viele Sicherheitsprobleme löst. Hier seien etwa unbemerkt weiter existierende Benutzerkonten von längst verschwundenen Mitarbeitern in kritischen Systemen genannt. Auch die Problematik des Single Sign-On muss von einem Portal in einer sicheren, tragfähigen Weise gelöst werden. Als drittes Beispiel sei die sichere Anbindung von Hintergrundsystemen angeführt, die sich nun nicht mehr in der »hintersten Ecke« verstecken können.

Dieses Buch ist in seiner Zusammensetzung konkurrenzlos. Es orientiert sich an dem zum Zeitpunkt der Drucklegung führenden Produkt auf dem Markt, dem SAP Enterprise Portal 5.0, ist aber in seiner methodischen Untersuchung und inhaltlichen Zusammensetzung auf jede Portal-Technologie anwendbar. Dabei ist der Inhalt nicht von theoretisch-abstrakter Natur; man spürt, dass hier zwei Praktiker die Erfahrungen aus ihren Kundenprojekten eingebracht haben. Guido Schneider und Florian Zwerger ist es gelungen, die Gegensätze Integration und Sicherheit auf interessante, technisch vollständige und doch lockere Weise zusammenzubringen. Das Buch richtet sich nicht nur an Sicherheitsadministratoren – jeder Mitarbeiter in einem Portalprojekt sollte dieses Buch gelesen haben.

Portale werden in der zukünftigen IT-Landschaft eine herausragende Rolle bei Sicherheitsarchitekturen spielen. Deswegen ist es gut, dass Sie dieses Buch in Händen halten. Sie tragen damit Ihren Teil dazu bei, Ihr Unternehmen, Ihre Organisation auf die Zukunft der integrierten, überall verfügbaren Internet-Technologie der Web Services vorzubereiten. Denn ohne Sicherheit ist das Internet für Unternehmen nicht interessant, im Gegenteil: Ohne Sicherheit ist es ein Risiko.

Dr. Sachar Paulus,
Director Product Management Security der SAP AG, im April 2002

Einleitung

In den vergangenen Jahren haben viele Firmen hohe Summen in den Aufbau ihrer Informationsstrukturen investiert, um Produktivität und Effizienz zu steigern und damit letztlich den Firmenwert zu erhöhen. Diese Investitionen in die IT-Infrastruktur führten jedoch gleichzeitig in vielen Fällen zu einem Überangebot an Informationen, mit denen sich der Endanwender nun konfrontiert sieht und aus denen er sich die für ihn relevanten Daten herausfiltern muss. Dieses Überangebot und der mit der sinnvollen Strukturierung der Informationen verbundene Zeitaufwand wirken in Bezug auf das ursprüngliche Ziel der Investitionen kontraproduktiv. Die Lösung, die sich für dieses Problem anbietet, sind Unternehmensportale, die dem Benutzer die Möglichkeit geben, über seine individuell auf seinen Aufgabenbereich zugeschnittene Portaloberfläche alle für seine tägliche Arbeit notwendigen Informationen abzurufen.

Ein Portal maximiert also den Nutzen der Investitionen eines Unternehmens in dessen kritischsten Punkt – die Verfügbarkeit und Strukturierung von Information. Information ist Macht, aber der Überfluss an Informationen kann sich negativ auf die Produktivität der Mitarbeiter und die Effizienz ihrer Arbeit auswirken. Mit Unternehmensportalen kann der jeweilige Benutzer über seine individuelle Portaloberfläche auf alle internen und externen Informations-Ressourcen, Anwendungen und Dienste zugreifen, die für seine Aufgabe im jeweiligen Unternehmen bedeutsam sind. Dieser rollenbasierte Ansatz gestattet es, unternehmensweit oder auch spezifisch auf die Anforderungen des jeweiligen Mitarbeiters angepasst, Informationen zur Verfügung zu stellen. Das Unternehmen kann hierbei auf vordefinierte Rollen zurückgreifen oder eigene Rollen definieren. Das Portal ermöglicht es ferner, auch über Unternehmensgrenzen hinweg mit Geschäftspartnern in Kontakt zu treten und hierdurch die Produktivität nochmals entscheidend zu erhöhen.

Das vorliegende Buch befasst sich unter Berücksichtigung sowohl allgemeiner als auch produktspezifischer Informationen mit der Absicherung von Unternehmensportalen. Angesichts der Möglichkeiten und Risiken, die in lokalen, vor allem aber auch in internetbasierten Unternehmensnetzwerken liegen, kommt der Thematik Sicherheit in Zukunft eine völlig neue Bedeutung zu. Einige Aspekte sind im Folgenden aufgeführt:

- Über Portal-Infrastrukturen müssen unterschiedlichste, aus Unternehmenssicht z.T. hochsensible Informationen gebündelt, dargestellt und per Internet zuverlässig transportiert werden.
- Die Übertragungswege zwischen den verschiedenen Komponenten eines Portals müssen eine abhörsichere und verlässliche Kommunikation erlauben.
- Portalbenutzer müssen zweifelsfrei authentifiziert werden können.
- Die Integration der vorhandenen Infrastruktur in ein Unternehmensportal muss problemlos möglich sein, um doppelte Investitionen zu vermeiden.
- Ein Portal muss nach Möglichkeit rund um die Uhr verfügbar sein.
- Ein Portal muss von seinen Benutzern als Arbeitsumgebung akzeptiert werden, damit gewährleistet ist, dass im täglichen Umgang z. B. Sicherheitsrichtlinien eingehalten werden.

Sicherheit schafft Vertrauen

Dies sind nur einige der Anforderungen, die erfüllt sein müssen, um ein Unternehmensportal erfolgreich und sicher betreiben zu können. Der wesentliche Aspekt, der allen diesen Anforderungen zu Grunde liegt, ist das *Vertrauen*: Der Benutzer muss dem Portal, durch das er bei seiner täglichen Arbeit »schreitet«, vertrauen, erst dann wird er es benutzen. Vertrauen ist auch die Basis einer jeden Geschäftsbeziehung: Wenn z.B. nicht zweifelsfrei geklärt werden kann, dass Ihr Geschäftspartner in einer virtuellen Umgebung der ist, für den er sich ausgibt, werden Sie vermutlich keine Geschäfte mit ihm machen.

Um den Erfolg eines Portals zu gewährleisten und gegenseitiges Vertrauen aller Beteiligten zu schaffen, ist es aus Sicht der Autoren wichtig, beim Aufbau eines Portals den Sicherheitsaspekt in den Vordergrund zu stellen. Die Techniken, die zur Absicherung eines Unternehmensportals nach heutigem Stand verfügbar sind, werden im Buch einzeln vorgestellt. Ein besonderes Augenmerk wurde dabei auf die Möglichkeit gelegt, ein Unternehmensportal in eine Public Key-Infrastruktur einzubetten, da diese Technologie die manchmal konträren Anforderungen Benutzerkomfort und Sicherheit am besten vereint.

Teil 1: Grundlagen

Das erste Kapitel des vorliegenden Buchs beschäftigt sich mit der allgemeinen Definition von Unternehmensportalen sowie mit der Abgrenzung von Portalen gegen andere Lösungen der vernetzten Welt. Im zweiten Kapitel lesen Sie Grundlegendes über die Vorgehensweise bei der Konzeption und beim Aufbau eines Unternehmensportals. Dabei steht natürlich der Sicherheitsaspekt im Mittelpunkt. Die Darstellung von Techniken zur Untersuchung von Gefahrenpotenzialen schließen das Kapitel ab. Das dritte Kapitel beschreibt die zu berücksichtigenden Sicherheitsaspekte eines Unternehmensportals im Hinblick auf die Realisierung von Single Sign-On-Lösungen.

Teil 2: Techniken

In den Kapiteln 4 bis 7 werden die grundlegenden Sicherheitsmechanismen eines Unternehmensportals aus technischer Sicht erörtert. Dabei werden die unterschiedlichen Möglichkeiten zur Absicherung von Portalen beschrieben.

Teil 3: PKI

Die Kapitel 8 bis 10 befassen sich mit den Grundlagen, den technischen Aspekten und dem Einsatz von Public Key-Infrastrukturen als Basis für die Absicherung von Unternehmensportalen.

Teil 4: Lösungsbeispiele

Die in den vorangehenden Kapiteln beschriebenen Techniken werden anhand von Lösungsbeispielen aus der Praxis in den Kapiteln 11 bis 13 auf den Prüfstand gestellt. Hier können Sie, angefangen bei den fachlichen und technischen Anforderungen, die Absicherung eines Unternehmensportals nachvollziehen und gegebenenfalls Lösungsansätze für die Absicherung Ihres eigenen Portals ableiten.

Teil 1
Grundlagen

Die ersten drei Kapitel dieses Buches beschäftigen sich mit den grundlegenden Begriffen und Überlegungen zum Thema Unternehmensportale. Hier wird ein Einblick in die Problematik und Bedeutung von sicheren Unternehmensportalen gegeben. Sowohl Betreiber als auch Planer werden in den einleitenden Kapiteln für die Thematik sensibilisiert.

Das erste Kapitel definiert den Begriff »Unternehmensportal«, so wie er im weiteren Verlauf des Buches verwendet wird. Hier werden die unterschiedlichen Sichtweisen und Anforderungen an Unternehmensportale vorgestellt.

Das zweite Kapitel zeigt die potenziellen Gefahren beim Betrieb von Unternehmensportalen auf und leitet daraus die Notwendigkeit ab, Unternehmensportale sicher aufzubauen und zu betreiben.

Im dritten Kapitel dieses Teils wird auf das Thema Single Sign-On eingegangen. Hierbei werden Grundüberlegungen vorgestellt und mögliche Lösungsansätze präsentiert.

1 Unternehmensportale

Am Anfang dieses Kapitels steht die Definition des Begriffs »Unternehmensportal«. Diese Definition bildet die Grundlage für alle weiteren Betrachtungen, die sowohl die Komponenten eines Unternehmensportals als auch die unterschiedlichen Sichtweisen auf das Portal betreffen.

Die Informationstechnologie ist eine abstrakte Angelegenheit. Um den Konzepten von Computer, Netzwerk und Daten, mit denen wir täglich umgehen müssen, etwas mehr Anschaulichkeit zu verleihen, arbeitet man häufig mit Metaphern und Vergleichen. Die bekanntesten dieser Metaphern dürften der Computerdesktop und die Ordnerstruktur einer Festplatte sein. Auch das Thema »Portale« erschließt sich nicht ohne weiteres: Wie kann man sich dieses Konzept konkreter vorstellen?

> *»Viele Wege führen in ein Gebäude. Nicht jeder betritt es durch den Haupteingang. Der Lieferant kommt meist durch den Dienstboteneingang, der nächtliche Liebhaber per Leiter über den Balkon, der Ganove bahnt sich seinen Weg durch einen unterirdischen Schacht, der Agent in geheimer Mission seilt sich von der Dachrinne ab, um durch ein geöffnetes Fenster zu schlüpfen, und die Katze schleicht übers heiße Blechdach und verschwindet in einer Luke. Jeder Rolle entspricht der ihr eigene Zugang ins Innere. Dieses Prinzip hat sich die Informationstechnik bei virtuellen Portalen zu eigen gemacht. Doch anders als mancher abenteuerliche Einstieg in ein Gebäude soll der Gang durch solche Portale so einfach wie möglich sein.« (Quelle: InformationWeek, Ausgabe vom 15. Juni 2000)*

Dieser Vergleich zwischen einem Gebäude und einem Portal, genauer einem Unternehmensportal, wird in den folgenden Kapiteln noch mehrfach aufgegriffen werden, um ein grundlegendes Verständnis der Portaltechnologien zu schaffen. Dabei wird der Zugang zum Portal nicht nur »so einfach wie möglich« beschrieben, sondern insbesondere der Sicherheitsgedanke wird in den Mittelpunkt der Betrachtung – und damit dieses Buches – gestellt.

1.1 Definition und Abgrenzung

Informationen sind die Voraussetzung für den geschäftlichen Erfolg eines Unternehmens. Aber allzu oft steht man einer unübersichtlichen Datenflut gegenüber und muss sich durch das Dickicht umfangreicher Inhalte kämpfen. Dies erfordert viel Zeit und lähmt die Geschäftsabwicklung.

Aufgabe des Unternehmensportals ist es, den Mitarbeitern im Unternehmen entscheidungs- und handlungsrelevante Informationen bereit zu stellen und sie bei der intelligenten Verarbeitung dieser Informationen zu unterstützen.

Ein Unternehmensportal lässt sich beschreiben als zentraler Zugangpunkt für die Zielgruppe zu relevanten Informationen, Applikationen und Geschäftsprozessen in einer stark personalisierten Weise. Dabei wird der jeweilige Portalbenutzer und Mitarbeiter eines Unternehmens zum Mittelpunkt des Geschehens.

Wirtschaftliche Ziele

Ein Unternehmensportal ist also die Integration von Informationen, Applikationen und Services aus der Sicht des Anwenders. Der Anwender ist in erster Linie der Mitarbeiter im Unternehmen, aber auch eingebundene Partner, Lieferanten und andere Unternehmen gehören zu diesem Kreis. Ein Unternehmensportal ist ein Portal, das die Sicht auf bzw. den Zugang zu einem Unternehmen ermöglicht. Unternehmen haben das Ziel, Gewinne zu erwirtschaften. Ein Unternehmensportal ist damit nicht Selbstzweck, sondern vielmehr Mittel, um dieses Ziel zu unterstützen.

Single-Point-of Access

Portale schaffen ideale Voraussetzungen, um die IT-Infrastruktur eines Unternehmens mit dem Internet zu verbinden und damit Geschäftsprozesse zu optimieren. Ein Unternehmensportal bietet seinem Benutzer einen einzigen Einstiegspunkt zu allen Informationen, die er für seine tägliche Arbeit benötigt, den so genannten *Single-Point-of-Access*. Es ist dabei unerheblich, wo sich der Benutzer physisch befindet: Auch wenn er nicht an seinem Arbeitsplatz im Unternehmen sitzt, kann der Benutzer über das Internet sicher auf »sein« Unternehmensportal zugreifen.

Informationsquellen

Die Benutzer nutzen bei ihrer Arbeit verschiedene Informationsquellen. Diese lassen sich in folgende vier Gruppen aufteilen:

- **Anwendungen und konventionelle Datenbanken**
  In den Datenbanken liegen – meist in codierter Form – alle Informationen vor, die für das tägliche Geschäft benötigt werden. Sie bilden das Informationsrückgrat eines jeden Unternehmens. Die Daten sind dabei so komplex und auf so viele verschiedene Datenquellen verteilt, dass sich durchschnittliche Benutzer mit höchstens zwei oder drei Anwendungen auskennen.
- **Business Intelligence**
  Um Geschäftsentscheidungen herbeizuführen oder Ereignisse zu beurteilen, werden Informationen benötigt. Das Zusammenführen, Extrahieren und Analysieren dieser Informationen mündet in Datenmodelle, Abfragen, Reports, Analysen usw.

- **unstrukturierte Dokumente**
  Im täglichen Geschäftsprozess fallen Unmengen an unstrukturierten Informationen an, die in einer Vielzahl von unterschiedlichen Dokumentenarten enthalten sind. Diese Informationen stammen von Mitarbeitern, Lieferanten, Partnern usw. Nur ein Teil der Informationen wird entsprechend sortiert, bewertet, weiter verteilt und verwertet.
- **Web-Content und Web Services**
  Große Teile der Informationen eines Unternehmens stammen aus externen Quellen. Die Mitarbeiter greifen dabei auf Informationen und Services zurück, die leicht zu erreichen sind. Das Internet bietet dafür die größten Möglichkeiten und Chancen.

In einem modernen Unternehmensportal werden all diese Informationen gebündelt und zur Verfügung gestellt.

1.1.1 Die Komponenten eines Unternehmensportals

Ein sicheres Unternehmensportal besteht aus sechs Komponenten, die im Folgenden beschrieben werden.

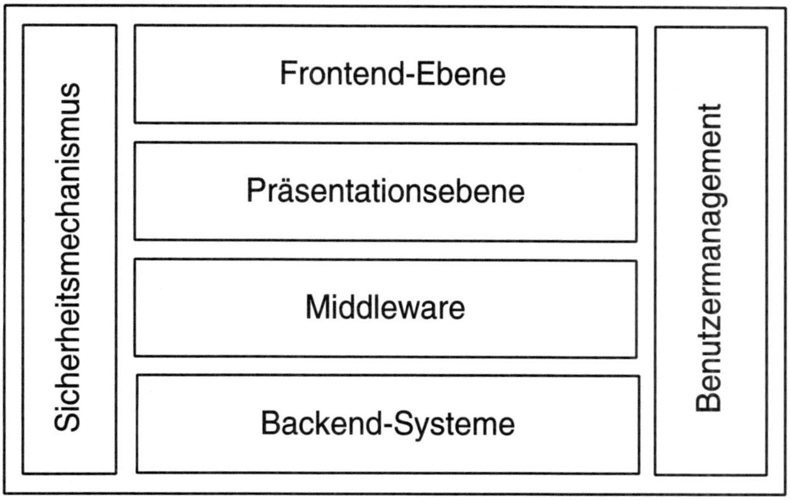

Abbildung 1.1 Die Komponenten eines Portals

- **Frontend-Ebene**
  Diese Komponente enthält alle Frontends, über die ein Portal erreicht werden kann. Die eingesetzten Frontends sollten einfach und überall verfügbar sein. Des Weiteren sollte das Frontend komfortabel für den Anwender sein, damit es ohne großen Schulungsaufwand bedient werden kann.

- **Präsentationsebene**
  Die zweite Komponente eines Unternehmensportals ist die Präsentationsebene. Sie bereitet die Daten aus der Middleware soweit auf, dass sie dem Benutzer mittels unterschiedlicher Frontends präsentiert werden können.
- **Middleware**
  Die Middleware verbindet die Präsentationsebene mit den Backend-Systemen. Sie fasst Daten zusammen, kann ganze Backend-Systeme anschließen und Daten aus unterschiedlichen Systemen verarbeiten. Über diese Komponente werden Daten aus verschiedenen Backend-Systemen untereinander ausgetauscht.
- **Backend-Systeme**
  Die Backend-Systeme stellen die unterschiedlichen Informationquellen eines Unternehmensportals dar. Sie setzen sich z.B. aus Anwendungen, Services oder Datenbanken zusammen. Dabei können sich diese im Unternehmen selbst oder auch außerhalb befinden.
- **Sicherheitsmechanismus**
  Diese Komponente beinhaltet alle technischen Einrichtungen sowie Regularien, die zur Sicherung des Unternehmensportals nach innen und außen existieren. Der Sicherheitsmechanismus bildet zusammen mit dem Benutzermanagement den Rahmen des Portals. Ohne diesen Rahmen kann das Portal nicht sicher für seine Benutzer funktionieren. Der Sicherheitsmechanismus baut Vertrauen auf und schafft darüber die Akzeptanz bei den Benutzern.
- **Benutzermanagement**
  Das Benutzermanagement besteht aus der Benutzer- und der Rollenverwaltung. Diese Komponente enthält alle technischen Einrichtungen, die sich mit den Benutzern eines Unternehmensportals und dessen Rollen beschäftigen. Das Benutzermanagement ist neben dem Sicherheitsmechanismus der zweite Teil des Rahmens eines Unternehmensportals.

Nur wenn alle sechs Komponenten vorhanden sind, kann das Unternehmensportal erfolgreich und gewinnbringend eingesetzt werden. Fehlt eine Komponente oder arbeitet sie fehlerhaft, kann das gesamte Portal nicht einwandfrei und dauerhaft funktionieren.

1.1.2 Abgrenzung zum Marktplatz, Intranet und E-Business

An dieser Stelle soll auf die Unterschiede zu Markplätzen, Intranets und E-Business hingewiesen werden. Alle diese Technologien haben natürlich etwas mit einem Portal gemeinsam. Man könnte sich fragen, wozu man eigentlich ein Portal braucht, wenn doch bereits ein funktionierendes Intranet vorhanden ist, oder welchen Mehrwert ein Portal bringt, wenn viele Geschäftsprozesse sowieso schon im Internet über virtuelle Marktplätze abgewickelt werden. Doch ein gutes Portal stellt die Verbindung all dieser Technologien dar. Es reicht eben für eine effiziente Kostenreduzierung nicht aus, »nur« zu einem Marktplatz zu gehen oder seine Bleistifte online zu bestellen. Erst durch die Verbindung all dieser Systeme entsteht eine Einheit, die ständig erweitert wird: das Unternehmensportal.

Marktplatz

Der Unterschied zwischen einem Portal und einem Marktplatz besteht darin, dass bei einem Portal auf reale Informationen und Ressourcen zurückgegriffen wird. Bei einem Marktplatz treffen sich unterschiedliche reale Unternehmen, die sich zu einem virtuellen Marktplatz zusammenschließen, der erst einmal geschaffen werden muss. Bei Portalen stehen, wie bereits beschrieben, der Anwender und seine Bedürfnisse im Mittelpunkt. Bei einem Marktplatz geht es um Produkte und gemeinsame Interessen, und es fehlt in den meisten Fällen das Rollenmanagement.

Intranet/Extranet

Man kann das Intranet als Vorläufer des Portals ansehen. Bei einem Intranet hat man aber, im Unterschied zum Portal, meist keinen personalisierten Zugang. Daher kann die Struktur der Informationen nur bedingt individuell angepasst werden. Da jeder Mitarbeiter aber eine eigene, durch seine Aufgaben bestimmte Sicht auf das Unternehmen und daher auch auf »sein« Portal hat, kann es keine feste Struktur geben, die allen Mitarbeitern im Unternehmen gerecht wird. Beim Intranet und der Einbindung der Backend-Systeme – wenn diese überhaupt stattfindet – steht nicht der Mitarbeiter im Mittelpunkt, sondern der Schwerpunkt liegt meistens in der Bereitstellung statischer Informationen. Das wichtigste Unterscheidungsmerkmal zwischen einem Portal und einem Intranet ist die fehlende Verknüpfung der Datenquellen untereinander. Man kann z.B. am Frontend keine Daten zwischen zwei unterschiedlichen Systemen austauschen. Die Dateneingabe erfolgt immer manuell.

Ein Extranet ist nichts anderes als ein Intranet über Unternehmensgrenzen hinweg. Dadurch kommt es dem Gedanken eines Portals schon näher, aber die Unterscheidungsmerkmale sind ansonsten dieselben wie beim Intranet.

Weder das Intranet noch das Extranet kennt den Rollengedanken. Darüber hinaus fehlt der Sicherheitsmechanismus, dem im Unternehmensportal so große Bedeutung zukommt.

E-Business

Eine kurze Definitionen für E-Business lautet: E-Business ist der unternehmensübergreifende, elektronische Ablauf von Geschäftsprozessen. Dabei werden u.a. die beteiligten Backend-Systeme auf Prozessebene miteinander verbunden. Portale sind Bestandteile des E-Business und stellen den Teil dar, den der Benutzer sieht. E-Business kann z. B. der Kauf eines Fachbuches bei *Amazon.de* sein, das der Mitarbeiter für seine Arbeit benötigt. Aus dem Unternehmensportal ruft der Mitarbeiter nur noch den Link *Buch kaufen* auf und gelangt dann ohne weitere Umwege oder Eingabe der URL auf die Seite von *Amazon.de*, die in seiner Portalseite angezeigt wird. Bei der Bestellung des Buches muss dann auch kein Passwort mehr eingegeben werden. Das übernimmt das Unternehmensportal. Was der Mitarbeiter nicht sieht, ist, dass sowohl bei Amazon als auch im Unternehmen Prozesse durch seine Bestellung ausgelöst werden. Bei Amazon wird u.a. die Bestellung automatisch in das Warenwirtschaftssystem eingetragen, der Versandvorgang gestartet sowie eine Bestätigung für den Besteller generiert und versandt. Im Unternehmen wird die Bestellung ebenfalls angelegt. Somit kann beim Eintreffen der Ware diese sofort dem Mitarbeiter zugeordnet und die Rechnung auf seine Kostenstelle kontiert werden.

Dieses kleine Beispiel macht den Unterschied zwischen E-Business und einen Unternehmensportal deutlich: Ein Unternehmensportal ist der sichtbare Teil des E-Business.

1.2 Business Case

Wichtig für die Bewertung eines zukünftigen oder bestehenden Unternehmensportals ist der *Business Case*. Er soll und muss die Frage beantworten: Warum baut man ein Unternehmensportal auf, bzw. lohnt es sich, ein Unternehmensportal zu betreiben?

Der Sinn und Zweck eines Unternehmensportals lässt sich auf zwei Hauptpunkte reduzieren:

- Kostensenkung
- Umsatzsteigerung durch die Erschließung neuer Umsatzquellen

Kostensenkung

Die Kosten werden nach der Einführung des Unternehmensportals dadurch reduziert, dass die Mitarbeiter Zeit einsparen und daher effizienter arbeiten können. Sie müssen sich nicht mehr überlegen, woher sie welche Informationen bekommen, in welchem System die Daten gespeichert sind und wie ihr Benutzername und ihr Passwort für dieses System lauten.

Wenn der Zugriff auf diese Information zur Arbeit eines Mitarbeiters gehört und er das Recht auf diesen Zugriff hat, wird ihm das System bzw. die Information in seinem Portal direkt angezeigt. Dabei soll der Benutzer so wenig Zeit wie möglich damit verbringen, Informationen zu suchen. Denn es ist ja nicht notwendig, die Herkunft der Informationen exakt zu kennen. Dies ist für den Mitarbeiter, der auf ein Unternehmensportal zugreift, transparent. Darüber hinaus müssen keine Benutzernamen oder Passwörter für die Systeme eingegeben werden. Die Anmeldung erfolgt automatisch im Hintergrund, für den Mitarbeiter ebenfalls transparent. Die Systemadministratoren können effizienter arbeiten, da sie nach der Einführung eines Unternehmensportals z. B. keine Passwörter mehr in den unterschiedlichen Anwendungen zurücksetzen müssen, wenn die Mitarbeiter diese vergessen oder falsch eingegeben haben.

Umsatzsteigerung

Die Steigerung des Umsatzes kann durch die Gewinnung neuer Partner und Kunden erreicht werden. Dabei werden über Unternehmensgrenzen hinweg Medienbrüche vermieden, was wiederum Kosten reduziert und einen weiteren Anreiz schafft, mit dem anderen Unternehmen Geschäfte über Portale zu tätigen.

Medienbruch

Ein Medienbruch wäre es, um bei dem Beispiel von Amazon zu bleiben, wenn der Käufer nur ein Bestellformular auf der Webseite von Amazon herunterladen könnte, dieses dann mit den Hand ausfüllen müsste, um es per Fax an Amazon zurückzuschicken. Auf Seiten von Amazon würde dann ein Sachbearbeiter den Auftrag wieder manuell in das Bestellsystem eingeben. Mit Hilfe eines Unternehmensportals und E-Business wird genau dieses verhindert, und es könnte, je nach Implementierung, sogar die Bezahlung des Buches über interne Prozesse elektronisch angestoßen und abgewickelt werden.

1.3 Sichtweisen auf ein Unternehmensportal

Je nach Standpunkt des einzelnen Benutzers ergeben sich verschiedene Sichtweisen und damit auch Interessen bei der Nutzung des Portals. Die Sichtweisen lassen sich dabei in drei Gruppen einteilen:

- die interne Sicht, d.h. die der Mitarbeiter auf das Unternehmen,
- die Sicht von innen nach außen, d.h. die des Unternehmens und damit der Mitarbeiter auf externe Informationsquellen bzw. Anwendungen von Kunden und Lieferanten,
- die Sicht von außen nach innen, d.h. die der Kunden oder Lieferanten auf die unternehmensspezifischen Informationen und Geschäftsprozesse.

Die interne Sicht

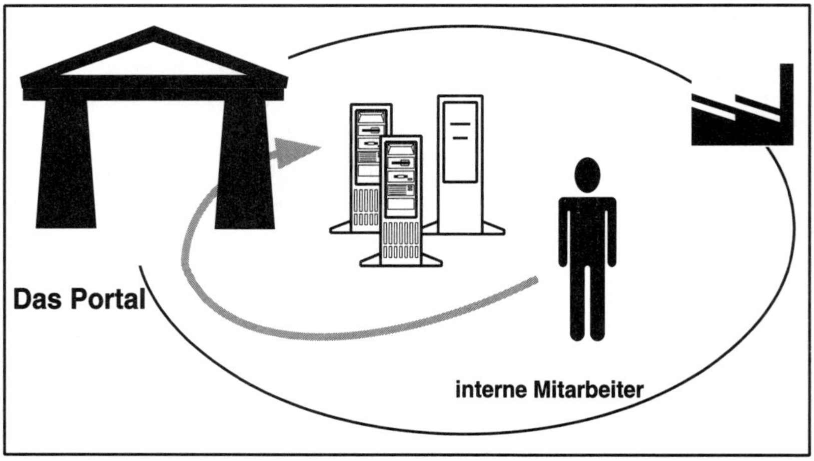

Abbildung 1.2 Die interne Sicht

Mit der Nutzung des Portals gewinnt der Mitarbeiter auch eine neue Sicht auf das Unternehmen. Er erhält ein breiteres Spektrum an Informationen, die er für seine tägliche Arbeit benötigt. Er kann sich sein Unternehmensportal individuell gestalten und so seine Arbeit noch effizienter organisieren. Dabei muss der Mitarbeiter nicht mehr überlegen, wo die Informationen liegen, die er benötigt. Sie werden ihm seiner Rolle entsprechend bereitgestellt.

Die Sicht von innen nach außen

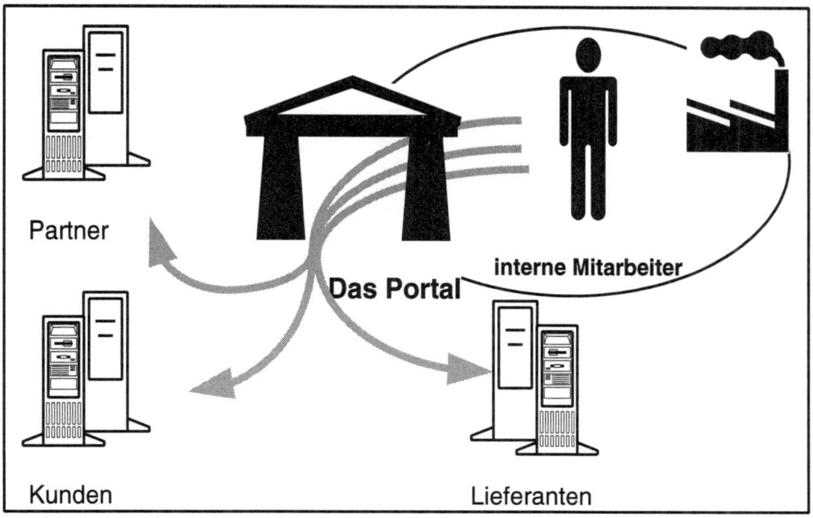

Abbildung 1.3 Sicht von innen nach außen

Mit der Anbindung von Kunden, Lieferanten, Partnern bzw. externen Web Services (z. B. *Yahoo!*) erhält der Mitarbeiter eines Unternehmens eine neue Sicht auf Ressourcen und Informationsquellen außerhalb seines Unternehmens. Hierbei muss der Mitarbeiter auch nicht mehr wissen, dass er jetzt die Unternehmensgrenzen überschritten hat. Durch die eingesetzten Sicherheitsvorkehrungen kann er seine Transaktionen auch auf entfernten Systemen sicher durchführen.

In einer Studie der Deutschen Bank heißt es dazu: »Zahlreiche Verbraucher misstrauen dem elektronischen Geschäftsverkehr wegen seiner *technischen Komplexität*, der Probleme bei der *Identifikation von Geschäftspartnern* und der *Distanz zwischen den Akteuren* und nehmen deshalb nicht am E-Business teil.«[1]

Genau diese Bedenken wird der Mitarbeiter beim täglichen Umgang mit seinem Unternehmensportal verlieren. Die technische Komplexität ist verschwunden, und die Identifikation der Geschäftspartner ist sichergestellt. Mit zunehmendem Vertrauen in das Unternehmensportal wird die Akzeptanz des E-Business größer und seine Nutzung nimmt zu.

1 *Economics – Internet-Revolution und »New Economy«*, Nr. 24 vom 21. Januar 2002, Seite 8 (Herausgeber: Deutsche Bank Research, Frankfurt am Main).

Die Sicht von außen nach innen

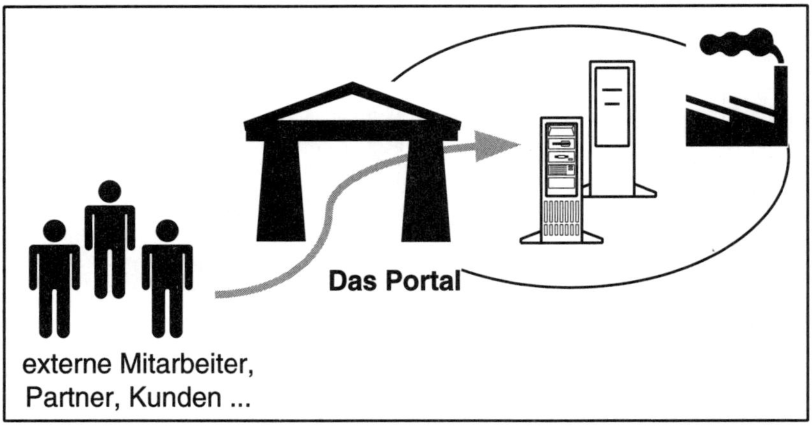

Abbildung 1.4 Sicht von außen nach innen

Mit der Nutzung eines Portals durch Kunden oder Partner öffnet sich das Unternehmen und ermöglicht dadurch eine Verbesserung der Geschäftsbeziehungen. Auch den externen Partnern und Kunden werden über das Unternehmensportal nur die Informationen angezeigt, die sie benötigen und sehen dürfen. Kunden können so z.B. schneller die richtigen Informationen und Ansprechpartner im Unternehmen finden, wodurch eine engere Kundenbeziehung aufgebaut werden kann.

1.4 Anforderungen an das Unternehmensportal

Aus den beschriebenen Sichtweisen ergeben sich verschiedene Anforderungen an das Unternehmensportal. Diese Anforderungen werden von drei unterschiedlichen Personengruppen gestellt:

- interne Mitarbeiter
- externe Benutzer
- Betreiber eines Portals

Interne Mitarbeiter

Durch die tägliche Arbeit und die Nutzung des Portals als einzigen Zugangspunkt zu allen internen und externen Systemen sind die Mitarbeiter des Unternehmens die Hauptanwender eines Portals. Daraus ergeben sich die folgenden Anforderungen:

- **Ausfallsicherheit**, d.h., der Benutzer benötigt permanenten Zugang zu seinen internen und externen Informationen. Die Verfügbarkeit des Portals muss daher nahezu 100% betragen. Der Ausfall des Portals würde gegebenenfalls den kompletten Stillstand für das Unternehmen bedeuten (siehe Kapitel 4).
- **Performance**, d.h., der Benutzer möchte einen schnellen Zugang zu allen für ihn relevanten Informationen. Das Portal darf die Unternehmensprozesse nicht verlangsamen. Im Gegenteil, die Informationen müssen dem Benutzer noch schneller und einfacher zur Verfügung stehen, und die Bedienung sollte sich insgesamt vereinfachen.
- **Zugriff zu allen für ihn relevanten Informationen**, d.h., der Benutzer soll auf keine anderen Anwendungen außerhalb des Unternehmensportals zugreifen müssen. Alles, was er sucht, soll er im Unternehmensportal finden. Medienbrüche sind in jedem Fall zu vermeiden, denn sie würden den Nutzen eines Portals in erheblicher Weise schmälern.
- **Zugriff von unterschiedlichen Stellen in der gleichen Art und Weise**, d.h., der Benutzer muss sich darauf verlassen können, dass die Zugriffsmodalitäten und Darstellungsformen immer gleich sind, egal von wo aus er auf das Unternehmensportal zugreift.
- **Personalisierbar**, d.h., jeder Benutzer muss die Möglichkeit haben, die Oberfläche seines Unternehmensportals in bestimmten Grenzen selbst zu gestalten. Das bedeutet, es müssen entsprechende Software-Werkzeuge zur Verfügung stehen, die die individuelle Einrichtung eines eigenen Arbeitsplatzes ermöglichen.
- **Vertrauen in das Portal** und die damit verbundene Technik, d.h., jeder Benutzer muss davon überzeugt sein, dass die Informationen, die er erhält, nicht manipuliert sind und dass die Informationen, die er versendet, auch ankommen. Er muss sich sicher sein können, dass die Prozesse, die er auslöst, stattfinden und zwar in der gewünschten und von ihm geforderten Weise.

Externer Benutzer

Die Anforderungen von externen Benutzern sind eine Mischung aus den Anforderungen der internen Mitarbeitern und der Portalbetreiber. Die wesentlichen Anforderungen sind dabei:

- **Relevante Informationen erhalten,** d.h., auch die außerhalb des Unternehmensportals agierenden Benutzer wollen nur die Informationen sehen, die für sie wichtig sind.

- **Effektivität steigern**, d.h., die Arbeit mit dem Portal muss sich gegenüber der herkömmlichen Zusammenarbeit schneller gestalten, so z.B. die Auftragsannahme und -bestätigung.
- **Permanenter Datenaustausch** mit dem Unternehmensportal zur Zeit- und Kosteneinsparung.
- **Sichere Kommunikation** in zweierlei Hinsicht: Vertrauen und Gewährleistung. Die Informationen, seien es Bestellungen oder Firmeninformationen, dürfen weder von Dritten gelesen noch manipuliert werden können, und sie müssen bei dem Empfänger ankommen, an den sie gesendet wurden. Der externe Benutzer muss sich darauf verlassen können. Hierzu ein weiteres Zitat von Deutsche Bank Research:

  »Schließlich sind die Sorgen der Beteiligten um die Sicherheit der Systeme und Informationen, aber auch die Zurückhaltung, unternehmensspezifische Informationen auszutauschen, für die Entwicklung ... hinderlich. Je enger die Zusammenarbeit der Unternehmen, ... um so sensibler und wettbewerbsrelevanter werden in der Regel die verwendeten Informationen. Dies lässt ... bei den potenziell Beteiligten oftmals auf Vorbehalte stoßen und dürfte ein kräftigeres Wachstum ... behindern.«[2]

Portalbetreiber

Der Betreiber eines Portals hat selbstverständlich andere Anforderungen als der eigentliche Benutzer. Für ihn steht nicht primär das Handling, sondern der finanzielle Nutzen (*Business Case*) des Unternehmensportals im Vordergrund. So soll das Portal Folgendes bewirken:

- **Effektivität der Mitarbeiter steigern**, d.h., Arbeitsprozesse sollen beschleunigt oder vereinfacht werden, und der Zeitaufwand für die Bereitstellung, Auswertung und Weiterleitung von Informationen soll verringert werden.
- **Kosten reduzieren**, z.B. durch die Reduzierung des Aufwands bei der Benutzerverwaltung durch die Administratoren.
- **Medienbrüche vermeiden oder einschränken**, d.h., der gesamte Geschäftsprozess sowie der gesamte Informationsverkehr sollten sich über das Portal abwickeln lassen. Ein Unternehmensportal ist kontraproduktiv, wenn nach der elektronischen Auftragsannahme und -bear-

---

2 *Economics – Internet-Revolution und »New Economy«*, Nr. 19 vom 12. Oktober 2001, Seite 11 (Herausgeber: Deutsche Bank Research, Frankfurt am Main).

beitung die Bestätigung erst ausgedruckt, dann gefaxt und anschließend ordnungsgemäß abgeheftet wird, um später den Faxausgang im System zu vermerken.

- **Geschäft ankurbeln und beleben** (*Business enabling*), d.h., der Geschäftsgedanke steht bei einem Unternehmensportal für einen Betreiber im Vordergrund. Durch die Anbindung von Partnern und Kunden soll mehr Umsatz generiert werden. Aber auch die Kosteneinsparung durch vereinfachte Prozesse sollen das Geschäft beleben und Wettbewerbsvorteile bringen bzw. sichern.

1.5 Zusammenfassung

Ein Unternehmensportal ist der zentrale Zugangspunkt zu allen relevanten Informationen, Applikationen und Geschäftsprozessen in stark personalisierter Form. Der Mitarbeiter eines Unternehmens wird beim Aufbau und beim Betrieb eines Portals in den Mittelpunkt gestellt.

Das Unternehmensportal reduziert die Kosten in der Administration und steigert die Produktivität der Mitarbeiter.

Durch den Aufbau von sicheren Unternehmensportalen wird das Vertrauen der Mitarbeiter und der Kunden gestärkt, was wiederum die Basis für engere Geschäftsbeziehungen und damit letztlich auch für Umsatzsteigerung ist.

Eine Umfrage von Jupiter Research auf die Frage: »Was würde Sie dazu motivieren, mehr Produkte online zu kaufen?« gaben 42% der Befragten »Höhere Sicherheit« an. Damit liegt dieser Punkt an zweiter Stelle hinter der Forderung nach »Niedrigeren Preisen«.[3]

Auch wenn die Umfrage auf den B2C-Markt (Business-to-Customer) zielt, haben diese Zahlen ebenso eine starke Aussagekraft für den Umgang mit dem Medium Internet insgesamt. Die Forderung nach Sicherheit kann sich dabei für den Betreiber eines Unternehmensportals entscheidend auf den Erfolg und die Wirtschaftlichkeit auswirken. Vertrauen ist die Basis einer jeden Geschäftsbeziehung und wird es auch in Zukunft bleiben. Daran wird auch das Internet nichts ändern. Daher ist es von besonderer Bedeutung, dieses Vertrauen aufzubauen. Sichere Unternehmensportale können dazu ihren Beitrag leisten. Wie man sie aufbaut, davon handelt dies Buch.

3 *Economics – Internet-Revolution und »New Economy«*, Nr. 24 vom 21. Januar 2002, Seite 8 (Herausgeber: Deutsche Bank Research, Frankfurt am Main).

2 Ansatzpunkte zur Planung und Vorgehensweise beim Aufbau von Portalen

Beim Aufbau eines Portals ist – wie in jedem anderen Projekt auch – die Vorgehensweise entscheidend. Konzentriert man sich auf die reibungslose Funktion von Einzelkomponenten, oder lässt man sich von einem übergeordneten Ansatz leiten wie z. B. dem der Sicherheitspriorität? Auch wenn dieser zweite Aspekt nicht immer die Basis bilden wird – die Lokalisierung von Gefahrenpotenzialen und die Einschätzung von Sicherheitsrisiken ist bei einem Portal unabdingbar, sei es bei der Planung oder bei der Inbetriebnahme.

Um die richtigen Informationen für die richtigen Benutzer zur richtigen Zeit zur Verfügung stellen zu können, benötigt man eine offene, leicht zugängliche, weltweit einsetzbare und dabei sichere und robuste Portalinfrastruktur. Wie im ersten Kapitel beschrieben, bietet ein Portal für seine Benutzer eine Menge Vorteile. Nachdem sich ein Unternehmen für den Aufbau eines Portals entschieden hat, stellt sich als Nächstes die Frage nach der Vorgehensweise beim Aufbau:

- Wo soll man mit der Planung beginnen?
- Welche Ziele sollen beim Aufbau in den Vordergrund gestellt werden?
- Welche zentralen Aspekte bleiben auch bei einem dynamischen Wachstum des Portals zukünftig Mittelpunkt der Planung?

Die folgenden Betrachtungen zeigen unterschiedliche Ansatzpunkte für den Aufbau von sicheren Unternehmensportalen. Welcher Ansatz letztlich verwirklicht wird, richtet sich immer nach den Anforderungen, die das Portal in Bezug auf Verfügbarkeit, Ausfallsicherheit, Benutzerkreis und natürlich dem angestrebten Sicherheitsniveau erfüllen soll. Erst wenn die Anforderungen an das Portal definiert sind, sollten Sie mit der Planung beginnen, wobei Sie immer im Hinterkopf behalten sollten, dass ein Portal »lebt« und Raum braucht, um sich weiterzuentwickeln.

2.1 Sichtweisen und Ausgangspunkte

Beim Aufbau eines neuen Portals stellen sich viele Fragen. Diese werden bestimmt von dem Ausgangspunkt, von dem aus man den Aufbau eines Portals plant, und dem Ziel, das man mit dem Portal verfolgt. Solche Fragen könnten u.a. sein:

- Auf welche Komponente (Frontend, Middleware, Backend usw.) wird besonders Wert gelegt?
- Welche Komponenten sind bereits vorhanden und inwieweit können diese problemlos in ein neues Portal integriert werden?
- Welche ist die wirtschaftlichste Lösung?
- Welcher Ansatz wird beim Aufbau eines Portals verfolgt?

Grundsätzlich sollten alle Komponenten eines Portals in die Überlegungen mit einbezogen werden. Dieses Buch beschäftigt sich umfassend mit der Sicherheit von Unternehmensportalen. Es soll also auch gezeigt werden, an welcher Stelle der Sicherheitsaspekt im Vordergrund stehen sollte, und wo er für die Funktion des Portals eher hinderlich ist.

Gewichtung der Portalsicherheit

Beim Bau eines Hauses kann man den Sicherheitsaspekt in den Vordergrund stellen und alle baulichen Maßnahmen davon ableiten. Das Ergebnis wäre ein Gefängnis, das die persönlichen Freiheiten des Bewohners stark einschränkt. Die entgegengesetzte Vorgehensweise wäre die, dass man ein Haus baut, ohne einen Gedanken an die Sicherheit zu verschwenden. Spätestens beim Einzug der Bewohner wird die Frage nach der Sicherheit gestellt werden. Alle Maßnahmen, die anschließend eingeleitet werden, um das Haus sicher zu machen, sind meist unpraktisch in der Handhabung, erfordern bauliche Veränderungen und stören auch das Gesamtbild des Hauses, weil die Maßnahmen aufgesetzt sind und ergänzend wirken. Im Hinblick auf den Sicherheitsgedanken ergeben sich beim Aufbau eines Unternehmensportals viele Parallelen zum Hausbau.

Totale Sicherheit ist Stillstand

Der Sicherheitsaspekt kann auch bei einem Unternehmensportal vollständig in den Mittelpunkt gestellt werden. Dies würde aber bald dem Grundgedanken des E-Business und dem *Business Case*, den man umsetzen möchte, entgegenstehen. Jeder Zugang zum Portal oder zu einem Rechner kann durch Unmengen von Einrichtungen gesichert werden. Sämtliche Daten könnten mehrfach abgelegt und damit vor Verlust geschützt werden. Und auch der eigentliche Benutzer könnte durch mehrfache Abfragen und Sicherheits-Checks ständig einer Prüfung unterzogen und registriert werden. Der Sinn und Zweck eines solchen Portals kann dadurch schnell in Frage gestellt werden, und zwar unabhängig von der Akzeptanz der Anwender und dem Kosten-Nutzen-Verhältnis.

Maßnahmen von Anfang an einplanen

Der Sicherheitsgedanke darf aber andererseits beim Aufbau eines Portals nicht verdrängt oder vollständig außer Acht gelassen werden, unabhängig davon, um welche Art von Portal es sich handelt. Viele Portale greifen erst dann den Sicherheitsaspekt auf, wenn das Portal aus seiner Teststellung im Unternehmen auf die gesamte Mitarbeitschaft und sämtliche Kunden und Lieferanten übergehen und damit seiner eigentlichen Bestimmung gerecht werden soll.

In diesen Fällen zäumt man das Pferd von hinten auf. Das Portal steht, und sämtliche Komponenten sind definiert. Von nun an sind, wie beim Bau des Hauses, alle Maßnahmen zur Sicherheit aufgesetzt und wirken störend. Eine hohe Akzeptanz und großer Nutzen des Portals kann nicht erreicht werden. Das liegt jedoch nicht an den Sicherungsmaßnahmen, auch wenn sie bei allen Beteiligten vordergründig so wirken, sondern an einer unzureichenden Planung im Vorfeld.

Der vernünftigste Ansatz, um dem Sicherheitsaspekt eines Portals gerecht zu werden, ist also der Mittelweg: den Sicherheitsgedanken bereits bei der Planung und beim Bau des Portals mit zu berücksichtigen und ein klares Konzept für die Sicherheitsanforderungen innerhalb des Portals zu erstellen.

Sicherheitsanforderungen können aber erst dann definiert werden, wenn die Techniken, ihre Vor- und Nachteile sowie ihre Alternativen bekannt sind. Des Weiteren sollte man den grundsätzlichen Aufbau eines Portals kennen, denn daraus sind ebenfalls mögliche Ansätze oder Schwerpunkte beim Ausbau des Portals ableitbar.

Grundlegende Bestandteile eines Portals

Grundlegende Bestandteile eines Portals sind:

- **Backend**
  Dieses ist bei allen Portalprojekten vorhanden und stellt in den meisten Fällen die Basis dar. Ein Backend ist z. B. ein SAP R/3-System, ein Exchange-Systeme oder eine Oracle-Datenbank.
- **Frontend**
  Auch das Frontend ist bei allen Portalen vorhanden, weil hier die eigentliche Anbindung zum Benutzer (Hersteller, Lieferant, Händler usw.) erfolgt. Ein Frontend ist z. B. ein Webbrowser, ICA-Client oder SAPGUI.
- **Middleware**
  Die Middleware ist eine intelligente Applikation, die Frontend und Backend oder Backend und Backend miteinander verbindet. Eine Middleware ist aber nicht immer erforderlich, wenn z. B. das Frontend direkt auf das Backend zugreifen kann.

- **Datenbank**
  Eine Datenbank ist ebenfalls in den meisten Unternehmen vorhanden. Sie stellt die Informationen bereit oder dient der Datenhaltung von Applikations-Servern.

Die Kombinations- und Anordnungsmöglichkeiten dieser vier Bestandteile sind in Abbildung 2.1 zu sehen.

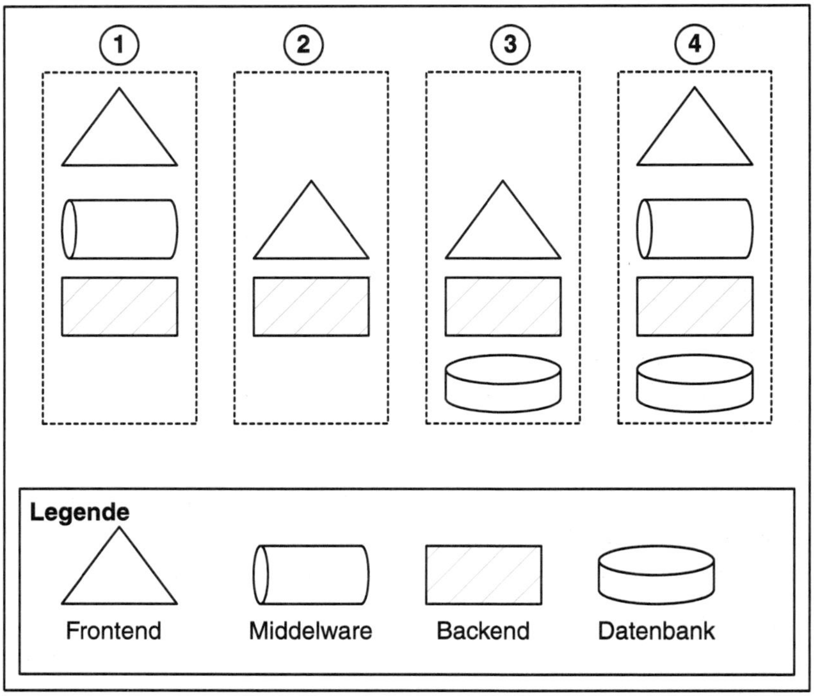

Abbildung 2.1 Beispiele für Systemarchitekturen

»Middleware« ist ein relativer Begriff

Die Zuordnung von Techniken zu den einzelnen Elementen kann dabei je nach Systemarchitektur unterschiedlich sein. So kann ein Webserver sowohl als Middleware als auch als Backend fungieren, oder eine Datenbank kann für sich schon das Backend-System darstellen. Besonders der Begriff *Middleware* ist in der IT-Welt nicht eindeutig belegt, daher kann der Begriff und die damit angesprochenen Elemente in sehr unterschiedlicher Art und Weise interpretiert werden:

- »Portal-Client – Portal-Middleware – Portal-Backend«: Hier ist der Portal-Server insgesamt die Middleware.
- »Applikation-Server – Control Broker – Applikation-Server«: Hier ist der Actional Control Broker die Middelware.

- »SAPGUI – Applikation-Server – Datenbank«: Gemäß o.g. Definition ist der Applikation-Server diesmal die Middleware.
- »WEBGUI – ITS – Applikation-Server – Datenbank«: Hier ist der ITS die Middleware.

	1	2	3	4
Frontend	Webbrowser	Webbrowser	SAPGUI	Webbrowser
Middleware	Webserver mit ASP (Active Server Pages)	-	-	SAP Internet Transaction Server (ITS)
Backend	MS-SQL-Datenbank	Webserver	SAP R/3-Applikations-Server	SAP R/3-Applikations-Server
Datenbank	-	-	Datenbank	Datenbank

Tabelle 2.1 Beispiele für die in Abbildung 2.1 beschriebenen Bestandteile

Ausgangspunkt Systemkomponenten

Bei der Betrachtung des Portalaufbaus kann man also von den Komponenten ausgehen. Es wird das Element in den Vordergrund oder an den Anfang der Betrachtung gestellt, das bereits vorhanden ist. Meist ist dies das Backend-System oder dasjenige, das den größten administrativen Aufwand erfordert. Eine eingehende Betrachtung und Bewertung der anderen Elemente ist natürlich hierbei nicht ausgeschlossen. Sie ordnet sich allerdings den Anforderungen des »Hauptelementes« unter.

»Ganzheitlicher« Ansatz

Eine weitere Möglichkeit, den Aufbau eines Portals zu planen, ist die übergeordnete Sichtweise. In diesem Fall werden nicht die Hauptelemente in den Vordergrund gestellt, sondern das Portal wird als Ganzes betrachtet, und die Schwerpunkte werden entsprechend der Möglichkeiten und Bedürfnisse gesetzt. Diese Bedürfnisse können ganz allgemeiner betriebswirtschaftlicher oder technischer Natur sein wie z.B.:

- **Kosten**
  Dieser Faktor ist immer entscheidend und zielt im Wesentlichen auf die Kosten-Nutzen-Relation eines Portals ab.
- **Zeit**
  Der Zeitaufwand ist ein weiterer Faktor bei der Gesamtbetrachtung des Aufbaus.
- **Qualität**
  Dieser Faktor richtet sich nach den Bedürfnissen und Anforderungen des Portalbetreibers.

- **Sicherheitsanforderungen oder Sicherheitsaspekte**
  Mit zunehmender Größe eines Portals und der damit verbundenen wirtschaftlichen Bedeutung wird dieser Faktor immer wichtiger.

Die ersten drei Punkte lassen sich in einem Beziehungsdreieck einordnen und bewerten, da jede Änderung eines dieser Faktoren auch Auswirkungen auf die anderen beiden hat. Wie schon bei den Grundelementen eines Portals kann hier ein Hauptfaktor existieren, der die anderen im Wesentlichen bestimmt und beeinflusst.

Der vierte Punkt, die Sicherheit eines Portals, wird meist überhaupt nicht oder zu spät in die Überlegungen mit einbezogen. Wird dieser Faktor ausreichend berücksichtigt, hat das erheblichen Einfluss auf die übrigen Faktoren.

Es gibt also eine Vielzahl von Ansatzpunkten, Sichtweisen oder Schwerpunkten, von denen man beim Aufbau eines Portals ausgehen kann. Im weiteren Verlauf werden einige Ansätze vorgestellt und näher erläutert. Sie stellen grundsätzliche Ansatzpunkte dar und zielen immer auf das eigentliche Thema dieses Buches, den Aufbau von sicheren Unternehmensportalen. Aus Sicht der Grundelemente werden wir die folgenden Komponenten betrachten:

- Backends oder Backend-Systeme
- Middleware
- Frontends oder Frontend-Systeme

Aus übergeordneter Sichtweise nehmen wir die Sicherheitsaspekte genauer unter die Lupe.

2.1.1 Backend-Systeme

Die meisten Unternehmen besitzen bereits mehrere Backend-Systeme. Diese können als Grundelemente für den Portalaufbau genutzt werden.

Die Backend-Systeme gilt es zu erfassen und herauszustellen. Wie schon in Abbildung 2.1 dargestellt, liegt jedem System eine entsprechende Systemarchitektur zugrunde, die ebenfalls ermittelt werden muss. Dabei sollten nicht nur die Systeme und ihre Architektur zum aktuellen Zeitpunkt im eigenen Unternehmen erfasst werden, sondern darüber hinaus jene, die sich außerhalb des Unternehmens befinden und ebenfalls in das Portal eingebunden werden sollen. Des Weiteren dürfen die zahlreichen Anwendungen in der Systemlandschaft in Bezug auf ihre Informationsablage nicht unberücksichtigt bleiben. Viele der in verschiedenen Dateien abgelegten Informationen sind identisch. Sie sollten eine redundante Datenhaltung möglichst vermeiden und nur für den Fall einer Datensicherung bewusst anstreben.

Offene Standards

Bei der Auswahl der Portalarchitektur sollten Sie darauf achten, dass offene Standards eingesetzt werden, da die zukünftigen Backend-Systeme noch nicht bekannt sein können. Man spricht von einem offenen Standard, wenn drei Kriterien erfüllt sind:

- Die Standards sind prinzipiell für jeden Interessenten zugänglich.
- Die Implementierung der Standards in Software ist nicht beschränkt.
- Die Mitarbeit in den Standardisierungsgremien steht grundsätzlich allen Interessenten offen.

Die zukünftigen Backend-Systeme müssen integriert werden können, und die Einbeziehung offener Standards bietet dabei die Möglichkeit, diese Integration zu realisieren und zu vereinfachen. Bei einem Portalaufbau sollten Sie berücksichtigen, dass es nicht darum geht, die alten Technologien und gewachsenen Strukturen zu manifestieren, sondern im Gegenteil die Möglichkeiten neuer Technologien zu nutzen.

Terminal-Technologie

Bei der Backend-Integration kann man unter anderem auf die *Terminal-Technologie* zurückgreifen. Hierbei handelt es sich um eine Technologie, die hervorragende Möglichkeiten bietet, zumindest das Frontend zu vereinheitlichen und dabei die Backend-Systeme und ihre Systemarchitektur unverändert weiterzuverwenden (siehe Abbildung 2.2). Hierbei befinden sich auf einem Terminalserver die Frontends der unternehmenseigenen Anwendungen. Die Benutzer greifen über eine einheitliche Frontend-Software auf den Terminalserver zu, der in diesem Fall die Middleware darstellt. Man könnte diese Art der Integration auch als Frontend-Integration bezeichnen. Die Terminal-Technologie kann als Ergänzung zum Portal eingesetzt werden. Sie selbst stellt keine Portaltechnologie dar, es lassen sich jedoch besonders solche Anwendungen, die kein HTML-Frontend besitzen, leicht in ein Unternehmensportal integrieren. Als Anbieter solchen Terminal-Technologie sei hier der Firma Citrix genannt.

Bei der Integration eines Terminalservers in die Portalarchitektur findet zwischen den Backend-Systemen kein Datenaustausch statt. Jede Anwendung behält, falls vorhanden, ihre eigene Middleware. Die zentrale Benutzerverwaltung kann aber über diesen Ansatz realisiert werden. Die Anmeldung erfolgt dabei nur am Terminalserver, alle anderen Systeme verzichten auf die Authentifizierung der Benutzer oder übernehmen die Anmeldungen am Betriebssystem.

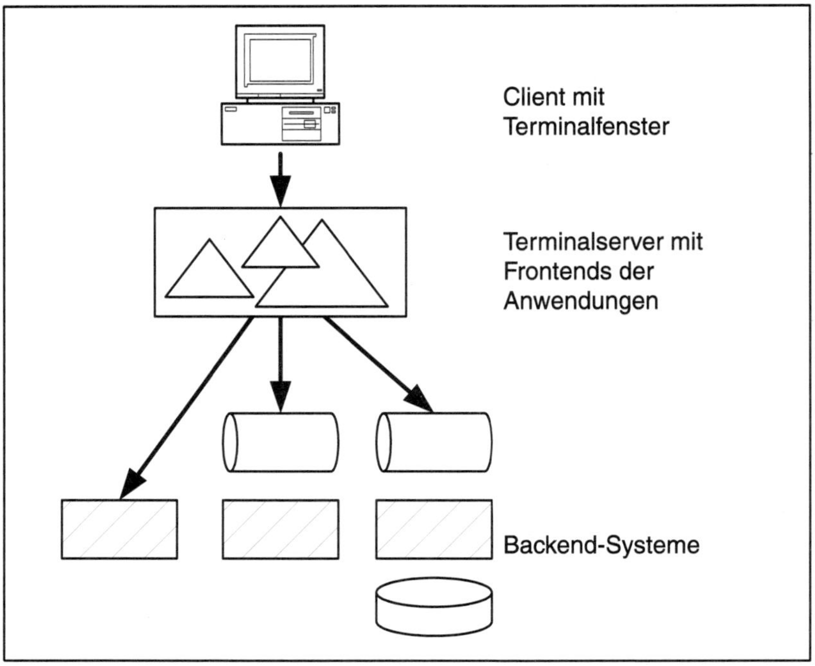

Abbildung 2.2 Client und Backend-Systeme mit Terminal-Technologie

Es handelt sich hier um eine Variante des Single Sign-On, die u.a. im folgenden Kapitel näher erläutert wird. Der Datenstrom vom Client zum Terminalserver sollte verschlüsselt werden. Als vorteilhaft erweist es sich, dass der Client in die Portallösung der SAP integriert werden kann (siehe Abschnitt *Webfähige Terminalserver-Technologie* in Kapitel 7).

2.1.2 Middleware

Da über Portale Informationen, Anwendungen und Dienstleistungen integriert werden sollen, stellt die Auswahl der Middleware einen weiteren Ausgangspunkt dar, von dem aus der Portalaufbau begonnen werden kann. Über die Middleware können die vorhandenen und zukünftigen Backend-Systeme intelligent miteinander verbunden werden. Es können aber auch Daten kumuliert, weiter aufbereitet und in andere Datenformate umgewandelt werden.

Unification Server

Ein Beispiel für einen Middleware-Server ist der *Unification Server* der SAP. Über so genannte *Agenten* werden Daten aus den Backend-Systemen gesammelt, aufbereitet und an das Frontend weitergeleitet.

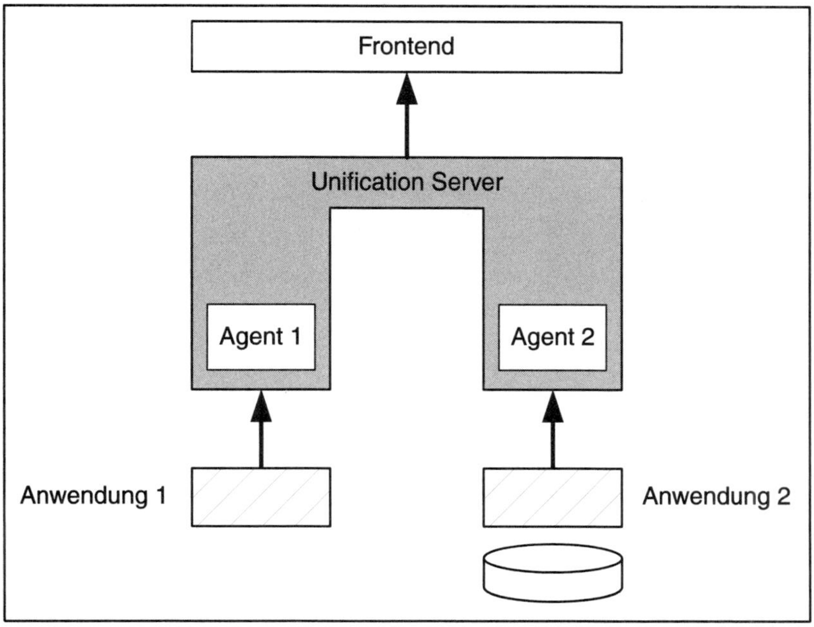

Abbildung 2.3 Unification Server

Beachten Sie, dass verschiedene Arten von Middleware existieren:

- Frontend-Middleware
- Aufbereitung der Daten des Backends für die Darstellung im Frontend
- Backend-Middleware
- Transferieren und Transformieren von Daten in unterschiedlichen Formaten in und aus verschiedenen Backends
- Exchange-Middleware (Prozess-Middleware)
- Verarbeiten der Daten aus verschiedenen Datenquellen des Backends

Hier, wie auch schon bei den Backend-Systemen, gilt es zunächst zu ermitteln, welche Middleware vorhanden ist. Bei unterschiedlichen Middleware-Systemen muss ein System als »Hauptsystem« definiert werden, das in den Vordergrund gestellt werden kann und dem alle anderen Systeme untergeordnet werden bzw. in das sich, wenn möglich, die übrigen Systeme integrieren lassen. Ansonsten muss eine neue Middleware für die Integration der Backend-Systeme gefunden werden.

Offene Standards

Auch bei den Middleware-Produkten geht der Trend klar zu offenen und standardisierten Architekturen. So sollten Sie bei der Auswahl der Middleware auf die Unterstützung offener Standards wie XML (*Extensible*

Markup Language) und XSL (*Extensible Stylesheet Language*) setzen. Mit solchen offenen Standards können auch zukünftige Systeme leicht integriert werden, denn die Anzahl der Systeme, die offene Standards unterstützen, ist höher als die der Produkte, die nur produktabhängige Standards verstehen. Zudem sind die Lösungsansätze zur Einbindung meist schon vorhanden, weil offene Standards weit verbreitet sind und eine hohe Akzeptanz erfahren.

Performance

Ein weiteres Kriterium für die Auswahl der Middleware für ein Portal ist die Performance. Gerade bei großen Portalen ist die Datenmenge, die von einem System in ein anderes transferiert wird, nicht zu unterschätzen. Bei bevorstehenden Engpässen muss die Middleware ohne Systemausfälle schnell und einfach erweitert werden können. Ein besonderes Augenmerk sollten Sie auf die Transaktionssicherheit legen. Was nutzt es, wenn alle Daten redundant gespeichert werden, aber bei einer abgebrochenen Transaktion nicht mehr auf einen definierten Zustand aufgesetzt werden kann?

LDAP

In der gewählten Middleware sollte des Weiteren das *Lightweight Directory Access Protocol* (LDAP) integrierbar sein, für den Fall, dass Benutzerdaten aus LDAP-Directories für die Datenübertragung benötigt werden. Denn nur so lässt sich Single Sign-On system- und unternehmensübergreifend realisieren.

Die Auswahl der Middleware führt in aller Regel auch zur Wahl des geeigneten Frontends, weil Frontend-Lösungen wegfallen, die die gewählte Middleware nicht unterstützen. Sie werden von den möglichen Frontends dasjenige auswählen, das am einfachsten zu integrieren ist.

Es gibt eine Reihe von sehr kompetenten Middleware-Herstellern, die für den Portalaufbau in Frage kommen. Dabei handelt es sich nicht immer um die großen Anbieter. Es sind zur Zeit kleinere Nischenanbieter auf dem Markt, deren Produkte, z. B. der *Actional Control Broker*, durch ihre schlanken Protokolle und flexiblen und einfachen Architekturen schnell an neue Backend-Systeme angepasst werden können.

Es gibt auch einige Produkte, die Sicherheitsmechanismen unterstützen bzw. die mit Sicherheitsmechanismen ausgestattet sind, um den sicheren Datenaustausch zu gewährleisten. Bei der Auswahl der Middleware sollten Sie darauf achten, dass die Integration einer zentralen Benutzerverwaltung möglich ist. Dass die Anmeldedaten und Nutzdaten bei der Kommunikation verschlüsselt übertragen werden, sollte selbstverständlich sein.

2.1.3 Frontend-Systeme

Im Internetzeitalter kommen immer mehr unterschiedliche Frontends (Plattformen) zum Einsatz, z.B. PC, Handheld, Mobiltelefon etc. Liegt nun gerade auf dieser Vielfalt von Frontends der Fokus beim Aufbau eines Portals oder ist bereits eine Vielzahl von Frontends im Unternehmen vorhanden, dann sollte die verwendete Portalsoftware alle unterschiedlichen und bereits vorhandenen Frontends unterstützen.

Schlanke Frontends

Um dies zu gewährleisten, muss das Frontend möglichst schlank sein. Es darf sich also nicht um große Programme handeln, die ihre eigene Intelligenz mitbringen. Das Frontend wird nur zur Anzeige der Informationen benötigt. Die Logik zur Verarbeitung der Daten liegt ausschließlich in der Middleware oder im Backend-System.

Bei der Berücksichtigung dieser Anforderungen kommen nur zwei Arten von Frontends in Betracht. Zum einen ist dies der HTML-fähige Webbrowser und zum anderen die bereits beschriebene Terminal-Technologie, die sich zudem auch in einem Browser darstellen lässt. Bei der Terminal-Frontend-Software werden zu den Endgeräten hin nur noch Bildschirminhalte übertragen. Aber im Gegensatz zum Mainframe-Zeitalter können diese Inhalte multimedial aufbereitet sein. Der größte Vorteil dieser Technologie liegt aber in der geringen Bandbreite, die für die Übertragung der Daten benötigt wird.

	Browser-Frontend	Terminal-Frontend
benötigte Bandbreite	gering, abhängig von den Inhalten der Webseiten	gering, mit gängiger Übertragungstechnik (56k analog, 64k ISDN) nutzbar
Übertragung	Web-Seiten	Bildschirminhalte
Plattformen	PC, Handheld, Handy	PC, Handheld, Handy
Größe der Software	einige MByte	einige kByte
Sicherheit	Verschlüsselung möglich, durch steigenden Umfang aber immer wieder auftretende Sicherheitsrisiken	Verschlüsselung des Datenstroms möglich
Besonderheit	durch Plug-ins erweiterbar, Ausführung von Programmcode möglich, Scriptsprachen existieren	kann in Browser-Frontend integriert werden
Datenintegration	sehr gut möglich	nicht möglich

Tabelle 2.2 Gegenüberstellung: Browser- und Terminal-Frontend

Ein Portalprojekt kann auch mit der Auswahl eines Frontends für alle Anwendungen begonnen werden – ein erster, aber oftmals nur kleiner Schritt auf dem Weg zu einem funktionierenden Portal.

2.1.4 Sicherheitsaspekt

Sicherheitsaspekte und das einzuhaltende Sicherheitsniveau sind allen anderen Aspekten beim Aufbau eines Portals übergeordnet. Im Gegensatz zu den drei vorgenannten Ansatzpunkten ist dieser Aspekt nicht nur technologieübergreifend, sondern setzt sich auch mit dem Faktor Mensch auseinander, denn Sicherheitstechnologien und eine umfassende Sicherheitsarchitektur machen nur ein Drittel der Gleichung aus. Die anderen zwei Drittel betreffen Fragen der Organisation, des Personals, der Strategien und der Schulung der Benutzer.

Authentizität des Kommunikationspartners

Es geht darum, die persönlichen Daten des Benutzers oder sensible Daten des Unternehmens vor dem Zugriff Unbefugter zu schützen. Erst nach einer Bestandsaufnahme aller Benutzeranforderungen wird mit der Planung des Portals begonnen. Dabei könnte eine Forderung lauten, dass der Benutzer sicher sein will, dass seine Geschäftspartner auch die sind, die sie vorgeben zu sein. Es muss möglich sein, Vorgänge nachweisbar zu machen und Vertrauen zwischen den Geschäftspartnern aufzubauen. Den ersten Punkt, nämlich die Nachweisbarkeit, muss die Applikation leisten, der zweite Punkt, das Vertrauen zwischen den Geschäftspartnern, ist von vielen Faktoren abhängig und deshalb beim Aufbau und bei der Nutzung eines Unternehmensportals ungleich schwerer zu realisieren. Das Portal mit seinen implementierten Sicherheitsmechanismen (Zertifikate, SSL, eToken usw.) bildet dabei die Grundlage für den Aufbau von Vertrauensbeziehungen zwischen Geschäftspartnern. Denn nur wenn das Portal auf einer umfassenden Sicherheitsarchitektur aufbaut, werden ihm die Benutzer vertrauen.

Einfache Anmeldung durch Single Sign-On

Eine weitere Anforderung könnte darin bestehen, die Anzahl der benötigten Passwörter zur Nutzung der verschiedenen Anwendungen eines Portals zu reduzieren – im besten Fall auf eines. Die Frage, die sich dabei stellt, lautet: Wie erreicht man die einmalige Anmeldung der Mitarbeiter am Portal, damit diese unternehmensübergreifend auf alle Daten zugreifen können, die für die tägliche Arbeit benötigt werden? Hier kommt nur eine zentrale Benutzerverwaltung in Betracht, die über alle Systeme hinweg eine Authentifizierung erlaubt. Für das Unternehmen werden langfristig Kosten reduziert, indem der administrative Aufwand möglichst gering gehalten wird. Dieser Single Sign-On wird im nächsten Kapitel ausführlich untersucht und dargestellt.

2.2 Ausgangspunkt Sicherheitsaspekte

Da sich ein Unternehmensportal der Technik des Internets bedient und in das Internet eingebettet ist, unterliegt es natürlich auch den Gefahren und Risiken des weltweiten Netzes. Um nun den Aspekt der Sicherheit als Ausgangspunkt für den Aufbau eines Portals wählen zu können, muss man nicht nur theoretisch um die Gefahren, die für ein Portal und damit ein Unternehmen durch das Internet bestehen, wissen, sondern man muss sie sich bewusst machen.

Cyber-Kriminalität

Wenn im Folgenden von Gefahren für das Portal die Rede ist, wird von der realen und bewusst herbeigeführten Gefährdung ausgegangen, die sich meist im breiten Spektrum der Cyber-Kriminalität begründet. Dazu gehören u.a.:

- unberechtiger Zugriff von innen (z.B. durch Angestellte)
- Systemeinbruch von außen (z.B. durch Hacker)
- Diebstahl von schutzwürdigen Daten
- Daten- und Netzwerksabotage

All diese Aktivitäten können weitreichende Folgen für ein Unternehmen haben: bei den wirtschaftlichen Schäden angefangen bis hin zur Gefährdung der Wettbewerbsfähigkeit bei Wirtschaftsspionage oder gar der Bedrohung der Sicherheit von Menschen.

Als Beispiel seien hier zwei Pressemeldungen aufgeführt (Quelle: *www.heise.de*):

Meldung vom 13.07.2000

> *Sabotage im Bürgernetz Deggendorf*
>
> *Ein 33-jähriger Angreifer hat mit einer Denial-of-Service-Attacke das Bürgernetz Deggendorf lahmgelegt. Schätzungen zufolge beträgt der Schaden rund 80000 Mark. Die Summe könne sich im Laufe der Ermittlungen jedoch noch erhöhen, erklärte die Polizei gestern.*
>
> *Der Angreifer hatte einen Flatrate-Zugang benutzt, um den Server mit einer gezielten Denial-of-Service-Attacke lahmzulegen. Wie Lothar Mayer, Betreiber des Bürgernetztes, gegenüber c't berichtete, habe über neun Tage ein Ping-Flooding stattgefunden, das letztlich für den Zusammenbruch des Webservers verantwortlich war.*
>
> *Das LKA war allerdings schon am zweiten Tag des Angriffes informiert worden und konnte so den vermutlichen Täter über die IP-Adresse ausfindig machen.*

Am Dienstag haben Spezialisten der Polizei aus Straubing und München dem angeblichen Urheber einen Hausbesuch abgestattet und seinen Computer beschlagnahmt. Die Ermittlungen laufen derzeit noch.

Meldung vom 09.11.2001

Mitarbeiter sabotierte angeblich Hewlett-Packard

Vermutlich durch Sabotage ist Hewlett-Packard erheblicher Schaden entstanden. Ein ehemaliger Mitarbeiter soll laut Klage des Unternehmens Tests an einem Prototypen des Superdome-Servers so manipuliert haben, dass sich niedrigere Leistungsdaten ergeben hätten. Der Mitarbeiter wurde entlassen und auf Schadenersatz in Millionenhöhe verklagt.

Der Server ist seit Anfang Januar für einen Basispreis von 400000 US-Dollar (446000 Euro) auf dem Markt. Der Wert eines Servers wird unter anderem durch Benchmark-Tests des Transaction Processing Performance Council (TPC) ermittelt. Durch die vermutete Sabotage und die geringere Leistung des Superdome hat Hewlett-Packard wahrscheinlich erhebliche Umsatzeinbußen zu verkraften. Außerdem soll es rund eine Million US-Dollar gekostet haben, um die Manipulationen zu beheben.

Bevor der verdächtigte Mitarbeiter im Oktober entlassen wurde, soll er einige Disketten formatiert, Computerverbindungen gelöst und Logdateien verändert haben, um seine Aktivitäten zu verschleiern. Es wird vermutet, dass der angebliche Saboteur von der Konkurrenz bezahlt wurde, und zwar mit 400000 US-Dollar.

Der erste Schritt bei der Sicherung eines Unternehmensportals sollte die Erkennung potenzieller Gefahren und Risiken sein, und dies nicht erst bei Eintreten einer Gefahr.

Um bei unserem Beispiel, dem Hausbau, zu bleiben: Der Einbau einer Haustür ist für Sie selbstverständlich, weil das Eindringen unbefugter Personen und damit die Entwendung Ihres Eigentums vermieden werden soll. Der Kauf eines Feuerlöschers hingegen ist es nicht, erst recht nicht in Privathaushalten. Erst wenn es zu einem Wohnungsbrand gekommen ist, wird die Brandbekämpfung zum Thema und entsprechende Maßnahmen werden ergriffen.

Für die Absicherung eines Hauses gibt es eine Vielzahl von Techniken und Produkten. Genauso verhält es sich bei der Absicherung von Unternehmensportalen. Da die Sicherheitsanforderungen von Unternehmen zu Unternehmen variieren, ist ein einziges Sicherheitspaket oft nicht geeignet, um die Bedürfnisse aller Beteiligten zu befriedigen. Die Kosten der jeweiligen Sicherheitsmaßnahmen müssen wirtschaftlich zu rechtfertigen sein. Risikoanalysen und die Untersuchungen von möglichen Schutzmaßnahmen beinhalten die Abwägung des Informationswertes und der Wahrscheinlichkeit einer Sicherheitslücke. Sie sind wesentliche Werkzeuge zur Bestimmung der geeigneten Sicherheitsarchitektur.

2.2.1 Risikoanalyse

Die Risikoanalyse ist ein Methodenkomplex, mit dessen Hilfe eine Entscheidung darüber getroffen werden soll, wie die Risiken, die einem Portal und damit auch dem Unternehmen drohen, am effektivsten eingegrenzt werden können.

Gegenstand der Analyse

Dabei werden fünf Elemente untersucht:

- **Kapital**, d.h. der Wert, der geschützt werden soll, wie z.B. die Informationen innerhalb des Portals (Personaldaten, Unternehmensdaten usw.)
- **Bedrohung**, d.h. Gefahrenpotenziale und Sicherheitsrisiken
- **Schwachstellen**, an denen das Portal angegriffen, gestört oder geschädigt werden kann
- **Auswirkungen** – die Beantwortung des Fragenschemas: Was passiert, wenn ...?
- **Schutzmaßnahmen**, sowohl in technischer als auch in personeller und struktureller Hinsicht

Quantitative vs. qualitative Risikoanalyse

Bei den Methoden der Risikoanalyse kann man zwei Hauptmethoden voneinander unterscheiden:

- **quantitative Risikoanalyse**
  Diese Analyse arbeitet mit numerischen Schätzungen, d.h., sie geht der Frage nach, wie oft etwas passiert. Die Bedeutung solcher Schätzwerte ist umstritten, und es ist schwierig, sie zu ermitteln.
- **qualitative Risikoanalyse**
  Diese Analyse stellt fest, wie hoch die Wahrscheinlichkeit des Auftretens einer bestimmten Bedrohung ist und wie hoch die Kosten im Schadensfall sind. Demgegenüber wird der Wert der Schutz- und Gegenmaßnahmen gestellt, mit denen die Bedrohung auf ein minimales und akzeptables Maß reduziert werden kann. Sie versucht dabei, den verschiedenen Risiken eine subjektive Priorität zuzuweisen.

Schritte der qualitativen Analyse

Die qualitative Risikoanalyse erfolgt in zwölf Schritten:

1. Entwicklung eines Plans, z. B. Analyse-, Personal- oder Zeitplan
2. Entwicklung einer Anwendungspriorität
3. Identifzierung und Bewertung des Kapitals
4. Identifzierung der Bedrohung
5. Bewertung der Bedrohung
6. Schätung potenzieller Verluste
7. Kalkulation der Risikofaktoren
8. Analyse der Schwachstellen
9. Identifizierung der möglichen Schutzmaßnahmen
10. Durchführung einer Kosten-Nutzen-Analyse der Schutzmaßnahmen
11. Einorden der Schutzmaßnahmen in eine Prioritätenliste
12. Verfassen des Risikoanalyseberichtes

Die für das Thema dieses Buches wesentlichen Punkte sind die Identifizierung der Gefahren, die Analyse der Schwachstellen und die Identifizierung der Maßnahmen. Diese Punkte werden im weiteren Verlauf des Buches erneut aufgegriffen.

Wesentliche Faktoren für den Erfolg

Der Erfolg dieser Risikoanalyse eines Portals hängt von verschiedenen Faktoren ab:

- Engagement der Führungsebene eines Unternehmens
- Inwieweit ist diese bereit, sich mit den Fragen der Sicherheit auch über den Zeitpunkt der Inbetriebnahme eines Portals hinaus auseinanderzusetzen?
- Zusammenarbeit der einzelnen Geschäftseinheiten mit den Mitarbeitern, die für die Sicherheit des Portals verantwortlich sind
- Risikoanalyse als laufender Prozeß sowie die daran anschließende Umsetzung der Sicherheitsmaßnahmen
- Regelmäßige Einschätzung
- Inwieweit werden die getroffenen Schutzmaßnahmen zu Absicherung des Portals den Bedürfnissen der Benutzer gerecht?

Grundlinienkontrolle

Wer über Risikoanalyse spricht, darf nicht vergessen, zu erwähnen, dass diese Methode zwar weit verbreitet, aber nicht unbedingt als allgemeinverbindlicher Standard akzeptiert ist. Das Gegenstück zur Risikoanalyse ist die *Grundlinienkontrolle*.

Sie beinhaltet im Wesentlichen, dass man die Sicherheitsmaßnahmen anderer Unternehmen oder Organisationen übernimmt. Dabei geht man davon aus, dass Unternehmen der gleichen oder einer ähnlichen Branche derselben Bedrohung unterliegen. Die Sicherheitsrisiken sind meist schon erfasst, und Maßnahmen, die sich zur Abwehr dieser Bedrohung eignen, sind bereits bekannt.

Um die Methode der Grundlinienkontrolle besser zu verstehen, werden wir noch einmal das Beispiel des Hausbaus bemühen: Wenn in einer Straße, in der sämtliche Häuser mit vergitterten Fenstern ausgestattet sind, ein Haus gebaut wird, wird der Bauherr diese Maßnahme bei seinem neuen Haus ebenfalls veranlassen. Er geht davon aus, dass die Bewohner ihre Häuser in angemessener Weise geschützt haben und schließt sich dieser Praxis an.

Bei einem Portal könnte es sich ebenfalls so verhalten. Ähnlich gelagerte Portale werden verglichen, und die besten Praktiken werden übernommen.

2.2.2 Gefahrenpotenziale und Sicherheitsrisiken

Wie bei der Beschreibung der Risikoanalyse bereits erwähnt, gilt es, die Bedrohung und die damit verbundenen Gefahren und Risiken für ein Portal zu identifizieren, um anschließend zu einer Bewertung zu kommen. Diese Gefahren werden in drei Kategorien zusammengefasst, wobei die Reihenfolge nicht als Wertung verstanden werden sollte:

- unberechtigter Zugriff/Spionage
- Datenverlust oder -manipulation
- Ausfall oder Nicht-Verfügbarkeit/Sabotage

Einzelne Vorkommnisse können dabei mehreren Kategorien zugeordnet werden. So kann z. B. der Ausfall eines Systems – sei es durch Sabotage oder höhere Gewalt – gleichzeitig einen Datenverlust bedeuten. Aber auch der unberechtigte Zugriff auf das Portal kann einen Datenverlust mit sich bringen. Daten werden kopiert, und obwohl das Portal einwandfrei arbeitet, ist es möglich, dass Betriebsinformation unbemerkt an einen Mitbewerber gelangen.

Im Folgenden werden die drei Gruppen der Gefahrenpotenziale und Sicherheitsrisiken detailliert vorgestellt.

Unberechtigter Zugriff

Wie kann eine unberechtigte Person Zugriff auf ein Portal oder auf einzelne, für sie nicht freigegebene Bereiche erhalten?

Diese Frage kann man auch mit einer Gegenfrage beantworten: Wie erfolgt ein regulärer Zugriff auf ein Portal oder auf einzelne Bereiche? Die benötigten Komponenten, wie z.B. das Frontend mit entsprechender Software und der Zugang zum Internet, sowie Zugangsdaten, wie Adressen in Form von IP-Nummern, Passwörter oder Zugangscodes, müssen vorliegen. Die erste Voraussetzung stellt keine Hürde mehr dar, gibt es doch in vielen Firmen und auch privaten Haushalten PCs und Laptops mit den technischen Baugruppen für den Zugang zum Internet. Die zweite Voraussetzung ist die Eingabe eines Benutzernamens in Verbindung mit einem Passwort. Diese Technik ist weit verbreitet und kann bereits als Sicherheitstechnik angesehen werden. Diese Zugangsdaten können jedoch auf verschiedenen Wegen beschafft werden:

1. Suche: Die vom Anwender aufgesuchten Adressen werden gezielt aufgerufen, oder es wird die History-Funktion eines Browsers genutzt.
2. Wissen: Aktuelle und ehemaligen Benutzer des Portals oder Personen, die bewusst oder unbewusst von den Benutzern informiert wurden, haben Zugriff.
3. Zufall: Bei der unbewussten Falscheingabe einer IP-Adresse oder bei der Suche im Internet gelangt der unbefugte Benutzer durch Links oder Buttons auf der Homepage von Unternehmen zur Startseite des Portals.

Umgang mit Passwörtern

In der Praxis ist der Umgang mit Passwörtern und Zugangscodes zum Teil mehr als bedenklich. Die Liste der Schwachstellen reicht vom Post-it mit Passwortnotizen am Bildschirm über die Weitergabe von Passwörtern an Kollegen und Freunde »für den Notfall« bis hin zur Nutzung von selbstgewählten Passwörtern, die so simpel sind, dass sie von Hackern mit sozialkompetenten Programmen innerhalb von Sekunden geknackt werden.

Diese Gefahrenquellen sind meist hausgemacht, und auch das ausgefeilteste Sicherungssystem nutzt nichts, wenn das Sicherheitsbewusstsein der Benutzer des Portals nur ungenügend oder gar nicht ausgeprägt ist. Hier kann durch Schulung des Personals und durch Schaffung von Kontrollmechanismen und -instanzen die Wirksamkeit der Sicherheitstechniken wesentlich erhöht werden.

Datenverlust oder -manipulation

Der Verlust von Daten kann verschiedene Ursachen haben. Eine Ursache kann in der Portaltechnik selbst liegen: Daten werden nicht gespeichert, weil die Performance nicht ausreichend ist und ungeplante Störungen wie erhöhtes Datenaufkommen oder Ausfälle von Verbindungen und Systemen nicht abgefangen werden.

Die Hauptursache liegt aber meist in der Vernichtung der Daten durch den Menschen selbst, sei es durch Unwissenheit oder durch die bewusste Manipulation von Daten. Letzteres stellt einen schweren Eingriff in die Struktur und Funktionalität eines Portals dar und wird meist durch von Hackern eingeschleuste Viren oder Trojanische Pferde ausgelöst.

Die Manipulation kann aber auch zu unerkannten wirtschaftlichen Verlusten führen, wenn sie zu Veränderungen in den Geschäftsprozessen oder Datenwegen führt.

Ausfall oder Nicht-Verfügbarkeit

Von einem Ausfall des Portals spricht man dann, wenn eine der Komponenten (Backend, Middleware und Frontend) oder deren Verbindung untereinander nicht mehr funktionieren. Der Geschäftsprozess oder der Datenaustausch wird nicht mehr durchgeführt. Die Höhe der Verluste ergibt sich aus dem Zeitraum des Ausfalls plus dem zusätzlich notwendigen Zeitaufwand, der zur Regulierung des Ausfalls anfällt. Je länger das System nicht funktionsfähig ist, desto größer sind die Verluste (siehe dazu auch Abschnitt *Ausfall oder Nicht-Verfügbarkeit* in Kapitel 4). Der Ausfall oder die Nicht-Verfügbarkeit kann sowohl für das ganze System als auch nur für einzelne Anwender gelten.

Spionage und Sabotage

Die Spionage, die sich mit dem Auskundschaften von wirtschaftlichen, politischen und militärischen Geheimnissen beschäftigt, und die Sabotage, die die vorsätzliche Schädigung oder Zerstörung von wirtschaftlichen und militärischen Einrichtungen zum Ziel hat, sind Gefahrenpotenziale für ein Portal, die nicht unterschätzt werden sollten. In Zeiten der Globalisierung gewinnt Wirtschaftsspionage zunehmend an Bedeutung. Bei Spionage oder Sabotage werden bewusst Daten manipuliert, kopiert oder zerstört. Während bei den oben genannten Gefahren und Risiken oft der Zufall, das Glück oder die Unwissenheit die Auslöser sind, ist bei Spionage und Sabotage die bewusste Aktion ausschlaggebend.

Jedes Unternehmen sollte sich die Frage nach seinen potenziellen Feinden oder Mitbewerbern am Markt stellen. Auch sollte die Frage nicht unbeantwortet bleiben, welche Maßnahmen es selbst zur Durchsetzung seiner Ziele und Interessen einsetzen würde. Die Einstellung vieler kleiner und mittelständischer Unternehmen, es werde schon nichts passieren und die eigenen Geschäftsprozesse seien für andere nicht von Interesse, kann dabei schon der erste Fehler sein. Denn jedes Unternehmen, unabhängig von der Größe, möchte sich am Markt behaupten und klar von seinen Mitbewerbern abgrenzen. Und gerade die Kenntnisse über Wettbewerbsdaten können den entscheidenden Vorteil bringen.

2.2.3 Schwachstellen eines Portals

Technik

Webserver

Die größte Schwachstelle eines Portals ist der Webserver. Er muss von allen – sowohl internen als auch externen Benutzern des Portals – erreichbar sein, und diese Tatsache macht ihn gleichzeitig angreifbar. Ist der Zugang auf das Dateisystem erst einmal offen (siehe dazu auch Abschnitt *Unberechtigter Zugriff* in diesem Kapitel), können die statischen HTML-Seiten ausgetauscht oder verändert werden (siehe dazu Abschnitt *Datenverlust oder -manipulation*).

Ungesicherte Verbindung

Eine weitere Schwachstelle ist die Verbindung selbst, insbesondere zum externen Benutzer hin. Greift dieser über ungesicherte Verbindungen auf das Portal zu, sind Zugangsdaten wie Passwort oder Code sinnlos. Jeder Angreifer kann sich zwischen den Benutzer und das Portal schalten und den gesamten Datenverkehr und damit auch die Passwörter mitlesen. Der Benutzer selbst merkt davon nichts, weil seine Anfragen und die dazugehörigen Antworten des Portals durchgereicht werden und kein Unterschied zu den vorherigen Aktivitäten besteht.

LAN

Auch wenn der Zugang von außen gesichert und kontrolliert wird, dann geht doch eine weitere Gefahr vom firmeninternen Netz aus. Denn die Anwendungen, die von außen nur über das Portal zu erreichen sind, können im Intranet auf direktem Weg angesprochen werden. Dazu müssen noch nicht einmal Leitungen manipuliert oder gelegt werden. Jedes modern eingerichtete Unternehmensgebäude verfügt über Konferenz- und Schulungsräume, die ebenfalls mit Anschlüssen für das interne Netz ausgestattet sind. Das Notebook eines Besuchers oder freien Mitarbeiters erregt keine Aufmerksamkeit mehr. Die Netzwerkkarten und -anschlüsse sind standardisiert, und die Anmeldung an ein offenes Netzwerk ist Routine. Die gesamten Daten eines Unternehmen stehen so potenziellen Angreifern offen. Dabei muss es sich nicht einmal um einen Wettbewerber handeln, auch unter den eigenen Mitarbeitern gibt es u. U. Motive für unloyales Verhalten oder gar Sabotage.

Faktor Mensch

Die Schwachstelle Mensch lässt sich in zwei Hauptgruppen unterteilen: externe Täter, wie z. B. Hacker und Diebe, und interne Täter, wie Mitarbeiter, Zeitarbeiter, freie Mitarbeiter vor Ort usw. Während die Bedrohung durch die erste Gruppe aufgrund des Wachstums des Internets stets zunimmt, bleibt die Bedrohung durch Interne auf in etwa gleich hohem Niveau bestehen.

Zugriffskontrolle

Des Weiteren nimmt der unbefugte Zugriff in demselben Maße zu wie die Nutzung des Intranets und Internets, weil die notwendigen Zugriffskontrollen ungenügend sind oder gar gänzlich fehlen. Schutzwürdige Daten werden, meist aus Bequemlichkeit, innerhalb der Netzwerke ungesichert abgelegt, was den Zugang für Mitarbeiter mit entsprechender Motivation erleichtert.

Sicherheitsbewusstsein

Aber selbst wenn notwendige Sicherungsmechanismen installiert sind, werden diese durch den Mensch selbst untergraben. Denn was bringt die beste Zugangskontrolle, wenn sie nicht genutzt wird oder die zugehörigen Daten allen Mitarbeitern bekannt sind? Neben der Technik gilt es also auch, die Strukturen für die Sicherheit eines Portals und der Daten im Allgemeinen zu schaffen, die Mechanismen zur Sicherheitskontrolle zu installieren und Programme zur Steigerung des Sicherheitsbewusstseins der Mitarbeiter zu erarbeiten und durchzuführen.

Es sei in diesem Zusammenhang nochmals erwähnt, dass es – unabhängig von der Art und Anzahl der Maßnahmen zur Sicherung eines Portals – keine hundertprozentige Sicherheit geben kann. Eine solche totale Absicherung würde eine Kommunikation unterbinden und damit die Nutzung des Portals unmöglich machen.

2.3 Technische Sicherheitsaspekte eines Portals

Unabhängig davon, wie das Ergebnis einer Risikoanalyse oder anderer Methoden und Kontrollen ausfällt: In jedem Fall muss sich der Betreiber oder Hersteller eines Portals mit den grundlegenden Sicherungspraktiken auseinandersetzen. Diese Praktiken reichen dabei von der Schulung des Sicherheitsbewusstseins der Mitarbeiter über ganzheitliche Sicherungsstrategien bis hin zu den konkret eingesetzten Techniken.

Die wesentlichen technischen Sicherheitsaspekte, die es bei der Planung, Erhaltung und Pflege von Unternehmensportalen zu beachten gilt, sind die Folgenden:

- sichere Verbindungen – siehe Abschnitt 2.4
- Single Sign-On – siehe Kapitel 3
- technische Infrastruktur – siehe Kapitel 4
- Verschlüsselung – siehe Kapitel 5
- Benutzermanagement – siehe Kapitel 6
- Authentifizierung – siehe Kapitel 7

Abbildung 2.4 verdeutlicht diese Sicherheitsaspekte an Hand der Struktur eines Unternehmensportals der SAP.

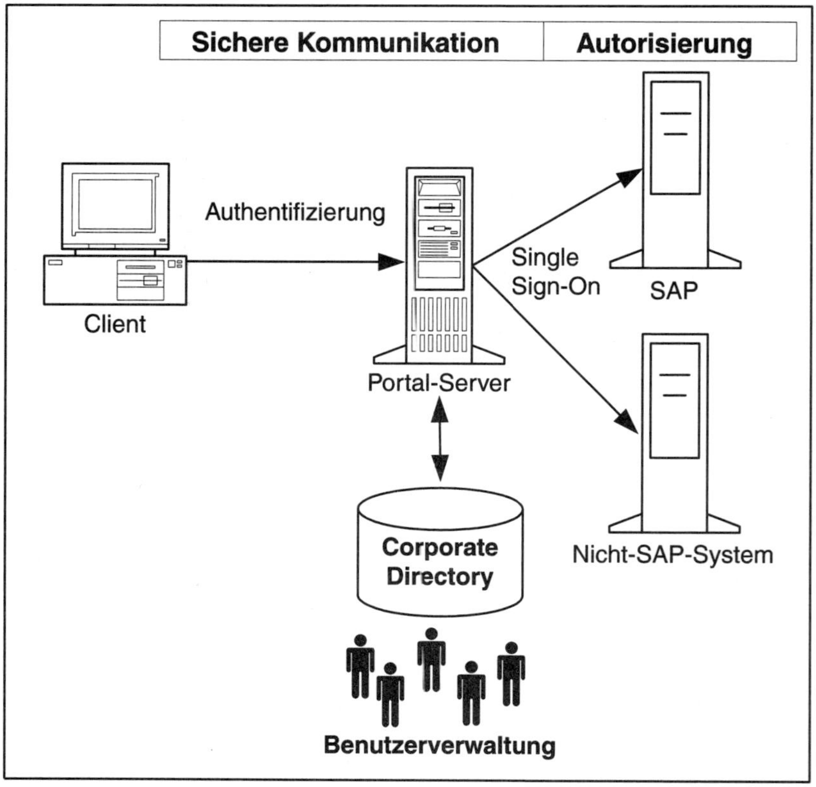

Abbildung 2.4 Portalarchitektur

2.4 Sichere Verbindungen

Ein wesentlicher technischer Sicherheitsaspekt ist – wie bereits genannt – das Thema »sichere Verbindungen«. Der Grund für diese Einschätzung ist die Tatsache, dass die Angriffe auf die Datensicherheit im steigenden Maße über das Internet erfolgen. Da ein Unternehmensportal in das Internet eingebunden ist, sollten hier die Überlegungen zum Thema Sicherheit beginnen.

Eine Untersuchung des CSI (*Computer Security Institut*) und des FBI aus dem Jahre 2000 ergab, dass Internetverbindungen die internen Netzwerke als häufigstes Angriffsziel mittlerweile abgelöst haben (siehe Abbildung 2.5).

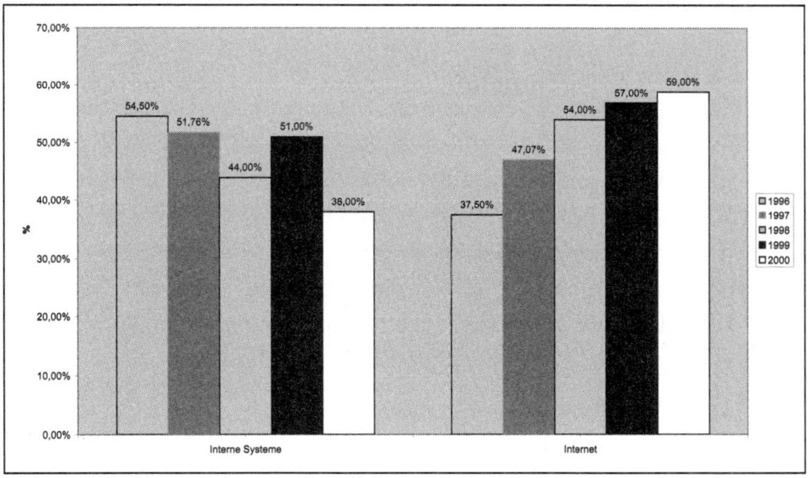

Abbildung 2.5 Angaben zu den häufigsten Angriffszielen

Des Weiteren belegte die Untersuchung, dass die alte Weisheit, 80% der Angreifer seien Interne und 20% Externe, nicht zu halten ist. Die Bedrohung von innen hat danach zwar nicht nachgelassen, »... aber die Bedrohung von außen ist mit zunehmender Bedeutung des Internets als Mittel der Unternehmenskommunikation dramatisch gewachsen.«

Es gibt keine sicheren Netze

Die Bedrohung des internen Netzes (LAN) sollte dennoch nicht vernachlässigt werden, denn die Aussage: »Es gibt keine sicheren Netze« bezieht sich nicht nur auf das Internet. Sobald sich ein potenzieller Angreifer in einem Unternehmensportal oder einem Gebäude befindet, hat er in aller Regel auch Zugriff auf das interne Netzwerk (siehe dazu auch Abschnitt 4.4). Ohne Schutzmaßnahmen sind nun alle Unternehmensdaten für den Angreifer mehr oder weniger frei verfügbar.

Gefahr durch eigene Mitarbeiter

Darüber hinaus sind es oft gerade die eigenen Mitarbeiter, die, – teilweise wissentlich und absichtlich, teilweise unabsichtlich, z. B. durch leichtfertigen Umgang mit gefährlichen Dateien (Trojaner, Wurm, Virus) oder einfach durch Unwissen – Schaden im Unternehmen verursachen. Das heißt, es gilt nicht nur die Verbindungen zu externen Portalen anderer Unternehmen, sondern auch die Verbindungen zu internen Informationen zu verschlüsseln und somit zu schützen.

2.4.1 Inseln definieren und verbinden

Um die Aussage, dass es keine sicheren Netze gibt, näher zu beleuchten, verwenden wir ein Modell. Dabei werden die folgenden Definitionen angenommen: Ein »Punkt« ist die kleinste in sich geschlossene Einheit. Das kann zum Beispiel ein PC, ein Handheld oder ein Handy sein. Eine »Insel« besteht aus einem oder mehreren Punkten. Diese Inseln werden als sichere Umgebungen angesehen. Um nun eine Insel mit einer anderen zu verbinden, müssen sicherheitstechnische Maßnahmen ergriffen werden. Diese Maßnahmen sind die Techniken, die im zweiten Teil dieses Buches dargestellt werden. Beim Aufbau von Unternehmensportalen geht es u.a. darum, Inseln oder besser Punkte sicher zu verbinden. Dabei werden Systeme (Inseln und Punkte) identifiziert, die integriert werden sollen. Das sind einerseits die möglicherweise weltweit verteilten Backend-Systeme und andererseits die möglicherweise ebenfalls weltweit verteilten Frontends. Die Frontends können zudem auch aus mobilen Einheiten bestehen.

Elemente der Insellandschaft

Beim Aufbau eines Portals werden zuerst alle Geräte (Clients und Server) als einzelne Punkte auf der Landkarte erfasst, und es wird festgelegt, welche Punkte sinnvoll zu einzelnen Inseln zusammengefasst werden können. Die Absicherung der Punkte selbst, also z. B. die Betriebssystem-Security oder die Desktop-Security (siehe Kapitel 4), betrachten wir an dieser Stelle noch nicht. Per Definition seien diese »gedachten« Inseln in dieser Hinsicht als sicher eingestuft. Die kleinste Insel stellt ein Server oder ein Notebook ohne Anschluss an die Außenwelt dar. Weitere Beispiele für Inseln oder Punkte könnten zwei SAP-Systeme sein, die per Netzkabel verbunden sind, oder zwei Notebooks, die auf einem Schreibtisch über ein Kabel verbunden sind aber keinen Zugang zu anderen Netzwerken haben. Eine große Insel könnte auf Client-Seite das Firmennetz darstellen, wenn ausgeschlossen werden kann, dass Daten über Diskettenlaufwerke, CD-ROMs, Remote-Einwahl (ISDN, Modem), Infrarot, Funk etc. in das Netzwerk eingeschleust werden. Nachdem die Inseln und Punkte, die über das Portal zusammengeschlossen werden sollen, definiert sind, müssen Überlegungen zu sicheren Verbindungen angestellt werden. Dabei spielen die zwei folgenden Aspekte eine zentrale Rolle:

- die verschlüsselte (sichere) Datenübertragung,
- die eindeutige Authentifizierung der Punkte in und an den Inseln.

2.4.2 Sichere Datenübertragung

Nachdem zwei Inseln definiert worden sind, gilt es also nun, diese sicher zu verbinden. Auf der einen Insel befindet sich z.B. der Mitarbeiter an seinem Client, auf der anderen Insel ein SAP-System, in das der Mitarbeiter Daten eingeben möchte. Dabei gibt es grundsätzlich drei Möglichkeiten, die Verbindung herzustellen:

1. Insel-Insel-Verbindung
2. Punkt-Insel-Verbindung
3. Punkt-Punkt-Verbindung

Insel-Insel-Verbindung

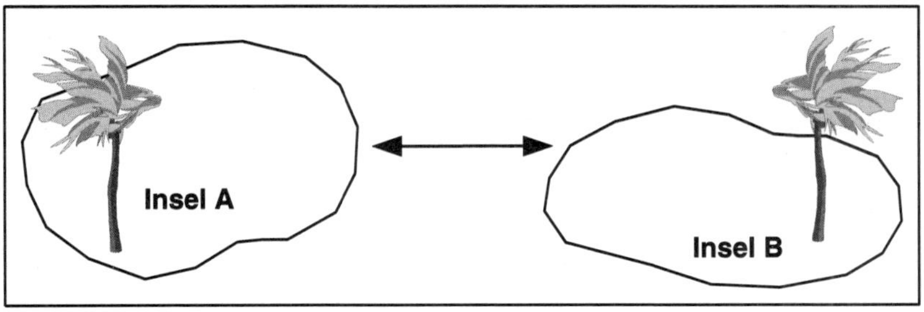

Abbildung 2.6 Insel-Insel-Verbindung

VPN

Bei einer Insel-Insel-Verbindung verbindet man die beiden Inseln miteinander und verschlüsselt dabei den Datenstrom. Alle Punkte (Anwendungen oder Benutzer) auf der Insel A werden dabei mit allen Punkten (Anwendungen oder Benutzer) auf der Insel B verbunden. Also alle Punkte der Insel A können über eine einzige verschlüsselte Verbindung auf alle Punkte der Insel B zugreifen. Jeweils an den Grenzen der Inseln werden die Datenströme wieder entschlüsselt. Das setzt aber voraus, dass sich die beiden Inseln vertrauen. Technisch gesehen kommt dies einem *virtuellen privaten Netzwerk* (VPN) am nächsten.

Punkt-Insel-Verbindung

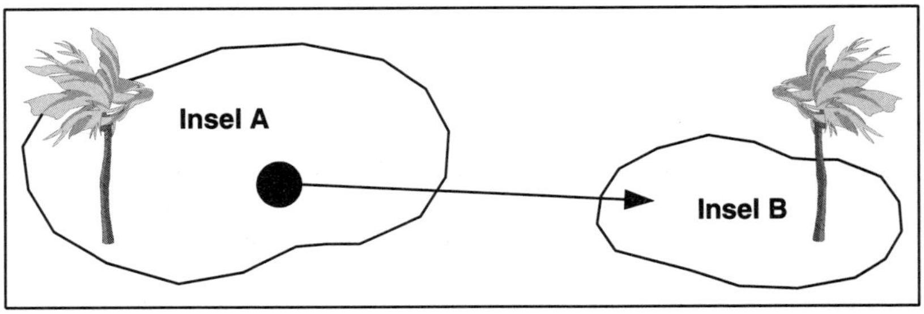

Abbildung 2.7 Punkt-Insel-Verbindung

Ein Punkt der Insel A verbindet sich über verschlüsselte Wege mit der gesamten Insel B. Dabei vertraut die Insel B dem einen Punkt auf der Insel A. Technisch gesehen handelt es sich immer noch um ein VPN, wobei die VPN-Software direkt auf dem Punkt der Insel A (Client) installiert ist. In der Praxis werden so Remote-Rechner, die sich zum Beispiel im Internet befinden, mit Firmennetzen verbunden. Hierbei könnte z.B. der Portal-Server auf der Insel B stehen, und alle Mitarbeiter greifen über dedizierte VPN-Verbindungen auf das Portal und alle auf der Insel B befindlichen Server zu.

Punkt-Punkt-Verbindung

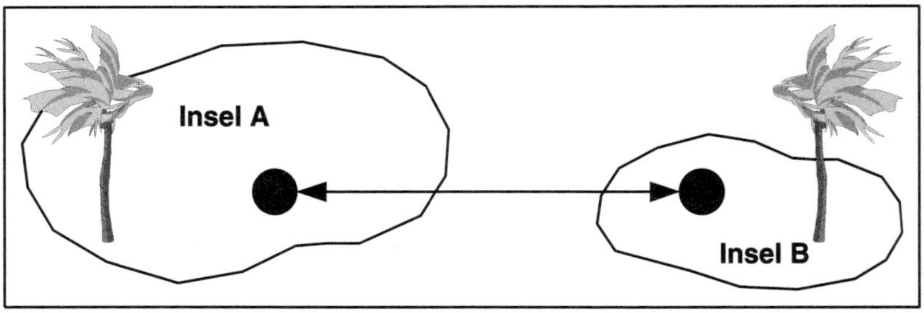

Abbildung 2.8 Punkt-Punkt-Verbindung

Ein Punkt der Insel A verbindet sich mit einem Punkt der Insel B. Aus Security-Sicht ist das die sicherste Verbindungsart, da hierbei keine unverschlüsselten Teilstrecken existieren (Ende-zu-Ende-Verschlüsselung). Diesen Ansatz verfolgt auch das SAP-Konzept. Jeder Client und jedes SAP-System entspricht dabei einem Punkt.

SNC Die Punkt-Punkt-Verbindung kann sowohl bei Client-Server-Verbindungen als auch bei Server-Server-Verbindungen zum Einsatz kommen. In beiden Fällen könnten die Verbindungen z. B. über *Secure Network Communications* (SNC) oder *Secure Sockets Layer* (SSL/TLS) gesichert werden. Das Thema Verschlüsselung wird ausgiebig in Kapitel 5 behandelt.

Applikationssicherheit

Ein weiterer Vorteil, der diese Verbindungsart auszeichnet, ist die dabei entstehende Applikationssicherheit. Schon aus der Anwendung heraus werden die Daten verschlüsselt, denn es dürfen keine unverschlüsselten Teilstrecken existieren. Insgesamt muss der gesamte Datenverkehr dieser Verbindung entsprechen. Die Sicherung von Dateien darf nur so erfolgen, dass die Daten ebenfalls nur verschlüsselt vorliegen, und zwar unabhängig vom jeweiligen Datenträger.

Zentrale Benutzerverwaltung

Authentifizierung

Damit sichergestellt werden kann, dass ein Punkt von Insel A auch wirklich mit einem Punkt auf Insel B kommuniziert, müssen sich die beiden Punkte gegenseitig authentifizieren. Wenn sich die beiden Punkte nicht kennen, kann dies sinnvollerweise nur unter Mitwirkung einer dritten Instanz erfolgen. Als Beispiel aus der realen Welt sei hier der Reisepass genannt. Bei der Einreise in ein fremdes Land erkennen die Zollbeamten einen Reisepass an, weil sie der ausstellenden Behörde vertrauen. Auf unser Netzwerk übertragen, entspricht diese Behörde einer zentralen Stelle (Benutzerverwaltung), der alle Punkte in der System-Landschaft vertrauen. Idealerweise bildet diese zentrale Stelle für sich eine eigene Insel oder besser einen Punkt. Hier gilt das oben Gesagte, nämlich dass die Verbindung zu dieser Insel nur über verschlüsselte und damit sichere Wege aufgebaut werden darf. Die zentrale Benutzerverwaltung ist Grundlage für ein auch über Unternehmensgrenzen hinweg funktionierendes Single Sign-On (SSO, siehe Kapitel 3).

Veränderung der Verwaltungsprozesse

Die Infrastruktur von Portallösungen muss mit unterschiedlichen Landschaften und gemeinsamen Netzwerken funktionieren, die sich für den Zugriff von außen öffnen. Diese neuen Business-Paradigmen verursachen tiefgreifende Veränderungen in der Benutzer- und Autorisierungsverwaltung. Die Priorität liegt heute auf einfachen, verteilten Verwaltungsprozessen, der Integration externer Benutzer in Autorisierungsverfahren, einem universellen Rollenkonzept, das auf jede Applikation im Unternehmen angewendet werden kann, und einer zentralen Benutzerdatensicherung. Die Zuweisung von Benutzerrollen bestimmt den Zugriff auf Anwendungen und Informationen, während Verantwortlichkeitsinformationen Anwendungen befähigen, daraus detaillierte Autorisierungen für individuelle Benutzer zu erkennen.

Vereinfachte Administrationsprozesse

Eine typische Systemlandschaft besteht aus diversen Benutzerdatenquellen. Viele Datenquellen enthalten dieselben oder ähnliche Benutzerdaten. Um diese zu Benutzerverwaltungszwecken zu integrieren und eine effiziente Portal-Infrastruktur zu schaffen, werden heutzutage normalerweise Verzeichnisdienste auf der Basis des *Ligthweight Directory Access Protocol* (LDAP) als zentrale Benutzerspeicher verwendet.

LDAP LDAP wird normalerweise zur Kommunikation mit zentralen Benutzerspeichern eingesetzt und bietet einfache Replikations-, Synchronisierungs- und Direktzugriffsmechanismen. Die SAP kooperiert zum Beispiel mit zahlreichen Verzeichnisanbietern, um den Kunden eine breite Produktpalette anbieten zu können (weitere Erklärungen hierzu finden Sie in Kapitel 6).

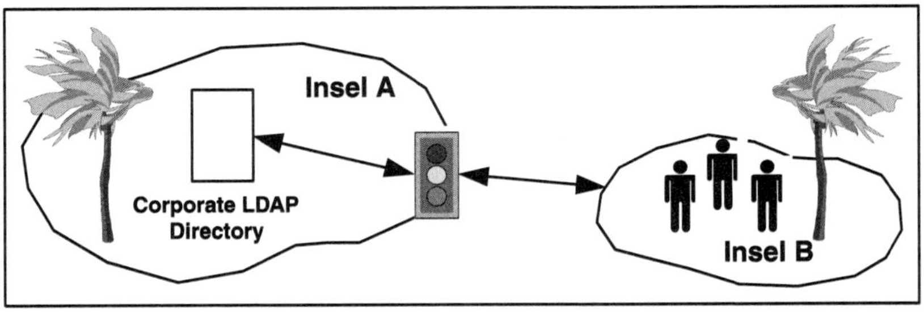

Abbildung 2.9 Anmeldung am Corporate LDAP Dirctory

Abbildung 2.9 zeigt auf der Insel A das Corporate LDAP Directory, in dem sich alle Benutzerdaten des Portals befinden. Die Ampel symbolisiert den Webserver, der die Anmeldung am Portal entgegennimmt und an den Directory-Server weiterleitet. Auf diese Weise ist auch der Directory-Server gegen direkte Angriffe von außen geschützt, der Webserver bleibt hingegen direkten Angriffen ausgesetzt. Die Benutzer befinden sich auf Insel B, hier könnte das z.B. das interne Firmennetzwerk oder das Firmennetz eines Partnerunternehmens sein.

Rollen im Portal

Nachdem die Überlegungen zu den Benutzern und den angeschlossenen Systemen beim Portalaufbau abgeschlossen worden sind, sollten in diesem Zusammenhang auch die Rollen der Benutzer betrachtet werden. Neben der Verschlüsselung von Verbindungen und der sicheren Authentifizierung der Benutzer ist die Rollenverwaltung ein weiterer Sicherheitsaspekt beim Portalaufbau.

Grundsätzlich unterscheidet man Portalrollen von Rollen in den einzelnen Systemen. In vielen existierenden Backend-Systemen sind die Berechtigungen beim Zugriff auf Daten und Transaktionen bereits geregelt. Auch wenn man ein Portal für den Zugriff auf diese Systeme realisiert, bleiben die Rollen (Berechtigungen) in den einzelnen Systemen bestehen. Die Portalrolle beschreibt die Rolle, die der Benutzer innerhalb des Portals hat. In dieser Rolle werden auch die Rollen der Backend-Systeme eingepflegt und idealerweise verwaltet. Weitergehende Informationen zu Portalrollen finden Sie in Kapitel 6.

2.5 Zusammenfassung

Wie in diesem Kapitel gezeigt wurde, stellt der Aspekt der Sicherheit beim Portalaufbau den Mitarbeiter bzw. seine Authentifizierung, seine Rollen im Portal und im Unternehmen sowie die Absicherung (Verschlüsselung) der Kommunikation in den Mittelpunkt. Im nächsten Kapitel wird das Thema Single Sign-On näher untersucht werden, bevor wir im zweiten Teil des Buches auf die wesentlichen technischen Sicherheitsaspekte und die damit verbunden Techniken näher eingehen werden.

3 Grundlagen des Single Sign-On

Das Single Sign-On-Verfahren ermöglicht, dass sich Benutzer nur einmal an einem Portal anzumelden brauchen und dann auf alle Informationen, Applikationen und Dienstleistungen ohne wiederholte Anmeldung zugreifen können.

In der unternehmensübergreifenden Portalumgebung mit einer großen Anzahl von Systemen kann von einem Benutzer nicht erwartet werden, dass er sich eine Vielzahl von Passwörtern merkt. Die Folge ist zumeist, dass sich die Benutzer sehr einfache Passwörter ausdenken und diese in allen Systemen gleich halten oder aber ihre »sicheren« Passwörter äußerst unsicher aufbewahren und z.B. mit Post-its an die Bildschirme kleben. Anstatt sich selbst an jedem aufgerufenen System separat authentifizieren zu müssen, geben die Benutzer in einer Single Sign-On-Umgebung ihre Anmeldedaten nur einmal ein. Die Systeme, die später aufgerufen werden, können dann auf die Daten der erfolgreichen Anmeldung zurückgreifen.

Kein Geschäft ohne Vertrauen. Dieses Prinzip ist vor allem für unternehmensübergreifende Geschäftsprozesse entscheidend. Verfahren zum Aufbau von vertrauenswürdigem Geschäftsbeziehungs-Management wie Authentifizierungsübertragung, Single Sign-On (SSO) und Personifizierung sind für die Portalumgebung praktisch unverzichtbar geworden. Sie überbrücken die Sicherheitslücke zwischen Benutzern, Systemen und Anwendungen. Ohne die Existenz eines Portals im Unternehmen ist die Realisierung von SSO meist nur schwer möglich. SSO und Portale sind Ausdruck ein und derselben Unternehmensphilosophie. Der Aufbau eines Unternehmensportals ohne die Nutzung eines SSO-Mechanismus reduziert den Gewinn, den das Portal dem Unternehmen bringt, erheblich.

3.1 Einfacher Zugriff mit SSO und Personifizierung

Nach der Eingangsauthentifizierung am Unternehmensportal werden wiederholte Anmeldungen bei einzelnen Anwendungen durch SSO- und Personifizierungsmechanismen überflüssig. Abbildung 3.1 zeigt, dass Benutzern nach der Anmeldung mit Benutzername, Radius, Smart Card bzw. Zertifikat am Portal ein SAP Logon-Ticket ausgestellt wird. Danach wird SSO entweder über das Zertifikat oder über die Logon-Tickets realisiert, wobei die Personifizierung nur über das Logon-Ticket realisiert wird. Daher wird das Logon-Ticket immer vom Portal-Server generiert, auch wenn für den weiteren SSO-Mechanismus Zertifikate verwendet werden. Diese Mechanismen leiten z. B. die Logon-Daten an die Systeme weiter, die der Benutzer aufruft, so dass eine weitere manuelle Authentifizierung entfällt. In einer SSO-Lösung authentifizieren sich die Benutzer nur ein einziges Mal. Alle Anwendungen, die im Anschluss daran aufgerufen werden, haben Zugriff auf diese Benutzerreferenzen.

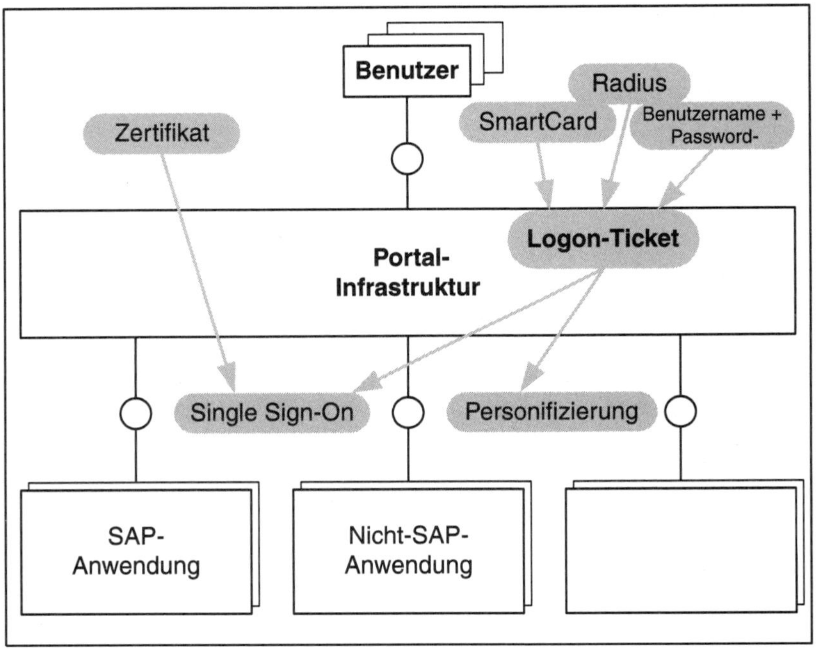

Abbildung 3.1 SSO und Personifizierung

Personifizierung Die Personifizierung ist eine Technik, die es einer Anwendung erlaubt, sich selbst als der Benutzer einer anderen Anwendung darzustellen. Anwendung A gewährt Anwendung B das Recht, sich als Anwendung A zu authentifizieren. Mit anderen Worten: Anwendung B kann sich als Anwendung A ausgeben.

Hierzu zwei Beispiele: Benutzerin Alice greift auf den SAP Internet Transaction Server (ITS) zu und gibt Benutzer-ID und Passwort an. Der ITS authentifiziert sich dann mit dieser Benutzer-ID und Passwort am SAP R/3. Das SAP R/3-System hält den ITS für den Benutzer Alice.

Oder: Ein Benutzer authentifiziert sich mit einer Smart Card am Portal und ruft dann ein Programm auf, das wiederum verschiedene Jobs und Agenten startet. Dem Programm muss die Berechtigung erteilt werden, diese Operationen auszuführen, ohne dass jeweils eine erneute Identifizierung mit der Smart Card nötig wäre. Die Personifizierung ermöglicht es, dass auf den privaten Schlüssel auf der Smart Card nur einmal zugegriffen werden muss. Die notwendigen Personifizierungsreferenzen werden durch das Portal geschaffen und an die Anwendung weitergeleitet. Die Anwendung kann sich nun im Namen des Benutzers authentifizieren, wenn die Jobs gestartet werden. Ein weiterer Zugriff auf die Smart Card ist folglich nicht notwendig.

Für den Benutzer bieten beide Alternativen denselben komfortablen Zugriff auf Anwendungen und Informationen. Im Falle einer SSO-Lösung wird die Authentifizierungsinformation direkt an die Anwendung weitergeleitet, während bei der Personifizierung einige zusätzliche Vorgänge innerhalb des Unternehmensportals notwendig sind.

3.2 Definition

SSO bedeutet, dass die Benutzer nach der Anmeldung am Portal ohne weitere Anmeldung mit allen Applikationen arbeiten können, auf die zuzugreifen sie berechtigt sind.

Diese einfache Definition geht davon aus, dass nach der Anmeldung am Portal Single Sign-On für alle angeschlossenen Systeme eingesetzt wird. Der Anmeldevorgang ohne SSO sähe wie folgt aus:

Anmeldung ohne SSO

1. Die Anmeldung am Client erfolgt in aller Regel über Benutzernamen und Passwort. Wenn sich der Client in einem Netzwerk befindet, erfolgt die Anmeldung zentral, z.B. bei einem Windows-Netzwerk am Domaincontroller (*Primary Domain Controller* – PDC) oder bei einem Novell-Netzwerk am Novell Directory Server (NDS).
2. Die nächste Anmeldung erfolgt am Portal, in der Regel wieder über Benutzername und Passwort.
3. Die folgenden Anmeldungen sind dann an den jeweiligen Anwendungen selbst durchzuführen, meist wieder mit Benutzernamen und Passwort. Diese Benutzernamen und Passwörter werden größtenteils in den Anwendungen selbst verwaltet, weil damit zugleich auch die Berechtigungen in den jeweiligen Anwendungen verwaltet werden.

Obige Definition sieht hingegen Single Sign-On nur nach der Anmeldung am Portal vor. Dabei gibt es eine Reihe von Möglichkeiten, die erste Anmeldung am Client ebenfalls in die SSO-Mechanismen mit einzubauen:

1. Windows NT LAN Manager (NTLM)
2. Kerberos
3. SecureLogin für Novell-Netzwerke
4. Anmeldung mit Smart Card am Betriebssystem

Grundsätzlich gilt bei diesen Möglichkeiten wie auch bei den nachgelagerten Zugriffen, dass die Anmeldung an den Systemen (Portal, Backend-Systeme) durch sich im Hintergrund abspielende Prozesse durchgeführt wird. Das heißt, ein automatischer Mechanismus übernimmt für den Benutzer die Anmeldung. Im vorliegenden Buch werden zwei Arten von Single Sign-On vorgestellt und untersucht:

- Die Anmeldung am Backend-System wird verändert, d.h., für die »normale« Benutzername/Passwort-Authentifizierung wird ein anderer Mechanismus eingesetzt (z.B. Kerberos oder SAP Logon-Tickets).
- Die Anmeldung mit Benutzername/Passwort am Backend-System wird beibehalten, aber über einen im Hintergrund ablaufenden Prozess durchgeführt. Dabei werden die Benutzernamen und Passwörter an einer zentralen Stelle gespeichert.

Anforderungen an SSO-Systeme

Um sowohl für das Unternehmen auf Dauer maximalen Nutzen zu bringen als auch von den Anwendern auf breiter Basis akzeptiert zu werden, sollte ein SSO-System die folgenden sieben Anforderungen erfüllen:

- **Anpassung an die sich ändernden Bedürfnisse großer Organisationen**
  Neue Software muss einfach zu installieren sein und SSO-konform konfiguriert werden können.
- **einfache Aufnahme mobiler Benutzer**
  Benutzer im Außendienst oder im Ausland müssen eine Zugangsmöglichkeit zu ihren SSO-Berechtigungsnachweisen haben und diese bei Bedarf aktualisieren können.
- **einfaches Management, schneller Einsatz und Fehlertoleranz**
  Das SSO-System muss effizient arbeiten, einfach zu benutzen und leicht zu überprüfen bzw. zu warten sein.
- **Einsatz von Industriestandards und offenen Architekturen**
  Das SSO-System muss mit dem Großteil der existierenden Software kompatibel sein.

- **Sicherheit**
  Die Passwortspeicherung und der Playback-Mechanismus müssen vor Datendiebstahl geschützt sein. Die Benutzernamen und Passwörter müssen verschlüsselt sein und in einer sicheren Datenbank gespeichert werden.
- **Kosteneffizienz**
  Das SSO-System sollte zur Kostensenkung beitragen.
- **problemlose Anwendung**
  Wenn sich ein Benutzer bei einer Anwendung anmeldet, sollte sich die Anwendung in genau der Konfiguration öffnen wie bei der ersten Anmeldung. Weitere Versuche, die Anwendung zu öffnen, sollten keine Interaktion zur Authentifizierung des Benutzers zur Folge haben.

Nachteile von SSO

An dieser Stelle sei darauf hingewiesen, dass SSO durchaus auch Nachteile und Gefahren mit sich bringen kann. Nach der Implementierung von SSO hat der Benutzer nur noch einen Benutzernamen und ein Passwort, das er sich merken muss. Sollte er dieses Passwort vergessen oder sollte er z.B. seine Smard Card zu Hause gelassen haben, kann der Benutzer zunächst einmal nicht mehr arbeiten. Was aber aus Security-Sicht noch bedenklicher ist: Wenn der Benutzer seinen Benutzernamen und sein Passwort an Kollegen weitergibt, was in vielen Unternehmen gängige Praxis ist, dann hat der Kollege Zugriff auf alle Systeme mit allen Berechtigungen, die auch der eigentliche Benutzer hat. Das System wird durch SSO insgesamt angreifbarer. Hier ist also abzuwägen, ob eine einzige Anmeldung an allen Systemen im Unternehmen sinnvoll ist und ob die Anmeldung am Client als sicher genug angesehen wird, um sich mit diesem Mechanismus bei allen weiteren Systemen zu authentifizieren.

3.3 Überblick über SSO-Techniken

Im Folgenden werden drei Möglichkeiten vorgestellt, wie eine SSO-Lösung realisiert werden könnte. Bei dieser Betrachtung wird von SSO-Mechanismen nach der Anmeldung am Portal ausgegangen. Dies kann auf verschiedene Weise geschehen:

- über einen zentraler Authentifzierungsserver
- mittels der zentralen Sammlung der Zugangsdaten, also aller unterschiedlichen Benutzernamen und Passwörter
- durch die dezentrale Speicherung eines Zertifikates für den Zugang zu allen Anwendungen und Systemen

Letzteres ist weniger ein SSO-Mechanismus, sondern vielmehr eine Technologie.

SSO-Mechanismen sollen dabei helfen, die Produktivität bei der Nutzung von Portalen zu steigern, indem der Zeitaufwand für die Eingabe von Zugangsdaten für die Anwendungen reduziert und Probleme minimiert werden, die durch vergessene Passwörter entstehen. Dabei sollen bestehende Sicherheitsmechanismen nicht aufgeweicht, sondern verbessert werden.

Authentifizierungs-Server und Ticket

Beim SSO-Mechanismus mittels eines zentralen Authentifizierungs-Servers muss sich jeder Benutzer gegenüber dem Authentifizierungs-Server ausweisen. Hier erhält er anschließend ein Ticket für den Zugang zu den einzelnen Anwendungen, die über das Portal erreichbar sind. Vorraussetzung ist, dass jeder mögliche Benutzer, dessen Rolle im Portal sowie die Anwendungen selbst bekannt sind. Die Anwendungen müssen sich mittels eines Authentifizierungs-Servers ansprechen lassen, d.h., sie müssen ihn und seine Anmeldemechanismen erkennen und unterstützen. Sollte dies bei einer Anwendung Probleme bereiten, müssen die Anmeldemechanismen der Anwendung an die des Authentifizierungs-Servers angepasst werden.

Sammlung aller Zugangsdaten

Bei der zentralen Sammlung der Zugangsdaten erfolgt hingegen kein Eingriff in die Anmeldemechanismen der einzelnen Anwendungen. Der Benutzer muss sich aber die verschiedenen Zugangsdaten nicht mehr merken. Dies übernimmt für ihn die zentrale Benutzerverwaltung des Portals. Nach der Anmeldung des Benutzers am Portal erkennt das System den Benutzer und die angeforderte Anwendung. Single Sign-On findet hier gegenüber der Benutzerverwaltung des Portals statt, z.B. einer Schemaerweiterung im Corporate LDAP Directory. Die gespeicherten Zugangsdaten für die entsprechende Anwendung werden gesendet, und die Anwendung steht für den jeweiligen Benutzer bereit. Die Zugangsdaten aller Anwendungen müssen dabei sicher gespeichert und verwaltet werden. Zudem sollten verschiedenste Anwendungen und deren Anmeldeaufforderungen erkannt und die erforderlichen Zugangsdaten sicher erfasst werden.

Zertifikat

Der dritte der hier vorgestellten SSO-Mechanismen ist die dezentrale Speicherung eines Zertifikats für den Zugang zu allen Anwendungen und Systemen. Dieser Mechanismus kommt der Nutzung eines Ausweises nahe. Jeder Benutzer muss ein Zertifikat besitzen, das ihn gegenüber dem Portal und seinen Anwendungen ausweist. Die Anwendungen müssen, wie beim zentralen Authentifzierungs-Server, die Nutzung des Zertifikats zur Identifizierung des Benutzers bei den Anwendungen unterstützen, und die Anwendungen müssen dem Zertifikat vertrauen. Das eigentliche Single Sign-On wird über den Besitz und die Absicherung des Zertifikats definiert.

Im weiteren Verlauf wird zu jedem der SSO-Mechanismen je ein gängiger Vertreter im Umfeld der Unternehmensportale – und hier insbesondere der SAP – vorgestellt.

3.3.1 SAP Logon-Tickets

Als Beispiel für einen SSO-Mechanismus mittels eines zentralen Authentifzierungs-Servers wäre das SAP Logon-Ticket zu nennen. Bei diesem Verfahren kann, wie in Abbildung 3.1 gezeigt, für die Portalanmeldung jede Authentifizierung verwendet werden. Bei der Anmeldung mit Benutzernamen und Passwort wird der Benutzer beim SAP Enterprise Portal gegenüber dem Corporate LDAP-Verzeichnis überprüft. Diese Verifizierung wird durch einen Sicherheitsfilter durchgeführt, der Teil des Portal-Servers ist. Wenn der Portalbenutzer erst einmal authentifiziert worden ist, muss er den entsprechenden Benutzer-IDs der verschiedenen externen Anwendungen und Diensten zugeordnet werden (*User Mapping*). Dies ist die Basis für Single Sign-On. Wenn ein Benutzer erst einmal erfolgreich authentifiziert ist, wird ihm vom Portal-Server ein SAP Logon-Ticket ausgestellt.

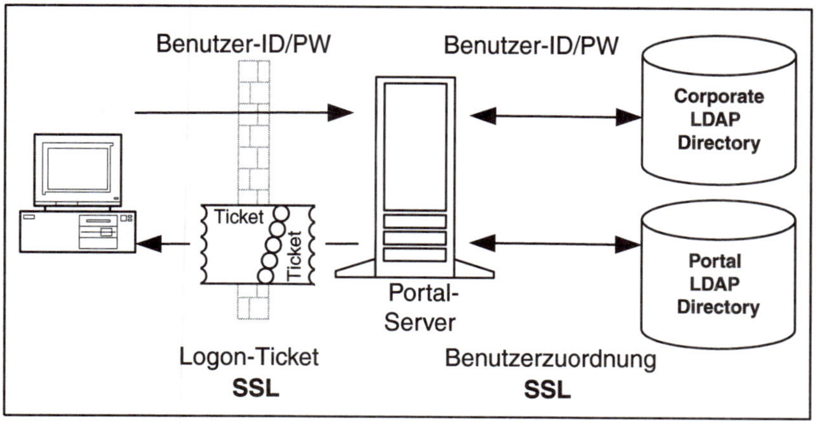

Abbildung 3.2 Anmeldung mit Benutzername und Passwort

Cookies

Dieses SAP Logon-Ticket wird in Form eines Cookies temporär im Webbrowser gespeichert und dient nun der Anmeldung an allen Komponentensystemen – ganz gleich, ob SAP- und Nicht-SAP-Systeme –, die den

SSO-Mechanismus unterstützen. Diese Logon-Tickets sind aber nur für einen bestimmten Zeitraum gültig. Die Dauer der Gültigkeit kann durch den Administrator des Unternehmensportals bestimmt werden. Logon-Tickets werden vom Portal-Server digital signiert, damit gewährleistet bleibt, dass Dritte, z.B. externe Anwendungen, die die Logon-Tickets als Authentifizierungsmechanismus akzeptieren, nachprüfen können, ob die Tickets wirklich von einem vertrauenswürdigen Portal-Server ausgestellt worden sind. Zudem bietet die digitale Signatur einen hohen Integritätsschutz. Für einen potenziellen Angreifer ist es nicht möglich, die Daten eines Logon-Tickets (z.B. die Gültigkeitsdauer oder den Benutzernamen) zu verändern, ohne dass die Manipulationen von der überprüfenden Seite erkannt werden. Bei der Übertragung zwischen Webbrowser und Webserver sind die Logon-Tickets durch die SSL-Verschlüsselung geschützt, um ein Mitlesen des Tickets zu verhindern.

Abbildung 3.3 Verifizierung am Komponentensystem

Anmeldung am Komponentensystem

Nachdem man nun das Logon-Ticket vom Portal-Server erhalten hat, kann man sich z.B. an einem SAP R/3-Komponentensystem anmelden. Dabei wird die digitale Signatur des Portal-Servers im Logon-Ticket vom Komponentensystem verifiziert und auf die Gültigkeit des Tickets hin überprüft. Diese Gültigkeitsüberprüfung ist Standard in SAP-Systemen. Das eigentliche Logon wird durch die Verwendung der Benutzer-ID, die im Logon-Ticket gespeichert ist, durchgeführt. Eine zusätzliche Authentifizierung mit Passwort oder Zertifikat ist nicht notwendig.

SAP Logon-Tickets und Nicht-SAP-Systeme

SAP Logon-Tickets können auch zur Authentifizierung gegenüber Nicht-SAP-Systemen eingesetzt werden. Die Verifizierung des Logon-Tickets besteht dann aus folgenden Schritten:

1. Das Logon-Ticket wird nur akzeptiert, wenn es von einem vertrauenswürdigen Portal-Server ausgestellt worden ist. Dazu wird dem Nicht-SAP-System einmalig das Zertifikat als vertrauenswürdig bekannt gemacht.

2. Das Logon-Ticket wird nur akzeptiert, wenn die digitale Signatur des Portal-Servers gültig ist. Die Verifizierung erfordert das digitale Zertifikat des Portal-Servers. Jegliche Beschädigung der Integrität kann in diesem Schritt aufgedeckt werden.
3. Wenn das Ticket gültig ist, kann die darin enthaltene Benutzer-ID an die aufgerufene Anwendung weitergeleitet werden.

Webserver-Filter

Technisch gesehen stehen hierfür zwei Möglichkeiten für Nicht-SAP-Komponenten bei der Benutzung von Logon-Tickets zur Verfügung, die in Abbildung 3.4 darstellt werden:

- **Nutzung eines Webserver-Filters**
  Der Filter verifiziert die Logon-Tickets und schreibt die anwendungsbezogene Benutzer-ID in ein HTTP-Header Field. Dies ist sehr einfach, da die Nicht-SAP-Komponenten keinen Schritt der Ticketüberprüfung selbst ausführen müssen.

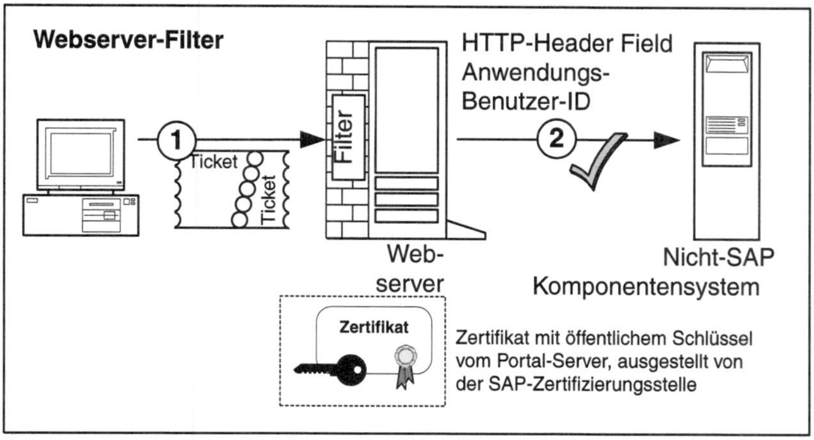

Abbildung 3.4 Webserver-Filter

Application Programming Interface (API)

- **Nutzung eines Application Programming Interface (API)**
  Ein API wird eingesetzt für den Fall, dass die Nicht-SAP-Anwendung sich nicht auf die oben genannten Webserver-Filter verlassen möchte. Das API berücksichtigt die Verifizierung der Logon-Tickets und die Entnahme der Benutzer-ID.

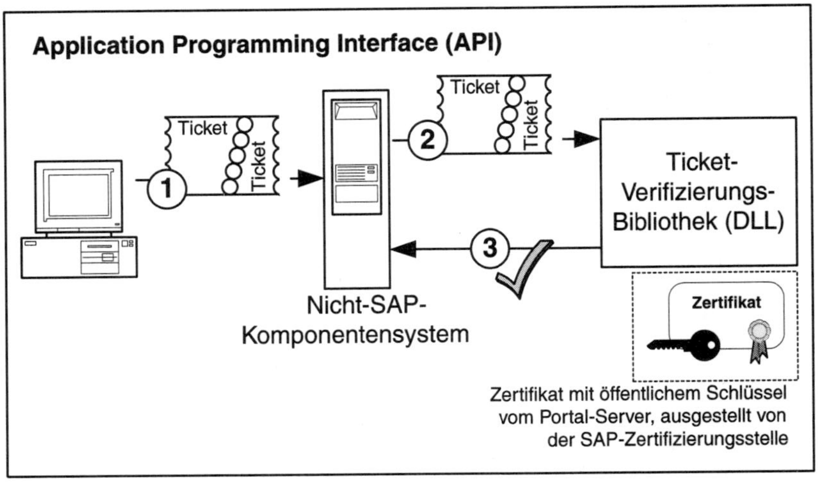

Abbildung 3.5 Application Programming Interface (API)

3.3.2 SecureLogin

Schemaerweiterung der Benutzerverwaltung

SecureLogin ist ein Beispiel für den SSO-Mechanismus mittels zentraler Sammlung aller unterschiedlichen Benutzernamen und Passwörter. Bei diesem Produkt von Novell wird bei jedem Benutzer des Portals eine Software aufgespielt, die die Aufforderung zur Anmeldung verschiedenster Anwendungen erkennt. Des Weiteren übernimmt die Software die Kommunikation zwischen dem Benutzer und der Benutzerverwaltung. Dabei kann auf eine bestehende Benutzerverwaltung zurückgegriffen und diese um einen SecretStore im Novell-Directory erweitert werden. In dieser Erweiterung sind dann sämtliche für die Anwendungen erforderlichen Zugangsdaten der gespeicherten Benutzer enthalten.

Verschlüsselter Speicher

Die Benutzerverwaltung in den einzelnen Anwendungen bleibt erhalten. SecureLogin bietet optional auch die Möglichkeit, die Zugangsdaten auf einem eigenen verschlüsselten Speicher auf dem Arbeitsplatz zu sichern. Auf diese Weise wird verhindert, dass eine Unterbrechung der Verbindung zur Benutzerverwaltung ein Weiterarbeiten in den einzelnen Anwendungen unmöglich macht. Solch eine Erweiterung von SecureLogin ist aber bei Unternehmensportalen nicht empfehlenswert, weil gerade die registrierte Anmeldung über die Benutzerverwaltung in einem Portal angestrebt wird. Denn nur so ist die Arbeit der einzelnen Benutzer am Portal nachzuvollziehen und zu sichern.

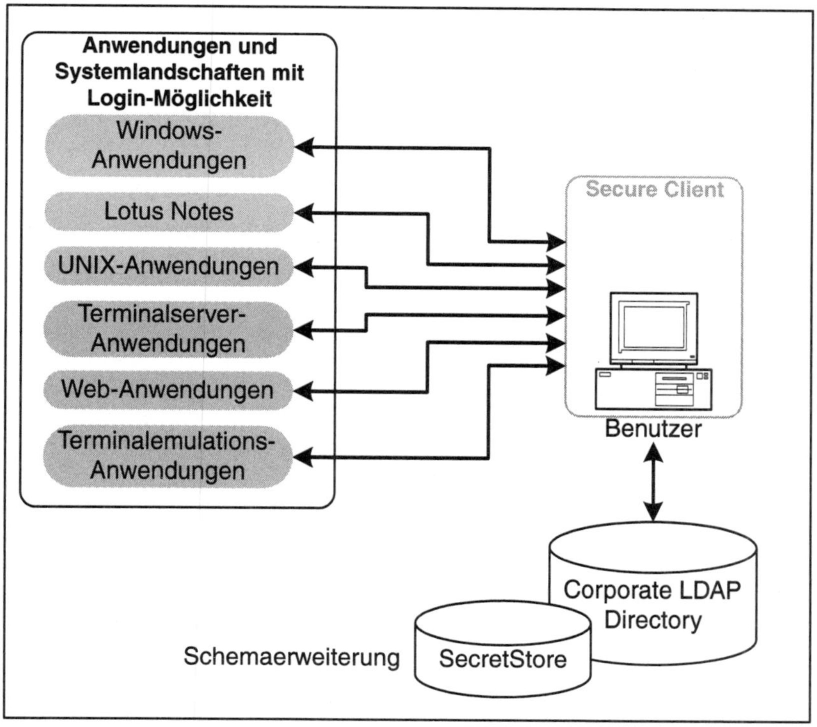

Abbildung 3.6 Schema des SecureLogin

BewertungInsgesamt ist SecureLogin ein gutes Produkt, wenn man ein Novell-Netzwerk im Einsatz hat, und ein gutes Beispiel für den SSO-Mechanismus der zentralen Sammlung aller unterschiedlichen Benutzernamen und Passwörter. Auch wenn nicht sämtliche Funktionen, wie der lokale verschlüsselte Speicher, bei einem Portal zum Einsatz kommen, stellt SecureLogin eine kostengünstige SSO-Lösung dar. An den angeschlossenen Backend-Systemen muss keine Veränderung vorgenommen werden, und der bestehende Sicherheitsmechanismus mit Benutzername und Passwort kann erhalten bleiben. Als einer der größten Nachteile ist zu werten, dass die Software auf jedem Arbeitsplatz des Portals installiert werden muss.

Wie SecureLogin in der Praxis eingesetzt wird, ist in Kapitel 11 anhand eines Lösungsbeispiels beschrieben.

3.3.3 Public Key-Infrastrukturen (PKI)

Ein weiteres Verfahren zur Authentifizierung ist die Verwendung von digitalen Zertifikaten. Im Zusammenhang mit SSO können Zertifikate zur

Anmeldung am Portal genutzt werden und darüber hinaus auch an allen Backend-Systemen, die an die PKI angeschlossen sind. »Angeschlossen« bedeutet in diesem Fall, dass die Backend-Systeme zur Authentifizierung digitale Zertifikate anstelle von Benutzernamen und Passwort akzeptieren. Dieser SSO-Mechanismus setzt also voraus, dass die Backend-Systeme, wenn sie nicht schon digitale Zertifikate unterstützen, darauf umgestellt werden müssen. Das kann u.U. sehr aufwendig sein. Aus diesem Grund stellt der Portal-Server der SAP bei jeder Anmeldung, sei es nun mit Benutzernamen und Passwort oder mit Zertifikaten, ein SAP Logon-Ticket aus. Dieses Ticket kann dann zur Authentifizierung bei denjenigen Systemen verwendet werden, die noch keine Zertifikate unterstützen. Zertifikate können nicht nur zur Authentifizierung verwendet werden, sondern auch zur Verschlüsselung und für digitale Signaturen. Das Verfahren basiert auf dem Einsatz von einem öffentlichen und einem privaten Schlüssel, wobei der öffentliche Schlüssel bekannt gemacht wird und der private geheim bleibt. Mit dem privaten Schlüssel werden Signaturen erstellt (diese können dann mit dem öffentlichen Schlüssel verifiziert werden) und Nachrichten entschlüsselt, die vom Absender mit dem öffentlichen Schlüssel kodiert wurden. Grundsätzlich gibt es drei verschiedene Möglichkeiten, diese Funktionen auszulösen bzw. die privaten Schlüssel zu speichern:

- **Smart Cards**
  Smart Cards haben die Größe einer Scheckkarte und können den privaten und öffentlichen Schlüssel speichern. Zum Ausstellen der Zertifikate benötigt man einen Smart Card Writer, um die Daten auf den Karten zu speichern. Der Benutzer benötigt neben der Karte mit dem privaten und dem öffentlichen Schlüssel ein so genanntes Smart Card-Lesegerät, das an den PC angeschlossen wird.
- **USB-Krypto-Token**
  USB-Krypto-Token sind vom Sicherheitsniveau her ähnlich wie Smart Cards einzustufen, verfügen aber im Gegensatz zu diesen über eine USB-Schnittstelle. Damit entfällt die Notwendigkeit eines besonderen Lesegerätes, denn das Token kann an jedem Rechner mit einem freien USB-Anschluss eingesetzt werden.
- **SW-PSE**
  Software Personal Security Environment-Lösungen schützen quasi den öffentlichen und privaten Schlüssel, aber nicht wie bei Smart Card und USB-Krypto-Token auf einem externen Gerät, sondern in einem Software-Tresor auf der Festplatte.

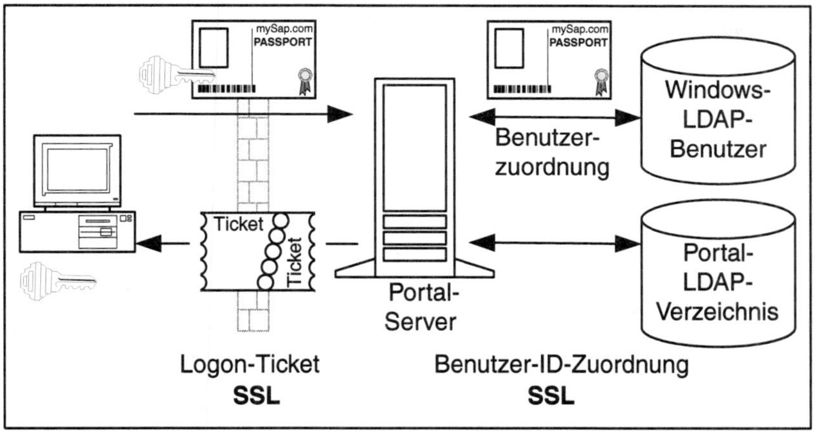

Abbildung 3.7 Portalanmeldung mit Zertifikat

Portalanmeldung mit Zertifikat

Abbildung 3.7 erläutert den Anmeldeprozess (Logon) am Portal-Server mit Zertifikaten. Nachdem sich der Benutzer mittels einer PIN an seinem Zertifikat (gespeichert auf der Festplatte, USB-Token oder Smart Card) angemeldet hat, kann er sich mit dem Zertifikat am Portal-Server anmelden. Der Portal-Server verifiziert das Zertifikat (hier als *mySap.com Passport* bezeichnet) in der zentralen Benutzerverwaltung (hier als *Portal-LDAP-Verzeichnis* bezeichnet). Nach erfolgreicher Verifizierung werden die Benutzerdaten (z.B. die User Mapping-Daten) aus dem Portal-LDAP-Verzeichnis geladen. Im Portal-Server wird nun das SAP Logon-Ticket ausgestellt und über SSL an den Benutzer geschickt. Der Benutzer hat sich also nicht mit seinem Benutzernamen und seinem Passwort am Portal angemeldet. Auf allen Backend-Systemen, die Zertifikate unterstützen, kann sich der Benutzer nun über sein Zertifikat authentifizieren, ohne erneut seine PIN eingeben zu müssen.

An Systemen, die noch keine Zertifikate für die Authentifizierung unterstützen, kann nun das SAP Logon-Ticket verwendet werden. Abbildung 3.8 zeigt einige Möglichkeiten, wie Zertifikate und SAP Logon-Tickets ineinandergreifend eingesetzt werden können. Die Abbildung zeigt schematisch die Anmeldung am Portal mit einer Smart Card. In diesem Beispiel meldet sich der Benutzer zuerst bei seiner Smart Card an, bevor er auf das Portal zugreift. Der Portal-Server leitet das Zertifikat an das LDAP Directory weiter, wo ihm – falls es hier registriert ist – ein Benutzer zugeordnet wird. Im Anschluss daran wird im Portal-Server ein SAP Logon-Ticket ausgestellt, um auch Anwendungen, die noch nicht in die PKI eingebunden worden sind, für diesen SSO-Mechanismus erreichbar zu machen.

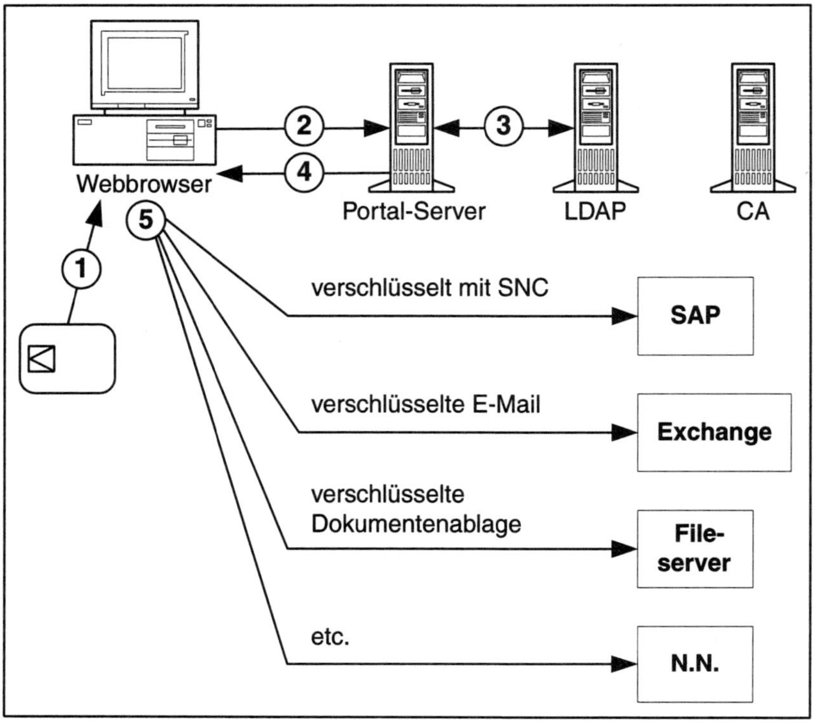

Abbildung 3.8 Zertifikat und SAP Logon-Tickets parallel im Einsatz

Je nach Rolle des Benutzers kann er nun auf alle Anwendungen im Unternehmen zugreifen, ohne sich erneut an den Anwendungen anzumelden. Dabei werden in diesem Beispiel die zwei SSO-Mechanismen, Logon-Tickets und PKI, nebeneinander eingesetzt.

Darüber hinaus kann der Benutzer in diesem Beispiel Folgendes tun:

- Er kann verschlüsselt über SNC oder mit dem SAP Logon-Ticket auf SAP-Systeme zugreifen.
- Er kann seine E-Mails verschlüsseln.
- Er kann seine Daten verschlüsselt auf einem Fileserver ablegen.
- Er kann mit seinem Logon-Ticket auf weitere Anwendungen zugreifen.

Vor- und Nachteile einer PKI

Damit ergeben sich eine Reihe von Vorteilen bei der Nutzung einer PKI, auch für den Einsatz als SSO-Mechanismus. Eine genauere Beschreibung finden Sie in den Kapiteln 8 bis 10. Als möglicher Nachteil sollte an dieser Stelle der hohe Aufwand für die Einführung und Administration erwähnt werden. Insbesondere, wenn Smart Cards eingesetzt werden sollen, sind immer noch eine Reihe technischer Probleme zu beheben und menschliche Unzulänglichkeiten zu umschiffen, die nicht direkt mit der Einführung oder dem Betrieb eines Unternehmensportals in Zusammenhang stehen.

3.3.4 Gegenüberstellung der vorgestellten SSO-Techniken

Zusammenfassend werden hier die diskutierten SSO-Techniken einander gegenübergestellt und bewertet. Jede Technik steht dabei auch stellvertretend für die ihr zugrunde liegenden SSO-Mechanismen.

	SAP Logon-Tickets	SecureLogin	PKI
Prinzip	zentraler Authentifizierungs-Server	Sammlung der Zugangsdaten für alle Anwendungen	Zugang zu den Anwendungen über ein ausgestelltes Zertifikates
vertrauenswürdige Instanz	zentraler Authentifizierungs-Server	eigene Benutzerverwaltung mit Benutzername und Passwort	Zertifizierungsinstanz
Single Sign-On	Anmeldung am Authentifizierungs-Server mit Benutzername und Passwort oder mit Zertifikat	Anmeldung mit Benutzername und Passwort	Besitz des Zertifikats und Anmeldung mit ID und PIN
Sicherheit	**mittel bis hoch** – nur in Verbindung mit SSL empfehlenswert – Nicht-SAP-Anwendungen müssen angepasst werden	**mittel** – hängt im Wesentlichen von der Sicherheit des zentralen LDAP Directory ab	**hoch** – wird durch die Art des Zertifikats und den Umgang damit bestimmt
Aufwand für die Installation	**niedrig** – in reinen SAP-Landschaften **mittel** – beim Einsatz mit Nicht-SAP-Systemen	**mittel** – durch Installation der Software bei jedem Anwender im Portal	**hoch** – Aufbau einer unternehmensweiten PKI erforderlich bzw. ratsam
Aufwand für den Betrieb	Jede neue Anwendung muss auf ihre SSO-Tauglichkeit hin geprüft und ggf. angepasst werden.	**niedrig** – durch automatische Erkennung neuer Anmeldevorgänge	Jede neue Anwendung muss auf ihre SSO-Tauglichkeit hin geprüft und ggf. angepasst werden.

Tabelle 3.1 Vergleich SSO-Techniken

	SAP Logon-Tickets	SecureLogin	PKI
Kosten/Nutzen-Verhältnis	**sehr gut**	**sehr gut**	**gut** da auch für digitales Signieren und für Verschlüsselung der Daten verwendbar

Tabelle 3.1 Vergleich SSO-Techniken (Forts.)

3.4 Passwörter

Abschließend wollen wir auf die bestehende Passwort-Problematik eingehen, da die Portalanmeldung bei vielen Firmen auch in Zukunft über diesen Mechanismus erfolgen wird.

Die meisten Anwendungen, die heute auf dem Markt sind, verlangen für die Authentifizierung einen Benutzernamen und ein Passwort. Diese Benutzernamen und Passwörter werden in aller Regel dezentral in jeder einzelnen Applikation gespeichert. Bei den Passwörtern handelt es sich um permanente Passwörter, die in einigen Anwendungen, beispielsweise SAP R/3, regelmäßig vom Benutzer zu ändern sind. Für diese Passwortänderungen greifen vom Administrator vorgegebene Regeln, wie z.B. Länge, Verwendung von Sonderzeichen oder die Ähnlichkeit des neuen Passwortes mit den zuvor verwendeten Passwörtern. Ohne die Veränderung der Mechanismen zur Authentifizierung müssen bei einer SSO-Lösung alle Benutzernamen und Passwörter in allen integrierten Anwendungen gleich sein. Die Verwendung von permanenten Passwörtern ist als eine der unsichersten Authentifizierungsmechanismen einzustufen. Der Grund für diese Einstufung liegt unter anderem darin, dass der Benutzer es nicht bemerkt, wenn jemand sein Passwort kennt. Das Passwort, das entweder durch Erraten oder Abhören bekannt geworden ist, ist daher über einen langen Zeitraum nutzbar. Bei der Authentifizierung in einem Portal sollte daher unbedingt ein anderer Mechanismus gewählt werden.

Einmal-Passwörter

Im Gegensatz zu permanenten Passwörtern bietet der Einsatz von Einmal-Passwörtern ein höheres Sicherheitsniveau. Um Einmal-Passwörter einsetzen zu können, muss es für die genutzten Anwendungen Agenten geben, die diese Einmal-Passwörter entgegennehmen, mit einem zentralen Server im Backend-Bereich verifizieren und dann die Freischaltung der Anwendung zulassen. Diese Einmal-Passwörter werden z.B. alle 60

Sekunden von einem so genannten *Hardware-Token* erzeugt. Dadurch braucht man sich keine Passwörter mehr zu merken. Der Nachteil ist allerdings, dass für die Applikationen, die einen Benutzernamen und ein Passwort erwarten, ein entsprechender Agent vorhanden sein muss, der an die Stelle des permanenten Passwortes tritt. Es gibt jedoch bislang nicht für alle Anwendungen einen solchen Agenten.

3.5 Zusammenfassung

Das Thema Single Sign-On geht weit über das hinaus, was im Rahmen dieses Buches beschrieben werden kann. Dieses Kapitel, wie das Buch insgesamt, beschränkt sich auf die Thematik der Sicherung von Unternehmensportalen. SSO kann hierzu seinen Beitrag leisten. Aber neben den vielen Vorteilen birgt die Einführung eines SSO-Mechanismus natürlich auch Gefahren. Mit einem Single-Point-of-Access in Verbindung mit SSO können die Infrastruktur und die darin enthaltenen Anwendungen angreifbarer werden. Während ein potenzieller Angreifer ohne SSO mehrere Hürden (Benutzernamen und Passwörter) zu nehmen hatte, hat er es beim SSO nur mit einer einzigen zu tun, wodurch er schneller in das System einbrechen könnte. Daraus ergibt sich eine ganz klare Aussage: »Single Sign-On: ja – aber nur wenn es sicher ist.« Damit ist klar: SSO kann nicht allein für die Sicherheit eines Unternehmensportals einstehen. Es bedarf einer ausgewogenen Kombination verschiedener Sicherheitstechniken. Diese werden im folgenden Teil *Techniken* vorgestellt.

Teil 2
Techniken

Um den sicheren Betrieb von Unternehmensportalen zu gewährleisten, sind eine Reihe von Techniken notwendig. Diese werden in den folgenden Kapiteln vorgestellt und erläutert.

Dabei werden die folgenden Themen behandelt:

- Ausfallsicherheit eines Unternehmensportals
- Verschlüsselung der Datenverbindungen
- Benutzermanagement
- Authentifizierung

Es gibt eine Reihe weiterer Techniken, die für die Absicherung von Unternehmensportalen in Frage kommen. Hier wird eine Auswahl der gängigsten Verfahren vorgestellt, die in den letzten Jahren – seitdem sich die SAP mit dem Thema Unternehmensportale beschäftigt – in der Praxis eingesetzt worden sind.

Die vorgestellten Techniken bilden hierbei die Brücke zwischen der Theorie des ersten Teils und den Lösungsbeispielen von sicheren Unternehmensportalen im letzten Teil dieses Buches.

4 Portal-Infrastruktur

Ein wesentlicher Aspekt bei einem sicheren Portalaufbau ist die Schaffung einer Infrastruktur, die den Ansprüchen des Betreibers in Bezug auf Verfügbarkeit, Antwortzeit und Sicherheit genügt.

Wie in Kapitel 2 beschrieben, basiert ein Portal auf diversen Komponenten. Ein Anwender benutzt beispielsweise ein Frontend, mit dem er sich am Portal anmelden kann. Diese Software-Komponente wird im einfachsten Fall von einem aktuellen Webbrowser realisiert. Der Anwender greift über ein Netzwerk auf den Portal-Server zu, die Middleware, die Front- und Backend miteinander verbindet. Die Middleware stellt zur Client-Seite hin eine internetfähige Technologie zur Verfügung, die in einem Browser dargestellt werden kann. Die Middleware stellt aber auch in geeigneter Weise die Verbindungen zu den Backend-Systemen her, so dass ein Portalbenutzer über sein Portal Zugang zu den Backend-Systemen erhält. Die Grundlage für die gesamte Kommunikation ist das Netzwerk, das die Daten transportiert, die zwischen den Kommunikationspartnern transferiert werden sollen, und das die Transportversuche unterbindet, die nicht erlaubt sind. Wie die einzelnen Komponenten eines Unternehmensportals (Frontend, Middleware, Backend und Netzwerk) geschützt und zuverlässig verfügbar gemacht werden können, soll Gegenstand dieses Kapitels sein.

Wir gehen dabei davon aus, dass allgemeine infrastrukturelle Maßnahmen in den Rechenzentren zur Absicherung der Portal-Infrastruktur, wie z. B. unterbrechungsfreie Stromversorgung mit automatischer Umschaltung auf ein Notstromdieselaggregat, Gaslöschanlagen, Zutrittskontrolle und dergleichen vorhanden sind und verzichten daher auf die Diskussion dieser Thematik (siehe Abbildung 4.1).

4.1 Begriffsbestimmung: Verfügbarkeit, Redundanz, Ausfallsicherheit

Die Begriffe *Verfügbarkeit*, *Redundanz* und *Ausfallsicherheit* sind im Zusammenhang mit kritischen IT-Systemen immer wieder zu hören. Deshalb wollen wir im Folgenden zunächst klären, welche Bedeutung diese Begriffe auf dem Gebiet der IT-Infrastruktur haben.

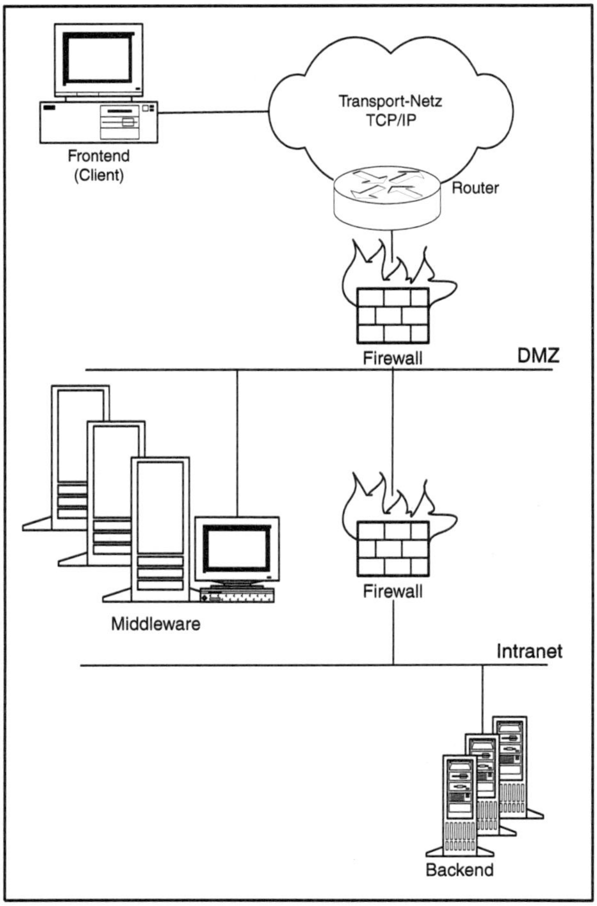

Abbildung 4.1 Portal-Infrastruktur

4.1.1 Verfügbarkeit

Für *Verfügbarkeit*, englisch *Reliability*, gibt es eine Definition, die in den Deutschen Industrie Normen, DIN 40042, zu finden ist: Verfügbarkeit ist hier

> *»die Fähigkeit einer Betrachtungseinheit, innerhalb der vorgegebenen Grenzen denjenigen durch den Verwendungszweck bedingten Anforderungen zu genügen, die an das Verhalten ihrer Eigenschaften während einer gegebenen Zeitdauer gestellt sind.«*

In der übertragenen Bedeutung heißt es dort, Verfügbarkeit ist die Wahrscheinlichkeit, ein System zu einem vorgegebenen Zeitpunkt in einem funktionsfähigen Zustand anzutreffen. Das bedeutet, es wird im Sinne der Verfügbarkeit die eigentliche Nutzungsperiode betrachtet. Soll ein System zu den Kernarbeitszeiten verfügbar sein, können Wartungsarbeiten außerhalb dieser Zeiten stattfinden, ohne die Verfügbarkeit im gerade beschriebenen Sinne zu beeinträchtigen. Soll das System jedoch rund um die Uhr verfügbar sein, dann können keine Wartungsarbeiten durchgeführt werden, ohne die Verfügbarkeit des Systems einzuschränken. Bei der Angabe von Verfügbarkeiten handelt es sich um Wahrscheinlichkeiten. Daher werden oftmals Prozentangaben herangezogen, um den Grad der Verfügbarkeit darzustellen. Es gilt jedoch, die von Herstellern oder Providern gemachten Angaben bezüglich Verfügbarkeit zu hinterfragen. Eine garantierte Verfügbarkeit von 99,9% kann Unterschiedliches bedeuten, da, wie eingangs beschrieben, die Verfügbarkeit vom betrachteten Zeitraum abhängig ist. Eine Verfügbarkeit von 99,9% pro Tag bedeutet eine maximale Ausfallzeit von 14 Minuten. Dieselbe Verfügbarkeit bezogen auf eine Woche bedeutet eine maximale Ausfallzeit von 100 Minuten. Wenn sich diese 100 Minuten nicht auf die ganze Woche verteilen, sondern das System am Stück so lange ausfällt, kann das trotz der auf den ersten Blick hohen garantierten Verfügbarkeit unangenehme wirtschaftliche Konsequenzen haben.

Berechnung der Verfügbarkeit

Die Verfügbarkeit gilt in diesen Betrachtungen sowohl für komplette Hardware-Einheiten wie auch für Anwendungen, die als Software auf einem System ablaufen. Für Hardware-Systeme ist auch der Begriff *Systemverfügbarkeit* geläufig. Bezogen auf die Hardware eines solchen Systems kann die Systemverfügbarkeit *R* beschrieben werden als

$$R = MTBF / (MTBF + MTTR)$$

MTBF (*Mean Time Between Failure*) beschreibt hierbei den gemittelten Zeitwert zwischen zwei Hardware-Ausfällen und MTTR (*Mean Time to Recovery*) den gemittelten Zeitwert der Wiederherstellungsdauer einer ausgefallenen Hardware-Komponente. Der nach dieser Formel errechnete Wert ergibt, mit 100 multipliziert, die Verfügbarkeit in Prozent der Bertriebszeit.

Gesamtverfügbarkeit

Im Hinblick auf die Gesamtverfügbarkeit einer IT-Infrastruktur müssen die einzelnen Systeme dieser Landschaft betrachtet werden. Werden alle Komponenten zur Erbringung der Funktionalität benötigt, bestimmt die Komponente mit der geringsten Verfügbarkeit die Gesamtverfügbarkeit. Bei einem weltweit operierenden Unternehmen sollte ein Portal jedoch ständig verfügbar sein, also eine tägliche Verfügbarkeit von 99,9% und mehr aufweisen, was wiederum bedeutet, dass alle Einzelkomponenten diese Quote erreichen müssen. Um dies zu erreichen, müssen auch präventive Maßnahmen getroffen werden, wie z.B. eine geregelte Wartung der einzelnen Systeme. Das widerspricht jedoch den Anforderungen an die Verfügbarkeit, denn zur hardware-technischen Wartung muss das System abgeschaltet werden. Deshalb müssen von der Systemarchitektur her geeignete Mechanismen eingeplant werden, um beides miteinander zu vereinbaren: geregelte Wartung und hohe Verfügbarkeit. Dies kann beispielsweise durch Redundanzen erreicht werden.

4.1.2 Redundanz

Redundanz bezeichnet das Vorhandensein überflüssiger, eigentlich wegkürzbarer Teile. In vielen Bereichen der Informatik spielt das Thema Redundanz eine wichtige Rolle, insbesondere für die Sicherheit bei der Aufbewahrung von Daten oder für die hohe Verfügbarkeit von IT-Systemen.

RAID

Ein bekanntes Beispiel für Redundanzen stellt die Datenhaltung auf so genannten *RAID-Festplattensystemen* (Redundant Arrays of Independent Disks) dar. Falls Daten beschädigt werden, steigt mit der redundanten Aufbewahrung von Daten die Wahrscheinlichkeit, dass es entweder eine unbeschädigte Kopie gibt, oder aber die ursprünglichen Daten aus den beschädigten Daten wiederhergestellt werden können. Bei der Verwendung von RAID 0 werden die Daten beispielsweise identisch auf zwei getrennte Festplatten geschrieben. Die Daten sind also doppelt vorhanden. Sollte nun die primäre Festplatte ausfallen oder Datenfehler produzieren, kann die sekundäre Festplatte an Stelle der defekten genutzt werden. Ähnliche Prinzipien findet man auch bei anderen Hardware-Komponenten. Häufig anzutreffen sind redundante Lüfter, Netzteile oder Netzwerk-Interfaces. Redundante Festplatten-Controller verfolgen das gleiche Ziel, sind aber weniger häufig anzutreffen.

4.1.3 Ausfallsicherheit

Die *Ausfallsicherheit* einer IT-Infrastruktur ist von den Maßnahmen abhängig, die hinsichtlich der Verfügbarkeit sowohl des Gesamtsystems (Systemarchitektur) als auch der einzelnen Systeme (Redundanz) getroffen wurden. Im Gegensatz zur Verfügbarkeit lässt sich die Ausfallsicherheit nicht als Prozentwert operationalisieren. Die Ausfallsicherheit für das gesamte System richtet sich nach der Ausfallsicherheit der schwächsten nicht-redundanten Komponente.

4.2 Möglichkeiten zur Erhöhung der Verfügbarkeit

Um die Verfügbarkeit einer Anwendung zu erhöhen, die auf einer IT-Infrastruktur läuft, kann man zum einen Maßnahmen zur Steigerung der Verfügbarkeit der einzelnen Systeme einleiten. Zum anderen kann man das Gesamtsystem an sich betrachten und durch die nachfolgend beschriebenen Verfahren die Verfügbarkeit des Gesamtsystems erhöhen.

4.2.1 Loadbalancing

Ein bekanntes Verfahren ist das *Loadbalancing*, also die Lastverteilung zwischen mehreren Systemen. Hier kommen zwei oder mehr identisch aufgebaute Maschinen zum Einsatz, auf die der Anwender über einen in Soft- oder Hardware realisierten Mechanismus zugreift. Dieser Loadbalancing-Mechanismus orientiert sich idealerweise an der Auslastung der angeschlossenen Systeme (Prozessor-, Speicher-, Festplatten-, Netzwerkauslastung) und entscheidet dann mittels festgelegter Algorithmen, welche Maschine die vom Benutzer angeforderte Arbeit erledigt.

Datenabgleich

Es ist offensichtlich, dass die Ausgangsdaten der angeschlossenen Computer identisch sein müssen. Werden bei den Anwendungen Daten verändert, muss sichergestellt sein, dass diese geänderten Daten mit allen angeschlossenen Systemen abgeglichen werden. Im einfachsten Fall werden diese Bewegungsdaten auf einem externen Datenspeicher gehalten, auf den alle im Loadbalancing-Verbund angeschlossenen Maschinen zugreifen. Dabei muss darauf geachtet werden, dass dieser Datenspeicher entsprechend hochverfügbar ist, da sonst das Gesamtsystem nicht verfügbar wäre. Nutzt man den lokalen Datenspeicher der im Verbund befindlichen Computer, müssen die geänderten Daten auf allen angeschlossenen Systemen nachgezogen werden.

Steigerung der Verfügbarkeit

Wie eingangs beschrieben, dient dieses Verfahren vornehmlich zur Lastverteilung und damit zur Verkürzung der Antwortzeiten. Man kann Loadbalancing aber auch als ein Verfahren zur Steigerung der Verfügbarkeit verstehen. Fällt ein System eines Loadbalancing-Verbundes aus, werden die weiterhin bestehenden Anfragen auf die verbleibenden Maschinen verteilt, und der Ausfall des Gesamtsystems wird damit verhindert. Die Daten der Sitzung, die ein Anwender auf der gerade ausgefallenen Maschine eines solchen Loadbalancing-Verbundes hatte, gehen bei diesem Verfahren verloren. Deshalb sollte Loadbalancing nur für Anwendungen mit kurzen Laufzeiten verwendet werden. Zum einen können kurze, dafür aber mehrfach auftretende Anfragen besser auf mehrere Systeme verteilt werden, und zum anderen sind die Verluste bei einem Ausfall eines Systems für die Anwender, deren Anfragen gerade auf diesem System bearbeitet wurden, geringer.

Loadbalancing bei Webservern

Anfragen an Web-Seiten sind beispielsweise besser für die Verwendung von Loadbalancing geeignet als eine langwierige Berechnung. Beim Surfen im Internet werden in der Regel kurze Anfragen für Web-Dokumente an den Webserver gerichtet, der sie mit dem entsprechenden Dokument oder einer Fehlermeldung beantwortet. Bei den übertragenen Seiten handelt es sich meist um wenige Kilobyte, so dass der Frage-Antwort-Vorgang recht schnell vonstatten geht. Dann wird über einen Link die nächste Seite angefragt usw. Diese kurzen Prozesse lassen sich sehr gut auf einen Loadbalancing-Verbund verteilen. Fällt ein Server bei einer laufenden Anfrage aus, erscheint im Browser die allseits bekannte Fehlermeldung, dass das Web-Dokument nicht gefunden werden kann. Ein erneutes Laden der angeforderten Seite wiederholt die Anfrage, und die verbleibenden Server der Loadbalancing-Gruppe können diese nun bedienen.

Auf Prozesse mit längeren Laufzeiten wirkt sich demnach Loadbalancing demnach ungünstig aus. Bei Ausfall eines Systems gehen, wie bereits beschrieben, die Daten, die zum Zeitpunkt des Ausfalls in Bearbeitung waren, verloren. Dafür sind aber beim Loadbalancing alle eingebundenen Maschinen aktiv beteiligt.

4.2.2 Clustering

Beim so genannten *Clustering* teilen sich zwei oder mehr Geräte einen gemeinsamen Speicher. Dies wird meist durch einen gemeinsamen Festplattenspeicher realisiert. Jedes System besitzt aber auch einen eigenen Datenspeicher, auf dem die notwendigen Systemdaten abgelegt sind. Die einzelnen Maschinen in einem solchen Cluster nennt man *Knoten*. Auf jedem Knoten eines Clusters können eigene Anwendungen installiert sein. Diejenige Anwendung, die man durch das Clustering hochverfügbar machen möchte, muss dies softwareseitig unterstützen. Eine solche Anwendung wird zunächst auf dem primären Knoten installiert. Die Anwendungsdaten werden dabei auf dem gemeinsam genutzten Speicherbereich gehalten. Ist der primäre Knoten installiert, können die sekundären Knoten mit der entsprechenden Applikation installiert werden. Hierbei werden nur noch die auf den knoteneigenen Systemspeichern benötigten Daten und Einstellungen der Anwendung gespeichert, denn die hauptsächlichen Anwendungsdaten sind ja bereits auf dem gemeinsamen Speichermedium enthalten.

Heartbeat und Quorum-Disk

Des Weiteren benötigt jeder Knoten eines Clusters Informationen über den Zustand der anderen Knoten. Dies wird durch einen so genannten *Heartbeat* realisiert, der als dedizierte Netzwerkverbindung zwischen den einzelnen Knoten eines Clusters hergestellt wird. Darüber hinaus muss das Betriebssystem der Clusterknoten entsprechende Funktionen enthalten, um zum einen den gemeinsamen Speicher richtig nutzen und zum anderen die Informationen der Heartbeats auswerten zu können. Die während der Abarbeitung anfallenden Daten der auf dem Cluster installierten Anwendung werden nicht nur im Hauptspeicher des gerade aktiven Knotens gehalten, sondern in einen besonderen Bereich des gemeinsamen Speichers geschrieben, der so genannten *Quorum-Disk*. Damit wird erreicht, dass, falls ein Knoten während der Bearbeitung eines Prozesse ausfällt, ein anderer Knoten an der Stelle einspringen kann, an der der ausgefallene Knoten zuletzt in der Prozessbearbeitung stand, wodurch in diesem Fall keine Daten verloren gehen. Für den Anwender macht sich der Ausfall des Knotens – wenn überhaupt – lediglich durch eine Verzögerung in der Bearbeitung seiner Anfrage bemerkbar.

Die beschriebenen Verfahren Loadbalancing und Clustering eignen sich zur Steigerung der Verfügbarkeit von Computersystemen. Das zugrundeliegende Netzwerk einer IT-Infrastruktur wurde noch nicht betrachtet. Hierbei gilt es, ein spezielles Problem zu behandeln: nämlich die Eindeutigkeit von Netzwerkadressen. In den meisten Fällen wird im Portalumfeld TCP/IP als Netzwerkprotokoll eingesetzt, weshalb sich die folgenden Betrachtungen auf dieses Netzwerkprotokoll beziehen.

4.2.3 Virtual Router Redundancy Protocol (VRRP)

Firewalls sollten an den Stellen des Netzwerks eingesetzt werden, an denen der Übergang zu Netzsegmenten mit anderer Sicherheitswertung stattfindet, wie das beispielsweise beim Übergang vom internen Netzwerk zu einer unternehmenseigenen demilitarisierten Zone (DMZ) der Fall ist. Jedes TCP/IP-Paket sollte bei einem solchen Segmentübergang eine Firewall zwingend passieren müssen. Nur so kann erreicht werden, dass die eingesetzten Filterregeln auch die gewünschten Effekte erzielen.

Default Gateway

Existieren netzwerktechnische Wege an der Firewall vorbei, kann die Firewall umgangen werden und ist damit wirkungslos. Deshalb werden Firewall-Systeme oft auch als *Default Gateways* an den am Netzwerk teilnehmenden Computern definiert. Denn IP-Pakete, die nicht im eigenen Netzwerksegment verbleiben, werden per Definition an das Default Gateway zur weiteren Verarbeitung geschickt. Dadurch gelangen alle IP-

Pakete, die das eigene Netzwerksegment verlassen wollen, an die Firewall. Und das ist das Ziel, das erreicht werden soll. Wenn nun ein solches Firewall-System ausfällt, kann zunächst keine Verbindung mehr nach außen hergestellt werden, denn das Default Gateway ist nicht mehr erreichbar. Demnach würde auch ein zweites Firewall-System, das bei einem Ausfall des primären System einspringt, keine Verbesserung bringen. Das zweite Firewall-System würde erst nach einem Konfigurationseingriff in die TCP/IP-Einstellungen der am Netzwerk teilnehmenden Computer von Nutzen sein, nämlich dann, wenn das Default Gateway auf die IP-Adresse des zweiten Firewall-Systems gesetzt wird. Dies müsste zum einen an allen Computern durchgeführt werden, und zum anderen gehen Verbindungen in eine Region außerhalb des eigenen Netzsegments dadurch verloren.

VRRP Mittels des *Virtual Router Redundancy Protocol* (VRRP) kann man IP-Adressen generieren, die virtuell von mehreren Systemen aufgespannt werden. Hat man beispielsweise zwei redundante Firewall-Systeme, die jeweils eine IP-Adresse in einem Netzwerksegment belegen, kann über VRRP eine weitere, virtuelle IP-Adresse erzeugt werden. Diese wird zunächst dem primären Firewall-System zugeordnet, bei Ausfall des primären Systems aber wird sie vom sekundären System belegt. Diese virtuelle IP-Adresse, die zwei oder mehr Systeme bezeichnet, kann nun auf den am Netzwerk teilnehmenden Maschinen als Default Gateway eingerichtet werden. Bei einem Ausfall bleiben, wie oben beschrieben, die Verbindungen auch außerhalb des eigenen Segmentes erhalten, und es sind keine Konfigurationseingriffe bei den TCP/IP-Einstellungen notwendig.

HSRP Analog zum eben beschriebenen Verfahren bei VRRP gibt es eine ähnliche Problematik bei den eingesetzten Routern, die die Verbindungen zum Transportnetz halten. Deshalb hat der Marktführer Cisco für seine Router eigens ein Protokoll entwickelt, das es ebenfalls gestattet, virtuelle IP-Adressen zu generieren, die von mehreren Routern in einer definierten Reihenfolge (erst primärer, dann sekundärer Router) beantwortet werden. Das *Hot Standby Router Protokoll* (HSRP) gewährleistet beim Einsatz mehrerer Router, dass die Außenanbindungen – seien es serielle Verbindungen zum Transportnetz oder Wählverbindungen – auch bei Ausfall eines Routers erhalten bleiben.

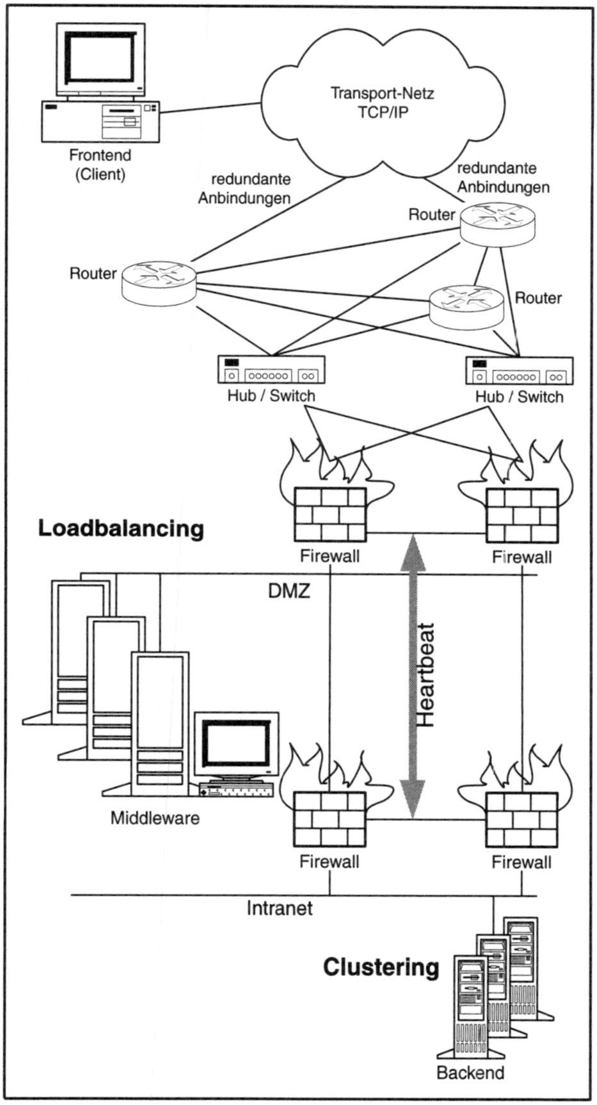

Abbildung 4.2 Hochverfügbare Portal-Infrastruktur

4.2.4 Ausfallsichere Portal-Infrastruktur

Die in den vorangehenden Abschnitten dargestellten Verfahren eignen sich nicht immer für jede Komponente der Portal-Infrastruktur. Manche sind für bestimmte Aufgaben besser geeignet als andere Verfahren. Teilweise ist es aus technischer Sicht nicht möglich, ein Verfahren für einen bestimmten Zweck einzusetzen, weil es die spezifischen Anforderungen nicht erfüllt. In diesem Abschnitt sollen die Vor- und Nachteile der einzelnen Verfahren für die Erhöhung der Verfügbarkeit der einzelnen Komponenten einer Portal-Infrastruktur aufgezeigt werden.

Portal-Server

Der Portal-Server besteht u.a. aus einem Webserver. Für eine höhere Ausfallsicherheit kann hier Loadbalancing eingesetzt werden. Das bietet zudem den Vorteil der Lastverteilung der Benutzeranfragen auf die in einem Loadbalancing-Verbund zusammengefassten Server. Clustering kann ebenfalls für den Portal-Server in Betracht kommen, hat jedoch im Vergleich zum Loadbalancing den Nachteil der längeren Umschaltzeit, und eine Lastverteilung ist mit einer reinen Cluster-Lösung nicht gegeben.

Komponenten des Portal-Servers

Komponentensysteme, die zum Portal-Server gehören, oder Backend-Systeme müssen einzeln und abhängig von ihrer Anwendungsart betrachtet werden. Handelt es sich um Anfragen mit kurzen Antwortzeiten, die nicht als eine Sitzung ablaufen müssen, dann kann Loadbalancing gut eingesetzt und der Vorteil der Lastverteilung (zusätzlich zur Steigerung der Verfügbarkeit) genutzt werden. Bedingt die Applikation einen exklusiven Zugriff in einem bestimmten Modus auf Datenbereiche, scheidet Loadbalancing als Alternative aus. In solchen Fällen kann das Clustering-Verfahren angewendet werden.

Netzwerkkomponenten

Bei Netzwerkkomponenten ist zu prüfen, ob es sich um dedizierte Netzwerk-Hardware handelt wie beispielsweise ein Hardware-Router. Solche für einen speziellen Einsatzzweck hergestellte Hardware arbeitet auf einem eigenen, eigens dafür implementierten Betriebssystem. Der Einsatz der oben beschriebenen Verfahren hängt damit von den vom Hersteller gebotenen Optionen dieser Hardware ab. Dies kann von der Unterstützung von standardisierten Protokollen (VRRP) über herstellerspezifische Protokolle (HSRP) bis hin zur Integration in Loadbalancing-Verbünde reichen. Der Vorteil von standardisierten Protokollen gegenüber herstellerspezifischen ist ihre größere Flexibilität. Die Unterstützung herstellerspezifischer Protokolle ist meist auf wenige Hardware-Hersteller begrenzt, während Standardprotokolle von den meisten Firmen, die Geräte für das entsprechende Einsatzgebiet produzieren, unterstützt werden. Handelt es sich bei einer Netzwerkkomponente nicht um dedizierte Hardware, wird beispielsweise ein Router mit Computern und entsprechender Software realisiert, dann kann für eine derartige Netzwerkkomponente ebenfalls Loadbalancing oder Clustering in Frage kommen. Die Vor- und Nachteile entsprechen dabei denen, die bereits beim Einsatz für die Portal- und Backend-Server genannt wurden.

4.3 Applikationssicherheit

Unter Applikationssicherheit soll in unseren Betrachtungen die Sicherheit einer Anwendung bezogen auf die Maschinen, auf denen diese Anwendung abläuft, verstanden werden. Als Gegenpol sind die im nachfolgenden Kapitel angestellten Überlegungen zur Netzwerksicherheit zu verstehen, die sich quasi ergänzend an die Applikationssicherheit anschließen.

4.3.1 Beschreibung der Verfahren

Virenscanner

Eine bekannte und weit verbreitete Maßnahme zum Schutz von Applikationen sind Virenscanner. Sie ermöglichen es, Programmcode, der mit Viren, Trojanischen Pferden oder auch Würmern verseucht ist, vor deren Ausführung zu erkennen und geeignete Gegenmaßnahmen einzuleiten, wie beispielsweise das Säubern der befallenen Daten, sofern möglich, oder aber das sichere Verwahren solcher Daten in einem eigens dafür vorgesehenen Quarantäne-Ordner. Beim Einsatz von Virenscannern gilt es, die entsprechenden Virensignaturdateien regelmäßig auf den neuesten Stand zu bringen und das Virensuchprogramm ebenfalls immer aktuell zu halten. Nur so kann gewährleistet werden, dass die neueren Viren, für die bereits geeignete Erkennungsmuster und gegebenenfalls auch Entfernungsprozeduren existieren, entsprechend erkannt und entfernt werden können. Eine Alarmierung der Betroffenen ist bei Auftreten eines digitalen Schädlings überaus wichtig. Der Benutzer und eventuell die zuständige Administration sollte über das Auftreten eines solchen Zwischenfalls informiert werden. Das eröffnet eine weitere Kontrollmöglichkeit und gestattet einen manuellen Eingriff, wenn die Ausbreitung wider Erwarten nicht eingedämmt werden kann. Bei Client/Server-basierten Anwendungen ist eine mehrstufige Virenerkennung denkbar, bei der sowohl auf der Server-Komponente ein entsprechendes Suchprogramm arbeitet und beim Client ein für Frontends übliches Antivirenprogramm zum Einsatz kommt. Handelt es sich bei einer solchen mehrstufigen Architektur um Antivirenprogramme verschiedener Hersteller, kann die Erkennungsrate für Viren durch die von mehreren Herstellern erzeugten Virensignaturdaten unter Umständen erhöht werden.

Dateizugriffschutz

Die aktuellen Betriebssysteme bieten Zugriffschutzmechanismen, mit denen man die eigenen Daten vor anderen Benutzern, die denselben Computer nutzen, schützen kann. Doch dieser Schutz reicht nicht aus, denn es gibt immer eine Möglichkeit, diese Schutzmechanismen mit administrativen Konten aufzuheben bzw. zu umgehen. Schon die einfache Installation eines weiteren Betriebssystems, z. B. auf einem gestohlenen Notebook, kann die dort gespeicherten Daten zugänglich machen, denn bei dieser Installation kennt der Angreifer die administrativen Zugänge und kann mit Hilfe der Betriebssystemhilfsmittel die geschützten Daten lesbar machen. Ein einfacher Schutz, der auf den verschiedenen Benutzerkonten basiert, ist damit nicht ausreichend. Die zu schützenden Daten müssen über ein geeignetes Verfahren verschlüsselt werden. Hier kann man wiederum mehrere Ansätze verfolgen.

Verschlüsselung

Handelt es sich bei den zu schützenden Daten um wenige, einzelne Dateien, kann eine Verschlüsselung auf Dateibasis in Betracht kommen. Diese Verfahren können sowohl symmetrisch wie auch asymmetrisch arbeiten (siehe Kapitel 5). Erkennbar wird dies durch das zugrunde liegende Schlüsselmanagement, das im Falle der symmetrischen Verschlüsselung meist ein Passwort verlangt, mit dem der entsprechende symmetrische Schlüssel freigegeben bzw. mit dem der Schlüssel berechnet wird. Bei einer asymmetrischen Dateiverschlüsselung müssen die öffentlichen Schlüssel des potenziell berechtigten Personenkreises angegeben werden.

Partielle Verschlüsselung

Die partielle Verschlüsselung bietet einen gesonderten, geschützten Festplattenbereich, in dem die schutzwürdigen Daten abgelegt werden sollen. Diese Bereiche werden meist durch ein symmetrisches Verfahren verschlüsselt. Dazu werden so genannte *virtuelle Laufwerke* erzeugt, die ihrerseits wiederum aus normaler Datensicht als eine große Datei erscheinen. Um ein solches verschlüsseltes, virtuelles Laufwerk zugänglich machen zu können, muss das entsprechende Passwort bekannt sein. Alle Daten, die auf dieses verbundene Laufwerk geschrieben werden, sind automatisch und für den Benutzer transparent verschlüsselt im normalen Dateisystem abgelegt. Meist muss bei dieser Methode die maximale Größe des geschützten Bereiches im Voraus angegeben werden.

Verschlüsselte Dateisysteme

Manche Betriebssysteme bieten auch direkt verschlüsselte Dateisysteme. Die dabei verwendeten Verfahren sind nicht immer öffentlich bekannt, doch gelten auch hier dieselben Einschränkungen bezüglich des administrativen Zugriffs auf diese verschlüsselten Bereiche selbst. Eine erneute Installation des Betriebssystems verschafft auch hier wieder eine administrative Berechtigung im System und eröffnet damit die Möglichkeit, verschlüsselte Benutzerdaten wiederherzustellen.

Hardware-Lösungen für Dateiverschlüsselung

Neben den rein softwarebasierten Möglichkeiten, gilt es auch, die in der Hardware realisierten Verfahren in die Überlegung mit einzubeziehen. Hier kommt zum einen ein Festplatten-Controller in Betracht, der auf Hardware-Basis die Daten direkt beim Beschreiben verschlüsselt. Die

Qualität dieser Verschlüsselung hängt sehr stark vom eingesetzten Algorithmus ab. Je besser ein Algorithmus hinsichtlich der Sicherung der verschlüsselten Daten ist, desto aufwendiger ist seine Berechnung, und damit sinkt die erzielbare Datentransferrate. Im ständigen Bemühen um bessere Zugriffszeiten erweist sich daher ein Controller mit guter Verschlüsselung als kontraproduktiv. Im Gegensatz dazu bietet ein entsprechender Festplatten-Controller mit hohen Datendurchsätzen nicht genügend Sicherheit für die ihm anvertrauten Daten. Ähnlich verhält es sich mit Smart Cards, die z. B. zur Absicherung von Notebooks verwendet werden. Auch hier reduziert ein entsprechend starkes Verschlüsselungsverfahren die Datentransferrate.

Personal Firewall

Angriffe über das Netzwerk selbst bergen ein weiteres Gefahrenpotenzial. Die allgemeinen Schutzmaßnahmen in einem Unternehmensnetzwerk werden im nachfolgenden Abschnitt behandelt. Da es sich bei den meisten Applikationen um Client/Server-basierte Anwendungen handelt, sollen hierfür auch unter der Überschrift Applikationssicherheit einige Überlegungen angestellt werden. Clients, die sich in einem Unternehmensnetzwerk befinden, oder Server, die sich ebenfalls hinter den schützenden Firewalls des Unternehmens befinden, sind bei diesen Überlegungen nicht so vordringlich relevant wie Clients, die sich direkt in einem Transportnetz wie beispielsweise dem Internet befinden. Personal Firewalls arbeiten bereits nach denselben Prinzipien wie Unternehmensfirewalls auch. Die im nachfolgenden Abschnitt erläuterten Mechanismen wie Stateful Inspection und dergleichen sind auch als Implementierungen von Personal Firewalls zu finden. Damit ist es möglich, einen Computer so zu konfigurieren, dass nur explizit erlaubte Verbindungen sowohl eingehend als auch ausgehend aufgebaut werden können. Alle anderen Verbindungsversuche können unterbunden werden. Darüber hinaus ist es möglich, das Öffnen von Kommunikationskanälen auf bestimmte Prozesse einzuschränken, so dass z. B. nur der Webbrowser eine Verbindung mit HTTP initiieren darf und keine anderen Programme. Des Weiteren lassen sich Zugriffe auf Dateifreigaben entweder ganz unterbinden oder aber auf einen durch IP-Adressbereiche festgelegten Teilnehmerkreis einschränken. Diese Maßnahmen machen einfache Angriffe über das Netzwerk meist unmöglich, wie beispielsweise unwissentlich geöffnete Ports, die bei einem Portscan entdeckt werden, oder Versuche, über die Dateifreigaben Berechtigungen auf dem Client-Rechner zu erhalten.

Checksummen

Ein weiteres Verfahren zum Schutz von Applikationen sind die *Check-* oder *Prüfsummen*. Dabei werden in Bereichen des Rechners, auf dem eine Applikation installiert ist, Prüfsummen über die einzelnen Ordner und die darin enthaltenen Daten erstellt. Diese Bereiche sollten so gewählt sein, dass darin möglichst wenige Datenveränderungen anfallen. Ein entsprechender Prozess vergleicht in konfigurierbaren Zeitabständen die bereits berechneten Checksummen mit den aktuell aus den eingestellten Bereichen errechneten Summen. Stimmen die Ergebnisse überein, dann wurden keine Daten verändert und eine Manipulation der Daten kann mit großer Sicherheit ausgeschlossen werden. Treten Differenzen in den Prüfsummen auf, werden diese in ähnlicher Weise wie bei einem Virenscanner gemeldet. Es werden dann vorkonfigurierte Maßnahmen eingeleitet wie beispielsweise die Nicht-Ausführung des Programmcodes. Die Berechnung solcher Checksummen eignet sich nur für statische Daten, die nicht oder nur selten verändert werden. Dazu zählen in der Regel die ausführbaren Programmteile von Applikationen oder Betriebssystemdateien. Diese müssen nur bei einer Installation einer weiteren Applikation gegebenenfalls geändert werden oder bei einem Update der Anwendung oder des Betriebssystems. Hierfür ist dann ein eigener Betriebsmodus vorgesehen, der es gestattet, solche Veränderungen auch in den geschützten Bereichen vorzunehmen. Nach Abschluss solcher Arbeiten werden dann erneut Referenzsummen gebildet, die für die weiteren Prüfungen herangezogen werden.

4.3.2 Applikationssicherheit für Portal-Komponenten

Clients

Ein Virenscanner sollte zur Pflichtausstattung eines Portal-Clients gehören. Die meisten Viren und sonstigen digitalen Schädlinge befallen eine Infrastruktur vom Client ausgehend. Hier besteht die Möglichkeit, Anwendungsfehlverhalten oder Unwissenheit auszunutzen, da die Zahl der Clients im Vergleich zu den Servern ungleich größer ist. Der Einsatz von Dateiverschlüsselung hängt, wie bereits beschrieben, davon ab, welche Daten der Client wie verarbeitet. Handelt es sich nur um wenige, besonders schützenswerte und lokal auf dem Client gehaltene Daten, kann eine partielle Dateiverschlüsselung oder die Verschlüsselung der einzelnen Dateien die Datensicherheit des Clients erhöhen. Wenn fast ausschließlich sensitive Informationen auf dem Client-Rechner gespeichert sind, sollten hardwarebasierte Lösungen eingesetzt werden. Arbeiten die Clients oft und längere Zeit in einem zugänglichen Transportnetz, ist der Einsatz einer Personal Firewall zum Schutz gegen externe, netzbasierte Angriffe sinnvoll. Befinden sich die Clients in Unternehmensnetzen, für die bereits Sicherungsmaßnahmen getroffen wurden, muss keine Personal Firewall installiert werden. Der Einsatz von Prüfsummen auf Clientsystemen ist aufgrund der wenigen, sich nicht ändernden Datenbereiche meist nicht möglich oder sinnvoll.

Für die Server der Portal-Infrastruktur wie den Portal-Server und die Backend-Systeme ist die Installation von Antiviren-Software zu prüfen. Teilweise existieren für die Applikationen auf den Servern angepasste Virenscanner. Durch einen Einsatz an einer entsprechenden Stelle kann gewährleistet werden, dass die übertragenen Daten an einem zentralen Punkt überprüft werden. In Kombination mit den Scannern auf den Clients kann hierdurch ein sehr guter Schutz erzielt werden. Da die Server eines Unternehmensportals nicht in frei zugänglichen Räumen stehen, sondern in zutrittskontrollierten und -gesicherten Bereichen des Unternehmens, muss die lokale Datenverschlüsselung nur für besonders kritische Daten in Erwägung gezogen werden. Wenn eine solche Datenverschlüsselung für notwendig erachtet wird, sollte der Einsatz von spezieller Hardware die erste Wahl sein. Personal Firewalls brauchen auf den Servern ebenfalls nicht installiert zu werden, da diese Server durch die unternehmenseigene Netzwerkinfrastruktur bereits gegen netzwerkseitige Attacken an zentraler Stelle geschützt werden. Software, die die Datenintegrität anhand von Checksummen überprüft, ist bei ausgewählten Servern vorteilhaft. Die Web-Komponenten eines Portal-Servers könnten durch dieses Verfahren beispielsweise zusätzlich gesichert werden, da Webserver oftmals primäre Ziele von Angriffen sind.

Server

4.4 Netzwerksicherheit

Da die Kommunikation der einzelnen Komponenten einer Portal-Infrastruktur über ein Netzwerk erfolgt, soll in diesem Abschnitt die Absicherung der einzelnen Komponenten behandelt werden. Dabei gilt es zunächst, die prinzipiellen Verfahren vorzustellen und sie anschließend auf ihre Eignung hinsichtlich eines Einsatzes an den entsprechenden Stellen der Portal-Infrastruktur zu untersuchen. Firewalls sind bereits in den vorangegangenen Abschnitten erwähnt worden. Hier sollen die aktuell bekannten Techniken etwas näher erläutert werden.

4.4.1 Beschreibung der Verfahren

Paketfilter

Die Verfahren früherer Firewalls folgten dem Prinzip der *Paketfilter*. Dabei werden durchgehende IP-Pakete auf vorgegebene Kriterien hin untersucht. Sind die Kriterien erfüllt, kann das betreffende Paket die Firewall passieren, Pakete hingegen, die einem Kriterium nicht genügen, dürfen nicht durchgelassen werden. Analog ist es möglich, nach dem Nichtzutreffen eines Kriteriums zu filtern. Es werden aber immer nur die gerade passierenden IP-Pakete mit den definierten Kriterien abgeglichen. Die

Kommunikationsbeziehung, die bei TCP/IP der Regelfall ist, bleibt bei diesen Untersuchungen außen vor.

Stateful Inspection

Genau diese Kommunikationsbeziehungen werden von einer Firewall unter die Lupe genommen, die nach dem Prinzip der *Stateful Inspection* arbeitet. Ähnlich wie bei einem Paketfilter werden auch dabei die einzelnen IP-Pakete auf die Erfüllung vorgegebener Kriterien hin überprüft. Gleichzeitig aber hält sich eine Stateful Inspection-Firewall so genannte *State Tables*, in denen die aktuellen TCP/IP-Kommunikationsbeziehungen zwischen den kommunizierenden Maschinen mitprotokolliert werden. Wurde beispielsweise die Anfrage eines Clients an einen Server aufgrund einer entsprechenden Regel durchgereicht, ist folgerichtig die Antwort des Servers auf die Anfrage des Clients ebenfalls legitim. Dies kann von einer Firewall nur dann geleistet werden, wenn die entsprechenden Kommunikationsbeziehungen selbst und nicht nur die einzelnen IP-Pakete Gegenstand der Überwachung sind.

Proxies

Einen anderen Ansatz verfolgen *Proxies*. Bei dieser Technik wird die Anfrage eines Clients nicht direkt an den entsprechenden Server gerichtet, sondern zunächst an den Proxy-Server. Dieser initiiert stellvertretend für den Client die Anfrage an den originär ausgewählten Server, wenn dies mit dem Regelwerk des Proxy-Servers vereinbar ist. Die Antwort des Servers wird dann vom Proxy als Antwort auf die Anfrage des Clients zurückgegeben. Damit erreicht man eine Trennung der Kommunikationsbeziehung, und es findet keine direkte Kommunikation zwischen Clients und Servern statt. Notwendige Sicherungsmaßnahmen wie beispielsweise eine Härtung des Betriebssystems und dergleichen müssen dadurch nicht an vielen Clients vorgenommen werden, sondern beschränken sich auf den Proxy-Server. Dabei wird zwischen Proxy-Servern, die auf Applikationsebene implementiert sind, und generischen Proxy-Servern unterschieden. Die so genannten *Applikation Level Proxies* verstehen die eingesetzten Protokolle der Applikation, für die sie als Proxy eingesetzt werden. Ein Web-Proxy kennt beispielsweise HTTP und FTP und kann in seinen Prüfkriterien nicht nur nach IP-Adressen filtern, sondern auch nach unerlaubten Zugriffen oder unerwünschten Inhalten. Ein generischer Proxy kann dies nicht leisten. Er verrichtet die beschriebenen Stellvertreterdienste und filtert den Datenverkehr auf IP-Adressen und benutzten Ports.

Intrusion Detection Systeme (IDS)

Ein Firewallsystem stellt in einem übertragenen Sinn den Pförtner beim Zugang zum Netzwerk dar. Was passiert aber hinter der Pforte? Hier sollte ein Sicherheitsdienst überprüfen, ob sich alles im vorgegebenen Rahmen bewegt, und bei unerwünschtem Verhalten reagieren können. Dies leisten so genannte *Intrusion Detection Systeme*. Dabei kommen Sensoren zum Einsatz, die entsprechend konfiguriert werden und an einen Monitor berichten. Man unterscheidet zwischen *host-basierten Sensoren* und *Netzwerksensoren*. Die host-basierten Sensoren kontrollieren nur die Datenströme, die der Computer annimmt, auf dem sie installiert sind. Dadurch lassen sich Prüfkriterien für den sensorbestückten Rechner sehr genau auf die Belange des geschützten Rechners einstellen. Der umgebende Datenverkehr wird in diese Betrachtungen nicht mit einbezogen. Die Netzwerksensoren füllen genau diesen Bereich aus, indem sie den kompletten Datenverkehr, der ihnen zugänglich gemacht wird, überprüfen und nach ungewöhnlichem IP-Datenverkehr wie beispielsweise einer großen Anzahl fragmentierter Pakete Ausschau halten und das Auftreten solcher zuvor konfigurierter Ereignisse an den Monitor weiterleiten. Dabei ist es üblich, den IP-Datenverkehr auf das Auftreten bekannter Angriffssignaturen hin zu prüfen. Solche Angriffssignaturen werden in regelmäßigen Abständen aktualisiert.

Reaktion des IDS

Wenn der IDS-Monitor von einem Sensor alarmiert wird, gibt es mehrere Möglichkeiten, diesen Alarm weiterzuverarbeiten. Die Reaktionen reichen von der weiteren Alarmierung vorgegebener Bereitschaften über verschiedene Meldewege wie beispielsweise E-Mail oder SMS bis hin zur automatisierten Konfiguration der Firewall-Systeme, um über temporär oder sogar permanent eingerichtete Firewall-Regeln den ungewollten IP-Datenstrom bereits an der Firewall zu unterbinden. Hierbei muss geprüft werden, welche Reaktion des IDS adäquat ist, kann doch eine Überreaktion selbst zu einem Sicherheitsrisiko werden.

Honeypot

Eine weitere Technik, die zum Bereich IDS zählt, sind *Honeypots*. Nach der Theorie, dass ein Angreifer sich zunächst den schwächsten Punkt eines Systems für seine Attacke auswählt, ihn unter seine Kontrolle bringt und von dort aus dann weitere Aktivitäten unternimmt, bietet man mit einem Honeypot ein solches einfaches Zielsystem an. Der Honeypot beinhaltet keine Nutzdaten und wird durch entsprechende Mechanismen auf Einbruchsversuche oder -erfolge in kurzen Abständen hin untersucht. Sobald sich ein Angreifer an einem Honeypot zu schaffen macht, löst dieser Alarm aus, der in ähnlicher Weise wie beim IDS verarbeitet wird. Dadurch soll der Angreifer zum einen von Maschinen mit Nutzdaten abgelenkt und zum anderen eine Attacke frühzeitig erkannt werden.

4.4.2 Netzwerksicherheit für Portal-Komponenten

Für die Unternehmensfirewalls empfehlen sich Kombinationen der zuvor genannten Verfahren. Die primären Sicherungsaufgaben sollten Firewalls übernehmen, die nach dem Stateful Inspection-Prinzip arbeiten. Die Vorteile der kommunikationsbezogenen Betrachtung gegenüber der paketbezogenen liegen in der einfacheren und damit weniger fehleranfälligen Administration und der besseren Abschottung der Unternehmensnetze gegenüber den Transportnetzen. Bei Stateful Inspection muss der Antwortkanal nicht wie beim Paketfilter dediziert freigegeben werden, weil ja die Kommunikationsbeziehung Gegenstand der Überwachung ist. Für einzelne Protokolle kann zusätzlich ein Proxy-Server eingesetzt werden, der die Client/Server-Kommunikation trennt und – wenn es sich dabei um einen Application Level Proxy handelt – das verwendete Protokoll versteht. Dadurch kann für diese Kommunikation die Filterung der Datenströme bis auf Anwendungsebene erfolgen. Zur weiteren Absicherung des durch die Firewalls gefilterten Netzwerkverkehrs kann ein IDS mit Monitor und Netzwerksensor eingesetzt werden. Dadurch lassen sich auch die Datenströme, die nicht über Netzsegmente fließen, beaufsichtigen und bei ungewolltem Datenverkehr Gegenmaßnahmen einleiten. Der Einsatz eines wirkungsvollen IDS bedeutet aber auch erhöhten Aufwand für die Wartung und Pflege eines solchen Systems. Die Installation von Honeypots birgt die Gefahr, dass ein Angreifer, hat er den dargebotenen Köder eingenommen, von dort aus eine breitbandig ans Unternehmensnetz angebundene Plattform für weitere Aktivitäten unter seiner Kontrolle hat. Die vom Honeypot ausgehenden Aktionen werden zwar nicht mehr unbemerkt, aber mit einem deutlich höheren Netzwerkdurchsatz erfolgen.

Für die Portal- und Backend-Server kann ein host-basiertes IDS genutzt werden, das an einen bereits erwähnten IDS-Monitor meldet. Dadurch können besonders von Netzwerkattacken bedrohte Server zusätzlich geschützt, derartige Attacken frühzeitig erkannt und Gegenmaßnahmen eingeleitet werden.

5 Kryptographie

Sichere Datenhaltung, sichere Datenübertragung oder digitale Signaturen – alle diese Techniken basieren auf Kryptographie. Unternehmensportale setzen diese Techniken ein, um die Anbindung der Clients an das Portal über unsichere Medien wie z. B. das Internet sicher zu realisieren, die Kommunikation mit den Backend-Systemen abzusichern oder Daten beim Speichern außerhalb des Portals auf Wunsch des Portalbenutzers zu signieren oder zu chiffrieren.

Um Unternehmensportale sicher zu gestalten, müssen verschiedene Sicherheitsaspekte berücksichtigt werden. Einerseits ist die Frage nach der Authentifizierung der Portalbenutzer zu beantworten, die möglichst zuverlässig, aber gleichzeitig auch benutzerfreundlich sein sollte. Andererseits muss geklärt werden, wie sicher die Daten bei der Kommunikation zwischen Portalanwender, Portal und Backend- oder Komponenten-System sind. Wir wollen die sichere Kommunikation aus Benutzersicht betrachten, um die verschiedenen Abschnitte auf dem Weg zum Portal und darüber hinaus zu den gewünschten Daten aufzuzeigen. Zunächst werden die grundlegenden Techniken beschrieben. Danach sollen die einzelnen Abschnitte betrachtet werden:

- Zugriff auf die Portalseiten
- Zugriff auf unternehmensfremde Ressourcen (VPN)
- Zugriff über GSS-API

5.1 Kryptographische Verfahren im Überblick

In den nachfolgenden Kapiteln wird immer wieder der Begriff *Kryptographie* zu lesen sein, oftmals z. B. im Zusammenhang mit PKI, Signatur oder VPN. Deshalb wird an dieser Stelle ein Überblick über die gängigen kryptographischen Techniken gegeben, die in diesen Szenarien eingesetzt werden. Die Verfahren unterscheiden sich zum einen durch die verschiedenen Einsatzbereiche, zum anderen jedoch auch durch die Komplexität und den notwendigen Rechenaufwand.

Hash-Verfahren

Die so genannten *Hash-Funktionen* benutzen keinen Schlüssel und stellen demnach auch keine Verschlüsselungsverfahren im eigentlichen Sinn dar. Hierbei handelt es sich vielmehr um Funktionen, die aus unstrukturierten

Daten wie z.B. Text- oder Grafik-Dateien einen definierten, eindeutigen und gleich langen Zahlenwert berechnen, aus dem die Ausgangsdaten nicht wiederhergestellt werden können. Ein Ziel beim Einsatz einer Hash-Funktion könnte ein errechneter »Fingerabdruck« sein. Die Hash-Funktionen werden in der Kryptographie verwendet, um den Rechenaufwand von rechenintensiven Operationen wie z.B. die digitale Signatur eines Textes zu reduzieren.

Symmetrische Verfahren

Die symmetrischen Verfahren benutzen genau einen Schlüssel, mit dem sowohl ver- als auch entschlüsselt werden kann. Aus dieser Tatsache leitet sich auch die Bezeichnung »symmetrisch« ab. Der Schlüssel muss demzufolge entsprechend vertraulich behandelt werden. Er wird deshalb auch *Secret Key* genannt, denn nur den Personen, die die geheime Information erhalten sollen, darf dieser Secret Key kenntlich gemacht werden.

Asymmetrische Verfahren

Die asymmetrischen Verfahren verwenden zwei verschiedene Schlüssel, den so genannten *Private Key* und den *Public Key*. Deshalb werden sie auch als 2-Key-Verfahren bezeichnet. Die Bezeichnung »asymmetrisch« leitet sich daraus ab, dass Informationen, die mit dem Public Key verschlüsselt wurden, nur mit dem zugehörigen Private Key entschlüsselt werden können und umgekehrt. Der Private Key verbleibt einzig und allein beim Inhaber des Schlüsselpaares und darf niemandem sonst zugänglich gemacht werden. Der Public Key wird einem möglichst großen Personenkreis kenntlich gemacht, der diesen öffentlichen Schlüssel verwenden kann, um damit Informationen zu chiffrieren, die der Empfänger nur mit dem entsprechenden Private Key entschlüsseln kann.

Die einzelnen Verfahren sollen in den nachfolgenden Abschnitten näher betrachtet werden. Am Ende der jeweiligen Abschnitte wird eine Übersicht der derzeit verwendeten Verfahren mit ihren typischen Kennzahlen aufgeführt. Nach eingehender Betrachtung wird die Kombination der einzelnen Verfahren, das so genannte *hybride Verfahren*, beschrieben, wie es beim Einsatz dieser kryptographischen Verfahren aktuell zur Anwendung kommt.

5.1.1 Hash-Funktion

Bei diesem Verfahren handelt es sich um eine eindeutige Funktion, die jedem Wert der Ausgangsmenge einen eindeutigen Wert der Zielmenge zuweist. Dabei ist die Ausgangsmenge meist deutlich größer als die Zielmenge.

Die Eindeutigkeit der Funktion bedeutet, dass jede Anwendung des Verfahrens auf den gleichen Ausgangswert, z. B. ein Dokument oder eine Grafik, zum gleichen Ergebnis führt. Es bedeutet aber nicht, dass nur dieser Ausgangswert auf genau dieses Ergebnis führt, sondern andere Ausgangswerte können ebenfalls zu diesem Ergebnis führen. Man spricht von der so genannten *Hash Collision*, die bei einer Hash-Funktion nur selten vorkommen soll. Kommt es dennoch zu einem solchen seltenen Fall, muss dies gesondert behandelt werden und durch geeignete Verfahren muss ein neuer, wiederum eindeutiger Wert gefunden werden.

Hash Collision

Als einfaches Beispiel kann die vollständige Quersumme einer natürlichen Zahl dienen. Dabei werden die Ziffern einer natürlichen Zahl aufsummiert. Ist das Ergebnis nicht einstellig, werden die Ziffern des Ergebnisses erneut summiert. Dieser Vorgang wird solange wiederholt, bis ein einstelliges Ergebnis vorliegt.

Beispiel: vollständige Quersumme

Vollständige Quersumme von 9876:

9 + 8 + 7 + 6 = 30 (nicht einstellig)
3 + 0 = 3 (einstellig)

Die vollständige Quersumme von 9876 ist 3.

Die Ausgangsmenge sind die natürlichen Zahlen (einschließlich Null), von denen unendlich viele existieren. Die vollständige Quersumme liegt im Bereich 1 bis 9. Durch diese Funktion werden also unendlich vielen Elementen der Ausgangsmenge eindeutig ein Element von insgesamt neun Elementen der Zielmenge zugeordnet.

Die Hash Collision lässt sich am Beispiel der vollständigen Quersumme ebenfalls leicht zeigen. Man findet sehr schnell Zahlen und Zahlenreihen, die ebenfalls 3 zum Ergebnis der vollständigen Quersumme haben.

3, 30, 300, 3000, 30000...
12, 21, 120, 210, 1200, 2100, 12000, 21000...
111, 1110, 1101, 1011, 11100, 11001, 10011...

Das Problem dieser Einwegfunktionen – die Hash Collision – wird dadurch sehr deutlich illustriert. Es ist auch offensichtlich, dass die vollständige Quersumme kein geeignetes Hash-Verfahren darstellt. Denn die Pflicht der Eindeutigkeit der Ergebnisse erfordert eine entsprechende Auflösung der Hash Collision. Da aber die Anzahl der Kollisionen schon im Beispiel die Anzahl der Elemente der Zielmenge übersteigt, wird deutlich, dass die Sonderbehandlung der Kollisionen bei dieser Funktion eigentlich der Regelfall wäre.

Offensichtlich ist die Anzahl der Kollisionen bei Hash-Funktionen unendlich, denn es wird eine unendlich große Ausgangsmenge auf eine endliche Zielmenge abgebildet. Eine geeignete Hash-Funktion für den Einsatz im kryptographischen Umfeld muss daher die Forderung nach einfacher Berechenbarkeit und selten auftretender Hash Collision erfüllen. Die kryptographischen Hash-Funktionen verwenden keine Schlüssel für die Berechnungen und werden deshalb auch als 0-Key-Verfahren bezeichnet.

Digitale Signatur eines Hash-Wertes

Aufgrund der Tatsache, dass die Lösungsmenge von Hash-Funktionen deutlich kleiner ist als die Ausgangsmenge, kommen diese Verfahren dort zum Einsatz, wo umfangreiche Daten mit geringem Aufwand gegen Veränderungen geschützt werden sollen bzw. wo unstrukturierte Daten zur einfacheren Weiterberechnung in strukturierte Daten überführt werden sollen. So werden z.B. Daten oder Texte digital signiert, indem aus den Daten bzw. dem Text mittels einer Hash-Funktion ein eindeutiges Ergebnis errechnet und dieses Ergebnis dann für die Übertragung mit dem privaten Schlüssel asymmetrisch verschlüsselt wird. Eine Prüfung der Unversehrtheit der Daten bzw. des Textes kann nun dadurch erfolgen, dass erneut – dieses Mal vom Prüfenden – die bekannte Hash-Funktion auf die Ausgangsdaten angewendet wird. Das mit dem öffentlichen Schlüssel des Absenders entschlüsselte Ergebnis seiner Anwendung der Hash-Funktion kann nun mit dem eigenen Ergebnis verglichen werden. Stimmen beide überein, wurden die Daten höchstwahrscheinlich nicht verändert. Gibt es Abweichungen, wurde das Original definitiv verändert.

Durch die Anwendung der Hash-Funktion muss nur ein Bruchteil der originalen Daten einer Prüfung unterzogen werden, was Rechenzeit und Platzbedarf zum Vorhalten der Daten reduziert.

Typische Hash-Funktionen zur Berechnung eines »Fingerabdrucks«

Typische Verfahren, die als Hash-Funktionen eingesetzt werden, sind MD4 und MD5, wobei »MD« für *Message Digest* steht, was als »Quersumme über Nachrichten« interpretiert werden kann. 4 und 5 steht für die entsprechenden Versionen dieser Verfahren. Beide Verfahren produzieren einen 128-Bit langen »Fingerabdruck« der originalen Nachricht. Weitere bekannte Verfahren sind SHA-1 (*Secure Hash Algorithm Version 1*) und RIPE-MD 160, eine Funktion, die eine 160-Bit lange Quersumme der Nachricht berechnet.

Genaue Beschreibungen der Verfahren können als RFC (*Request for Comment*) bei der IETF (*Internet Engineering Task Force*) unter RFC 1320 (MD4), RFC 1321 (MD5) und RFC 3174 (SHA-1) eingesehen werden.

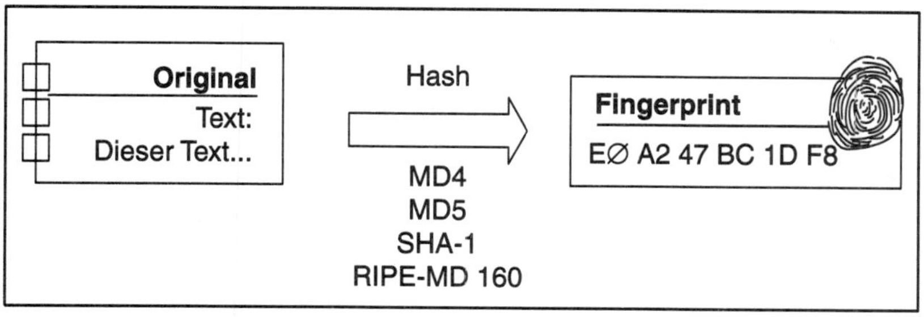

Abbildung 5.1 Hash-Funktion

5.1.2 Symmetrische Verfahren

Symmetrischer Schlüssel

Anders als Hash-Funktionen verwenden symmetrische Verfahren einen Schlüssel und werden deshalb auch 1-Key-Verfahren genannt. Der symmetrische Schlüssel, auch als *geheimer Schlüssel* bezeichnet, wird sowohl zum Ver- als auch zum Entschlüsseln der Nachrichten verwendet. Wer im Besitz dieses Schlüssels ist, kann die Nachricht entschlüsseln, verändern und wieder verschlüsseln.

Geheimer Schlüssel – Secret Key

Ein Vorteil dieses Verfahrens liegt darin, dass das Schlüssel-Management strukturell recht »einfach« ausfällt. Nur diejenigen, die am Austausch der Nachrichten teilnehmen sollen, bekommen den entsprechenden Schlüssel. Da symmetrische Schlüssel meist zur gesicherten Übermittlung von Daten zwischen zwei Teilnehmern benutzt und dafür eigens generiert werden, bleibt das Schlüsselmanagement überschaubar. Nachteilig wirken sich jedoch die Komponenten Austausch und Lebenszeit der Schlüssel aus. Da jeder, der den Schlüssel besitzt, sowohl ver- als auch entschlüsseln kann, muss man besondere Sorgfalt beim Austausch der Schlüssel walten lassen. Es muss zum einen sichergestellt sein, dass der Empfänger des privaten Schlüssels derjenige ist, der er vorgibt zu sein, und zum anderen darf es nicht möglich sein, den Austausch zu belauschen. Kann dies über geeignete Mittel sichergestellt werden, dann empfiehlt es sich als weitere Sicherheitsmaßnahme, die Nutzungsperiode eines Schlüssels kurz zu halten. Das aufwändige Knacken des geheimen Schlüssels wird sinnlos, wenn die dafür benötigte Zeit länger ist als die Lebensdauer des Schlüssels.

Ein weiterer Vorteil der symmetrischen Verschlüsselung ist der im Vergleich zu asymmetrischen Verfahren relativ geringe Rechenaufwand zum Ver- bzw. Entschlüsseln sowie der geringere Datenzuwachs der originalen Nachricht.

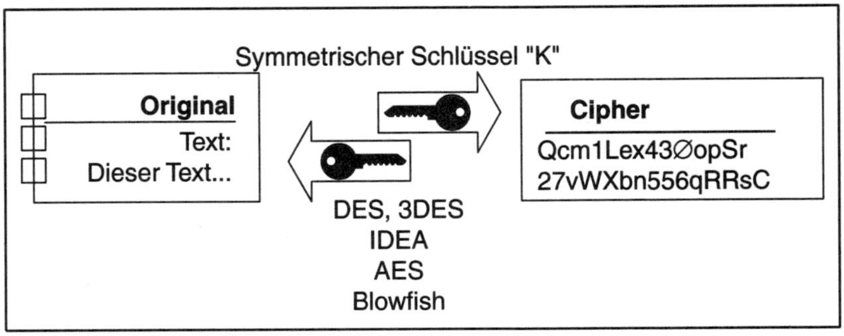

Abbildung 5.2 Symmetrisches Verfahren

Symmetrische Verfahren und ihre Schlüssellängen

Typische Verfahren, die zur symmetrischen Verschlüsselung eingesetzt werden, sind in Tabelle 5.1 aufgeführt.

Verfahren	Schlüssellänge	Bemerkung
DES – *Data Encryption Standard*	56 Bit	definiert als FIPS 46-1 (*Federal Information Processing Standards*) aus dem Jahr 1988
TripleDES (3DES)	112/168 Bit	dreimalige Anwendung des DES-Verfahrens, wobei zwei verschiedene Schlüssel (ABA: 112 Bit) oder drei verschiedene Schlüssel (ABC: 168 Bit) eingesetzt werden.
IDEA – *International Data Encryption Algorithm*	128 Bit	1992 in der Schweiz patentiertes Verfahren (Firma ASCOM)
AES – *Advanced Encryption Standard*	128, 192, 256 Bit	liegt als Vorschlag bei FIPS und soll DES ablösen
Blowfish	32 bis 448 Bit	1993 von Bruce Schneier entworfen

Tabelle 5.1 Symmetrische kryptographische Verfahren

5.1.3 Asymmetrische Verfahren

Asymmetrische Schlüssel – Private und Public Key

Die Funktionsweise von asymmetrischen Verfahren beruht darauf, dass mit einem Schlüssel nur verschlüsselt und mit dem anderen nur entschlüsselt werden kann. Darin liegt die Asymmetrie. Aufgrund der jeweiligen Verwendung der beiden Schlüssel – der eine wird veröffentlicht, der andere muss geheim bleiben – bezeichnet man die Schlüssel auch als *Private Key* und *Public Key*.

Key Server

Ein typisches Einsatzgebiet für diese Art der Verschlüsselung ist die Sicherung des Austauschs von symmetrischen Schlüsseln zwischen zwei Kommunikationspartnern. Der Empfänger hat seinen Public Key dem Absender zur Verfügung gestellt, indem er z. B. diesen Schlüssel per Diskette bei einem persönlichen Treffen übergeben, oder aber den öffentlichen Schlüssel auf einem so genannten *Key Server* gespeichert hat. Der Absender vertraut diesem Schlüssel, respektive dem Key Server. Dann kann der Absender seinen symmetrischen Schlüssel mit dem öffentlichen Schlüssel des Empfängers chiffrieren und nur der Empfänger, der im Besitz des korrespondierenden Schlüssels ist – des entsprechenden Private Keys – kann die Nachricht dechiffrieren und erhält somit den symmetrischen Schlüssel auf einem sicheren Weg.

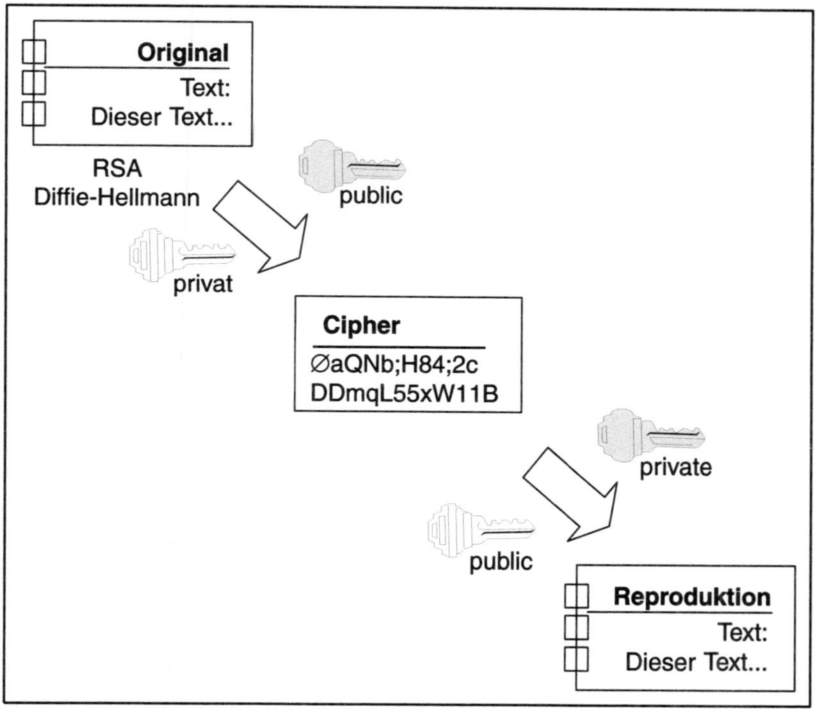

Abbildung 5.3 Asymmetrische Verfahren

Vertrauensmodell (Web of Trust)

Dies führt uns direkt zu den Problemen dieses Verfahrens: das Schlüsselmanagement und die Vertrauensstellung der einzelnen Schlüssel untereinander. Um Nachrichten mit dieser Methode sicher austauschen zu können, benötigt man den entsprechend veröffentlichten Schlüssel des Empfängers. Dabei sollte aus Sicht des Absenders sichergestellt sein, dass der Empfänger auch derjenige ist, mit dem der Absender kommunizieren möchte, und dass er auch wirklich dessen öffentlichen Schlüssel besitzt und nicht den eines anderen. Die einfachste und weit verbreitete Umsetzung erfolgt durch die Key Server, auf denen alle Benutzer ihre Public

Keys ablegen können. Kommen Kommunikationsbeziehungen zwischen Schlüsselbesitzern zu Stande, können beide Partner Ihre Schlüssel weiter qualifizieren, indem sie sich gegenseitig bestätigen – und zwar durch die digitale Signatur des öffentlichen Schlüssels des Partners –, dass der entsprechende, auf dem Key Server befindliche Schlüssel tatsächlich zu der fraglichen Person gehört. Dieses Vertrauensmodell bezeichnet man als *Web of Trust*. Die weiterführenden Erläuterungen und alternative Vertrauensmodelle finden Sie in Kapitel 8.

Verfahren der asymmetrischen Verschlüsselung

Gängige Verfahren, die für die asymmetrische Verschlüsselung benutzt werden, sind *RSA* sowie *Diffie-Hellman*, jeweils benannt nach den Erfindern der Verfahren R. Rivest, A. Shamir und L. M. Adleman bzw.W. Diffie und M. E. Hellman. Das Diffie-Hellman-Verfahren dient zum Austausch von symmetrischen Schlüsseln über unsichere Medien. Es werden dabei keine sensitiven Daten übertragen. Bei beiden Verfahren kommen typischerweise Schlüssel in den Längen zwischen 512 und 4096 Bit zum Einsatz. Der Diffie-Hellman Key Exchange wird auch unter Verwendung von elliptischen Kurven und diskreten Logarithmen als ECDH (*Elliptic Curve Diffie-Hellman*) beschrieben, und auch für RSA existiert ein Äquivalent auf der Basis von elliptischen Kurven und diskreten Logarithmen.

5.1.4 Hybride Verfahren

Kombination der kryptographischen Verfahren

Die bisher genannten Verfahren – Hash-, symmetrisches und asymmetrisches Verfahren – können jetzt durch kombinierte Anwendung zu einer effizienten Lösung für die Idealsituation beim Einsatz von Verschlüsselung führen. Die Ziele, die dabei erreicht werden sollen, sind im Folgenden aufgezählt:

1. Kryptographie
   - Vertraulichkeit:
     Niemand außer den gewünschten Personen kann die Nachricht lesen.
   - Originalität:
     Derjenige, der die Nachricht schickt, ist auch derjenige, für den er gehalten wird.
   - Unversehrtheit:
     Die Nachricht, die versendet wird, kommt so beim Empfänger an, wie sie verschickt wurde.
2. Performance
   Der Einsatz der gewählten kryptographischen Verfahren soll möglichst effizient in Bezug auf Rechenzeit und Länge der Nachricht sein.

Dazu nehmen wir an, dass sich zwei Personen – üblicherweise mit Namen Alice und Bob – persönlich kennen und getroffen haben. Beide haben bei diesem Treffen jeweils den öffentlichen Schlüssel des anderen erhalten (`pub[Alice]`, `pub[Bob]`). Eine Nachricht, die den oben genannten Kriterien genügt, könnte wie folgt von Alice zu Bob gesendet werden (siehe dazu auch Abbildung 5.4 und Abbildung 5.5):

Hybrid-Verfahren: Sender

Alice schreibt ihre Nachricht `N` und generiert daraus einen Hash-Wert `N'` mittels einer Hash-Funktion [①]. Dann signiert sie den Hash-Wert `N'` mit ihrem privaten Schlüssel `priv[Alice](N')` [②]. Sie verbindet die originale Nachricht und den signierten Hash-Wert zu einer Nachricht `M = N + priv[Alice]N'`, und Alice verschlüsselt die so erstellten Daten jetzt mit einem symmetrischen Schlüssel `k` [④], den sie eigens dafür erzeugt [③], zu `k(M)`. Bob kennt diesen Schlüssel nicht. Deshalb chiffriert Alice den symmetrischen Schlüssel mit Bobs öffentlichem Schlüssel `pub[Bob](k)` [⑤]. Dieser Vorgang wird auch *Enveloping* genannt. Somit kann Alice Bob die Nachricht

```
pub[Bob](k) + k(M) =
pub[Bob](k) + k(N + priv[Alice](N'))
```

übermitteln [⑥] und dabei sicher sein, dass diese Datenübertragung den gewünschten Kriterien entspricht.

Hybrid-Verfahren: Empfänger

Bob kann jetzt die ursprüngliche Nachricht rekonstruieren [⑦], indem er mit seinem privaten Schlüssel den von Alice verwendeten symmetrischen Schlüssel generiert (siehe Abbildung 5.5).

```
priv[Bob](pub[Bob](k)) => k
```

Dies kann nur Bob, da nur er über den richtigen privaten Schlüssel verfügt. Durch den so genannten *Sitzungsschlüssel* `k` kann Bob die Nachricht von Alice wieder entschlüsseln [⑧] und erhält nun

```
k(k(N + priv[Alice](N'))) => N + priv[Alice](N')
```

Die anfänglich versendete Nachricht `N` ist für Bob jetzt lesbar. Um sicherzustellen, dass es sich hierbei auch um eine Nachricht von Alice handelt und dass ihre Nachricht nicht manipuliert wurde, vergleicht Bob sein Ergebnis der Hash-Funktion über die Nachricht `N` [⑩] mit dem Ergebnis von Alice (`N'`). Stimmen beide Ergebnisse überein, wurde die Nachricht nicht verändert und die Unversehrtheit ist gewährleistet. Bob kann `N'` nur erhalten, wenn er den ihm bekannten öffentlichen Schlüssel von Alice anwendet [⑨].

```
pub[Alice](priv[Alice](N')) => N'
```

Da aber nur Alice im Besitz ihres privaten Schlüssels ist und Bob die Nachricht nur mit Alice' öffentlichem Schlüssel entschlüsseln kann, muss die Nachricht von Alice stammen, womit die Originalität nachgewiesen wäre.

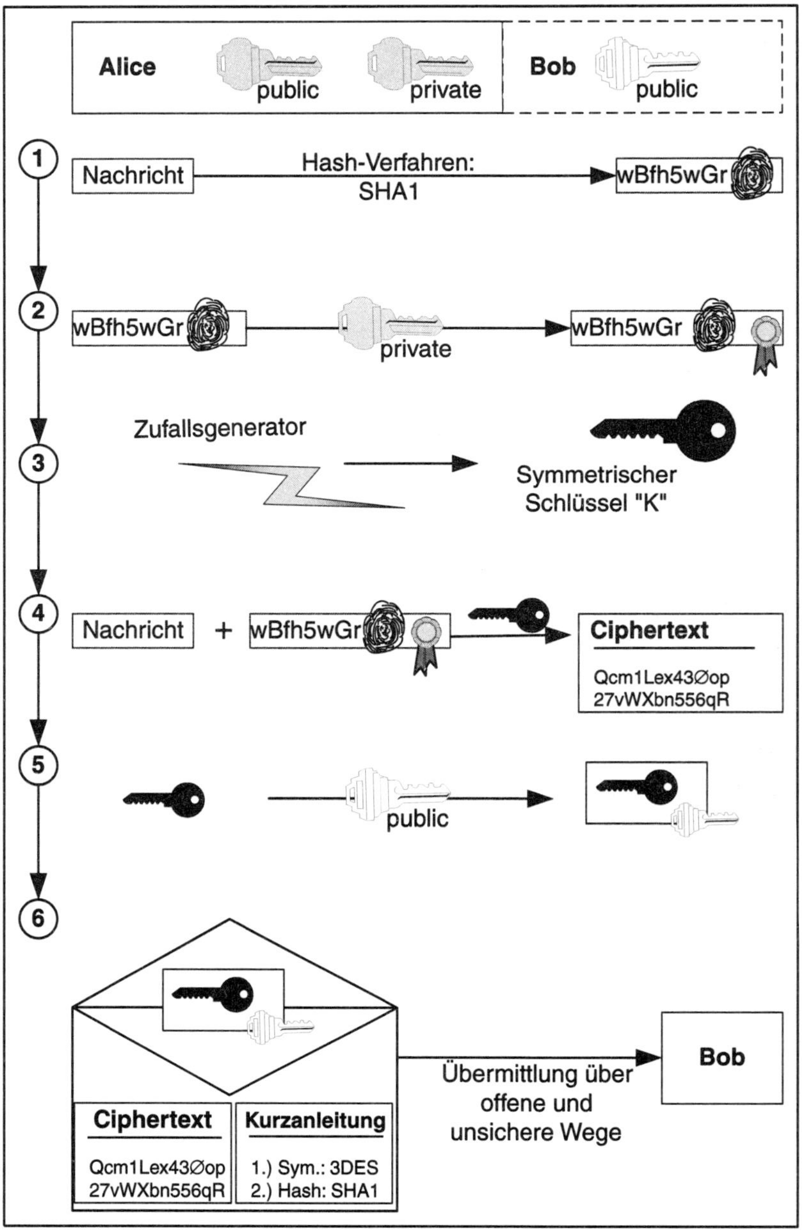

Abbildung 5.4 Hybrid-Verfahren – die Verschlüsselung

Zur besseren Übersicht hier noch einmal die einzelnen Schritte des Verfahrens:

1. Generierung eines Hash-Wertes aus der Nachricht
2. Signierung des Hash-Wertes mit dem eigenen Private Key
3. Erzeugung eines symmetrischen Schlüssels
4. Verbindung von Nachricht und signiertem Hash-Wert sowie Verschlüsselung mit symmetrischem Schlüssel
5. Chiffrierung des symmetrischen Schlüssels mit dem Public Key des Empfängers
6. Versand und Empfang
7. Generierung des symmetrischen Schlüssels mit dem eigenen Private Key
8. Entschlüsselung der Nachricht mit dem symmetrischen Schlüssel
9. Entschlüsselung des signierten Hash-Wertes
10. Erzeugung eines Hash-Wertes der erhaltenen Nachricht und Vergleich mit dem entschlüsselten Hash-Wert

Vorteile des hybriden Verfahrens

Warum wurde die originale Nachricht nicht direkt von Alice mit ihrem privaten Schlüssel chiffriert und dann mit Bobs öffentlichem Schlüssel verschlüsselt? Der Aufwand bei den jeweiligen Schritten des Ver- und Entschlüsselns wäre erheblich höher als bei der beschriebenen Methode. Das asymmetrische Verfahren müsste zweimalig angewendet werden, einmal zum Entschlüsseln mit Bobs privatem Schlüssel und ein weiteres Mal, um die Nachricht mit Alice öffentlichem Schlüssel zu prüfen. Die dafür benötigte Rechenzeit steht in keinem Verhältnis zu der Zeit, die eine Dechiffrierung und Prüfung mit einem hybriden Verfahren braucht.

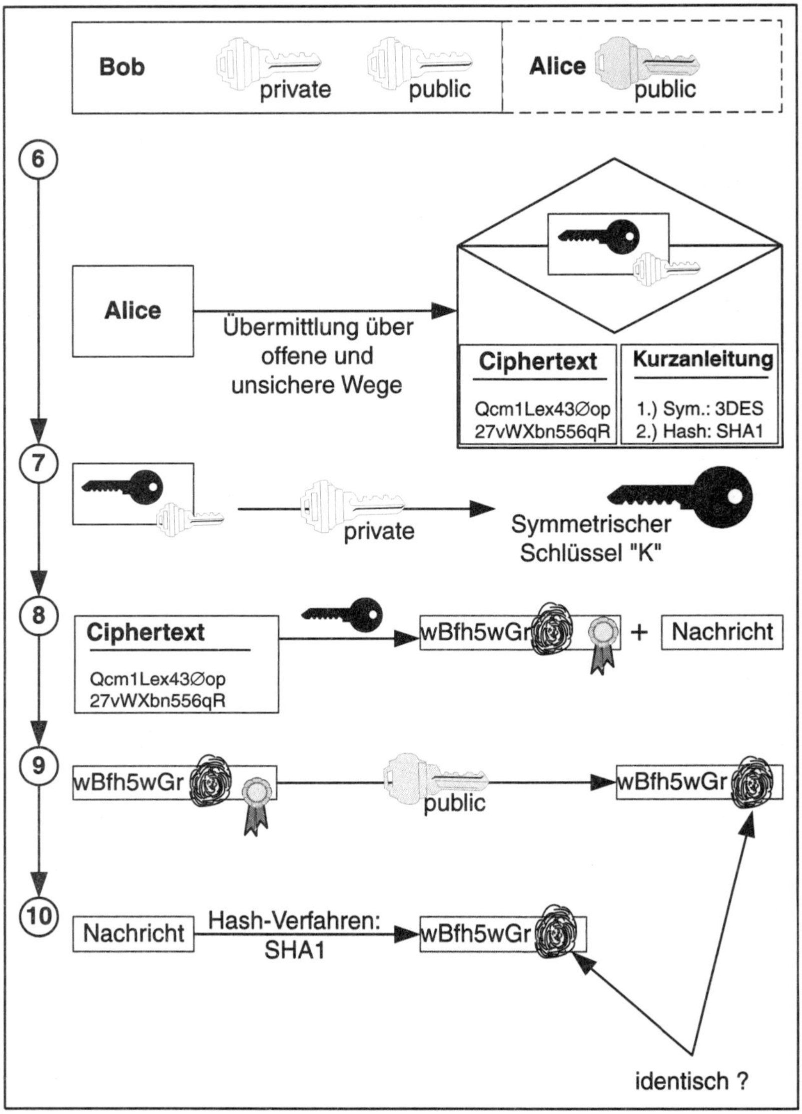

Abbildung 5.5 Hybrid-Verfahren – die Entschlüsselung

5.2 Zugriff auf die Portalseiten

Die erste Verbindungsaufnahme des Benutzers mit dem Portal ist gleichzeitig auch der Moment, an dem die ersten sensitiven Daten übertragen werden: die Authentifizierungsdaten. Daher muss die Datenübertragung von Anfang an gesichert werden.

Der Zugriff auf das Unternehmensportal erfolgt mit einem gängigen Webbrowser auf der Basis von HTTP. Diese Verbindung lässt sich über das so genannte *Secure Sockets Layer* (SSL) absichern, womit zum einen sichergestellt wird, dass der antwortende Server derjenige ist, den der Benutzer ansprechen wollte (Absicherung gegen Man-in-the-Middle-Attacken). Zum anderen werden die nachfolgend übertragenen Daten verschlüsselt, was ein Ausspähen der Anmeldedaten und der nachfolgenden Nutzdaten verhindert.

SSL – Secure Sockets Layer

SSL stellt ein zweischichtiges Verfahren zur sicheren Verbindungsaufnahme über verbindungsorientierte Protokolle wie z. B. TCP dar. Die erste SSL-Schicht greift auf OSI Layer 4, der Transportschicht. Hier setzt das so genannte *SSL Record-Protokoll* auf, das für Protokolle höherer Schichten die Möglichkeit bietet, ihre Daten zu kapseln. Auf der nächst höheren Ebene arbeitet neben anderen Protokollen das *SSL Handshake-Protokoll*, das Client und Server die Möglichkeit zur gegenseitigen Authentifizierung und zu einem gesicherten Austausch von Schlüsseln bietet. Anwendungsprotokolle können dadurch auf eine authentifizierte und gesicherte Verbindung transparent aufsetzen.[1]

Das SSL Protokoll bietet drei grundlegende Eigenschaften:

Eigenschaften von SSL

- gesicherte Verbindung mit einer zugrunde liegenden symmetrischen Verschlüsselung
- Authentifizierung auf der Basis von asymmetrischen Verfahren
- Zuverlässigkeit der Verbindung durch Integritätsüberprüfung mit Fingerprints aus Hash-Funktionen

Durch die Transparenz des SSL-Protokolls für die Protokolle der höheren OSI-Schichten kann prinzipiell jede Anwendung, die auf einer TCP-Kommunikation basiert, mit diesem Verfahren gesichert werden.

Bekannt wurde SSL/TLS hauptsächlich durch den Einsatz für die sichere Übertragung von Internet-Seiten mit dem *Hypertext Transfer Protokoll* (HTTP). HTTP ist ein Anwendungsprotokoll, das als resultierendes Protokoll *HTTPS* transparent die Funktionen zur Verbindungssicherung von SSL nutzt.

1 SSL wurde von Netscape entwickelt und liegt derzeitig in der Version 3 vor. Da SSL nicht zu einem Internet-Standard wurde, soll der Nachfolger TLS (*Transport Layer Security-Protokoll*), der vom IETF entwickelt wird, diese Rolle übernehmen. TLS ist der direkte Nachfolger von SSL v3. Die aktuelle Spezifikation findet sich in RFC 2246.

In diesem Beispiel gilt es zunächst, die Authentifizierungsphase zwischen Client und Server zu betrachten. Der Server präsentiert dem Client bei HTTPS immer ein Zertifikat, das u.a. folgende Daten enthält:

Inhalt eines Zertifikates

- Angaben über den Zertifikatsinhaber (in Form eines *Distinguished Name* [DN], in Abbildung 5.6 Punkt `Subject`, siehe auch Abschnitt 6.1),
- die Gültigkeitsspanne des Zertifikats (in Abbildung 5.6 Punkte `Valid from` und `Valid to`),
- die Certificate Authority (CA; ebenfalls in Form eines Distinguished Name, in Abbildung 5.6 Punkt `Issuer`, siehe auch Kapitel 6),
- den öffentlichen Schlüssel des Servers (in Abbildung 5.6 Punkt `Public key`).

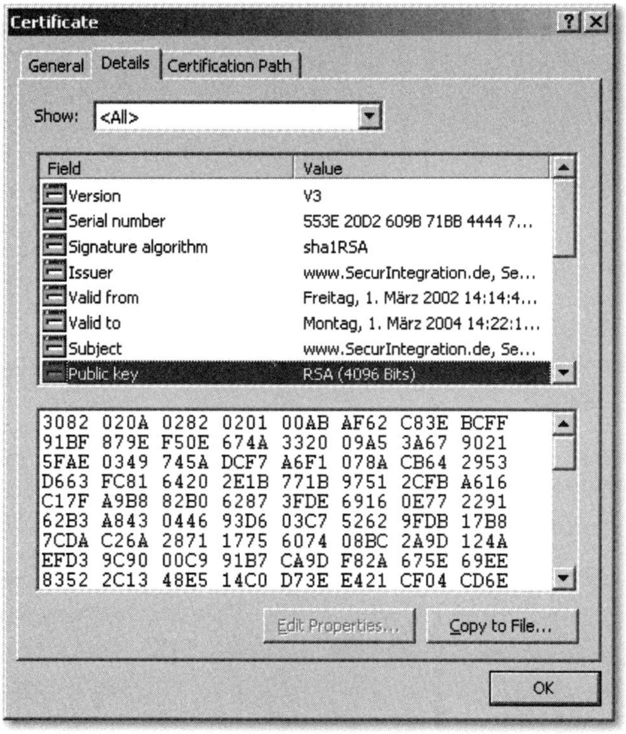

Abbildung 5.6 Zertifikat

Certificate Authority

Der Client kann anhand dieser Angaben prüfen, ob das Zertifikat für die angeforderte URL ausgestellt wurde, ob das Zertifikat noch gültig ist und ob er der ausstellenden Instanz (*Certificate Authority*, CA) vertraut. Fallen diese Prüfungen zur Zufriedenheit des Clients aus, kann er Daten mit dem öffentlichen Schlüssel des Servers verschlüsseln und über diesen Weg einen generierten symmetrischen Sitzungsschlüssel an den Server übermitteln. Mit Hilfe des auf diese Weise sicher übertragenen Schlüssels kann der nachfolgende Datenverkehr seinerseits gesichert werden.

Der Server kann bei einer HTTPS-Sitzung auch ein Zertifikat vom Client fordern, das im Aufbau im Wesentlichen dem des Servers entspricht. Der Zertifikatsinhaber wird jedoch nicht auf einen *Fully Qualified Domain Name* (FQDN) festgeschrieben, wie es beim Server der Fall ist, sondern auf eine Person. Die Prüfung des Zertifikats durch den Server entfällt analog zum eben beschriebenen Vorgang.

Authentifizierung und Vertrauenswürdigkeit

In der Konsequenz bedeutet dies für die Authentifizierung zwischen Server und Client bei SSL/TLS, dass sie auf der Vertrauenswürdigkeit der ausstellenden Instanz und deren Kriterien zur Vergabe von Zertifikaten basiert. Die Authentifizierung des Servers gegenüber dem Client wird unter anderem an dem Domain-Namen (FQDN) festgemacht, was dem Client eine gewisse Sicherheit geben kann, da er die angefragte URL mit diesem FQDN zusätzlich vergleichen kann. Der Server hat bei der clientseitigen Authentifizierung nichts weiter als den Namen des Clients und die Signatur der ausstellenden Instanz. Diese gibt die Zertifikate gegen Bezahlung an Clients aus und hat damit ein größeres Interesse daran, dass ein Client ein Zertifikat bekommt, als dass es ihm verweigert wird. Die Authentifizierung ist demnach als schwach einzustufen, da der Registrierungsaufwand der Clients bei der ausstellenden Instanz gering ist. Der Server hat mit diesem Verfahren keinerlei Möglichkeiten, den zugriffsberechtigten Personenkreis weiter einzuschränken als auf die Menge aller Benutzer, die ein gültiges Zertifikat einer von den Browser-Herstellern standardmäßig unterstützten, ausstellenden CA-Instanz vorweisen können. Erst die Zuordnung der Client-Zertifikate zu einzelnen Portalbenutzern durch eine dem Webserver zur Seite gestellten Instanz kann die einzelnen Benutzer unterscheidbar machen und damit auch unterschiedlich autorisieren. Diese Funktionalität ist jedoch weder im Umfang von SSL/TLS enthalten noch dessen Intention, sondern sie muss vom Unternehmensportal erbracht werden, damit die über SSL/TLS erfolgte zertifikatsbasierte Authentifizierung des Clients sicher wird.

5.3 Zugriff auf unternehmensfremde Ressourcen (VPN)

Tunnel

Ziel eines Unternehmens, das mehrere Niederlassungen, eventuell weltweit gestreut, unterhält, wird bei der Einführung eines Portals die Verfügbarkeit der angeschlossenen Dienste für alle Mitarbeiter sein, unabhängig von der geographischen Lage des Arbeitsplatzes. Eine gute und vergleichsweise sichere Methode für diese niederlassungs- oder gar unternehmensübergreifende Zusammenarbeit ist ein *Virtual Private Network* (VPN). Eine weitere Notwendigkeit, die Niederlassungen miteinander zu verbinden, ergibt sich, wenn Dienstleistungen nicht nur an einer Lokation angeboten werden. Dies kann aus mehreren Gründen der Fall sein. Einerseits werden Niederlassungen eigene Dienstleistungen lokal nutzen, denn diese benötigen die Mitarbeiter vor Ort bereits vor Einführung eines Portals oder dem Zusammenschluss über VPN. Andererseits ist der Fokus der einzelnen Geschäftstellen eventuell unterschiedlich, so dass daraus andere Anforderungen an die Infrastruktur entstanden sind. Um aber alle Services global und damit unabhängig vom Standort anbieten zu können, sollten alle Niederlassungen über gesicherte Verbindungen möglichst kostengünstig kommunizieren können. Genau dies kann ein VPN bewerkstelligen. Man spricht in diesem Zusammenhang von so genannten *Tunnels*, die über das öffentlich zugängliche und unsichere Medium – z. B. das Internet – errichtet werden. Die Endpunkte der Tunnels befinden sich jeweils in vertrauten Bereichen der zu verbindenden Standorte, meist dem internen LAN oder einer dem internen LAN nahen demilitarisierten Zone (DMZ). Die Metapher »Tunnel« beschreibt die Sicherheit der Daten sehr anschaulich, denn niemand kann durch die Tunnelwand von außen die Daten sehen oder sie gar manipulieren.

Client-to-Site-VPN vs. Site-to-Site-VPN

Vom Design und vom Handling unterscheidet man zwei verschiedene Arten von VPNs. Die eine Alternative, das so genannte *Client-to-Site-VPN*, erlaubt einem einzelnen Client eine gesicherte Verbindung zum Unternehmensnetzwerk. Diese Architektur bietet sich für den sicheren Anschluss von mobilen Einzelbenutzern an, wie z. B. Außendienstmitarbeitern oder Teleworker. Sollen jedoch Netze über den etablierten Tunnel miteinander verbunden werden, kann dies ein Client-to-Site-VPN nicht mehr leisten. Bei dieser für Benutzer transparenten Verbindung zwischen zwei Netzen in unterschiedlichen Unternehmensstandorten spricht man von einem *Site-to-Site-VPN*.

Die Realisierung eines VPNs kann über reine Hardware- oder Software-Lösungen erfolgen, aber auch Mischformen – dedizierte Hardware mit eigens dafür entwickelter Software – sind denkbar.

5.3.1 Hardwarebasierte Lösungen

Einfacher Rollout

VPN-Lösungen, die vornehmlich aus spezieller Hardware bestehen, bieten den Vorteil der einfachen Handhabung und des relativ leichten Rollouts. Meist müssen solche Geräte nur noch rudimentär konfiguriert werden wie etwa durch die verwendete IP-Adresse und die internen Netzbereiche, administrative Passwörter und Parameter für die gegenüberliegenden Peers. Dies erfolgt häufig browserbasiert mit einer leicht verständlichen Oberfläche und relativ eindeutiger Benutzerführung. Damit ist die Handhabung solcher Geräte meist auch für Laien im VPN-Umfeld verständlich. Der Rollout eines Gerätes zu den gegenüberliegenden Endstellen beschränkt sich auf die Versendung (gegebenenfalls müssen Sie die Exportbeschränkungen prüfen) und auf eine Anweisung zum Anschluss der Hardware in die vorhandene Netzinfrastruktur. Hierbei sollte die Aktivierung des VPN-Tunnels erst dann erfolgen, wenn ein Mitarbeiter der Gegenstelle den Empfang und die Installation des Gerätes bestätigen kann. Der einfachen Handhabung fällt aber die Flexibilität zum Opfer. Solche hardwarebasierten Lösungen können nur noch mit den genannten Werten parametrisiert werden. Sobald sich eine darüber hinausgehende Anforderung einstellt, kann diese meist nicht mehr durch solche Geräte erfüllt werden. Wie bei allen hardwarebasierten Lösungen sind sie auf die speziellen Anforderungen für den gewünschten Einsatzzweck konzipiert und daher auch dediziert für dieses Einsatzgebiet zu verwenden.

5.3.2 Softwarebasierte Lösungen

Lösungen, die hauptsächlich auf Software basieren, bieten den Vorteil der flexiblen Integration in die bestehende Netzwerk-Infrastruktur und skalieren entsprechend einfach und gut. Schwierig gestaltet sich dabei jedoch der Rollout an entfernte Lokationen. Hierzu ist es oft erforderlich, dass ein entsprechend geschulter Mitarbeiter direkt vor Ort die Inbetriebnahme vornimmt (denn es existiert ja noch keine sichere Verbindung zu dieser Lokation, die ja mit der VPN-Software erst erstellt werden soll). Die bekanntesten Lösungen mit den häufigsten Implementierungen sind PPTP von Microsoft und der offene Standard IPSec.

Point-to-Point-Tunneling-Protokoll und Remote Access Services

Microsoft brachte das so genannte *Point-to-Point-Tunneling-Protokoll* (PPTP) auf den Markt, das auf der Basis des hauseigenen RAS-Servers (*Remote Access Services*) eine relativ einfache und leicht zu realisierende Lösung darstellt. Es handelt sich hierbei um ein Client-to-Site-VPN. Ein Vorteil dieser Lösung ist es, dass in den entsprechenden Betriebssystemen von Microsoft die passenden Gegenstücke der VPN-Software bereits installiert sind oder eine spätere Installation leicht zu bewerkstelligen ist. Ein Rollout eines VPNs auf PPTP-Basis kann deshalb leicht projektiert werden. Der Nachteil dieser proprietären Lösung liegt in der Sicherheit der Implementierung. Schnell wurden konzeptionelle Verfahren zur Penetration des PPTP-Protokolls bekannt, die bald darauf auch erfolgreich angewandt wurden. Die Nachbesserungen seitens Microsoft konnten zwar einige Schwachstellen beseitigen, es bleibt aber eine inhärente Schwäche insbesondere bei der Authentifizierung der Benutzer, die im Protokoll selbst begründet liegt. Dies lässt sich nicht mit einem Security-Patch beheben.

IPSec

Als offene Implementierung wurde *IPSec* bekannt, das auch in der neuen Spezifikation des IP-Protokolls in der Version 6 mit einfließt. Ein oft zu hörender Vorwurf gegen IPSec ist die unnötige Komplexität bei der Anwendung. Trotzdem ist IPSec mittlerweile im VPN-Umfeld weit verbreitet. Prinzipiell funktioniert IPSec in zwei Phasen: In der ersten Phase werden die benötigten Schlüssel zwischen den Endpunkten (*Peers*) ausgetauscht. Dies geschieht wiederum über im Internet offen dargelegte Mechanismen wie IKE (*Internet Key Exchange*) oder ISAKMP (*Internet Security Association and Key Management Protocol*). Nach Etablierung des ersten Kontakts und nach dem Austausch der benötigten Schlüssel werden so genannte *Security Associations* gebildet, die alle benötigten Daten zur Kommunikation mit dem jeweiligen Peer beinhalten, wie z. B. den öffentlichen Schlüssel, den derzeitig verwendeten Sitzungsschlüssel, die verwendeten kryptographischen Verfahren und die in der IPSec-Suite definierten Übertragungsprotokolle und -modi wie etwa *Authentication Header* (AH) oder *IP Encapsulating Security Payload* (ESP) bzw. Tunnel- oder Transport-Modi. All diese Varianten müssen bei der standardgemäßen Implementierung von IPSec unterstützt werden, was zu einer hohen Anzahl von Variationsmöglichkeiten führt. Leider ist der Austausch der entsprechend unterstützten Methoden, Verfahren und Modi zwischen den Peers semi-automatisch. Wenn demnach ein Peer z. B. ein gefordertes kryptographisches Verfahren nicht unterstützt, kann keine Kommunikation zu Stande kommen. Die Fehlersuche gestaltet sich wegen der Komplexität der Materie und der Tatsache, dass die Peers meist räumlich weit voneinander getrennt sind, recht schwierig. Auch lassen die vorliegenden Standards den Software-Herstellern interpretatorische Freiräume, so dass trotz eines offen Standards Interoperabilitätsschwierigkeiten zwischen Produkten von unterschiedlichen Herstellern auftreten können.

L2TP und L2F

Als weitere Lösung wäre das *Layer Two Tunneling Protocol* (L2TP) zu nennen, mit dem ebenfalls VPN-Tunnel aufgebaut werden können. Dabei handelt es sich um ein Protokoll der Verbindungssicherungsschicht, das demzufolge unterhalb der Netzwerkschicht arbeitet, wo z. B. IPSec anzusiedeln ist. L2TP, in dem auch das von der Firma Cisco entwickelte *Layer Two Forwarding Protocol* (L2F) aufgegangen ist, bietet Mechanismen, um VPN-Tunnel mit einer entsprechenden Gegenstelle aufzubauen und Daten durch diese Tunnel zu transportieren. L2TP bietet aber keine Mechanismen zur Verschlüsselung von Daten. Daher müssen auf den höheren Schichten entsprechende Vorkehrungen getroffen werden, und man muss selbst für die Verschlüsselung der Daten sorgen. Eine Möglichkeit besteht z. B. darin, als Schicht 3-Protokoll IPSec einzusetzen.

Beschreibungen der Verfahren können bei der IETF unter RFC 2401 (IPSec), RFC 2402 (AH), RFC 2406 (ESP), RFC 2408 (ISAKMP), RFC 2409 (IKE), RFC 2661 (L2TP) und RFC 3193 (Securing L2TP using IPSec) eingesehen werden.

5.4 Zugriff über GSS-API

Secure Network Communications

Sobald die Kommunikation zwischen Benutzer und Unternehmensportal gesichert ist, können übertragene Daten nur noch zwischen Portal und Backend- oder Komponentensystem ausgespäht werden. Um diese Verbindungen absichern zu können, hat SAP die GSS-API als offenen Standard mitentworfen. Die entsprechende Schnittstelle in SAP R/3, mit der die SAP-Kommunikation der typischen Protokolle wie z. B. DIAG und RFC zwischen Portal und SAP-Komponenten gesichert werden kann, heißt *Secure Network Communications* (SNC).

Sicherheitsgrade

SNC sichert Datenkommunikationsverbindungen und die Kommunikationsverbindungen zwischen den verschiedenen Komponenten des SAP-Systems. In den von SAP-Systemen unterstützten externen Sicherheitsprodukten sind bekannte kryptographische Algorithmen implementiert, die Sie mit SNC für Ihre Daten verwenden können, um die Sicherheit der Daten zu erhöhen. Dabei gibt es drei Sicherheitsgrade:

- **nur Authentifizierung**
  Hierbei verifiziert das System die Identität der Kommunikationspartner. Dies ist der niedrigste Sicherheitsgrad mit SNC. Die eigentlichen Daten werden hierbei nicht geschützt.
- **Schutz der Integrität**
  Hierbei überprüft das System, ob die Daten auf dem Weg vom Sender zum Empfänger in irgendeiner Weise geändert wurden.
- **Schutz der Vertraulichkeit**
  Bei dieser Option verschlüsselt das System die übertragenen Nachrichten, wodurch ein Abhören zwecklos wird. Hierbei wird auch die Integrität der Daten geschützt. Diese Einstellung ist der höchste SNC-Sicherheitsgrad.

SNC verhält sich aus Sicht der Benutzer und aus Netzwerksicht transparent. Das heißt, für Server oder Clients verhält sich die Anwendung unter Zuhilfenahme von SNC genau so, wie ohne den Einsatz von SNC. Netzwerkadministratoren müssen keine neuen Ports auf Firewalls öffnen oder andere Protokollarten passieren lassen. Fand vorher eine Kommunikation zwischen Frontend und Server mittels Port 3200/tcp statt, so ist das auch nach der Verwendung von SNC der Fall. Das bedeutet auch, dass bei SNC der so genannte *Payload* verschlüsselt wird, also die Nutzdaten, die die eigentlich interessante Information enthalten.

GSS-API

Die Implementierung bei SAP richtet sich nach den Vorgaben der GSS-API – der offenen, im Internet entwickelten Programmschnittstelle für Sicherheitsmechanismen wie Authentifizierung und Verschlüsselung. Das *Generic Security Service Application Programming Interface* (GSS-API) stellt dazu grundlegende Mechanismen für einen sicheren Kommunikationsaufbau und für eine nachfolgende sichere Übertragung zur Verfügung. Da aber nur der Rahmen für die Nutzung dieser Funktionalität vorgegeben wird und nicht die Implementierung der Bibliothek selbst, sind Bibliotheken von unterschiedlichen Herstellern nicht miteinander kompatibel. Man ist folglich dazu gezwungen, einheitlich die Bibliothek eines Herstellers einzusetzen. Um die Funktionen für die sichere Kommunikation zu realisieren, werden bekannte und ebenfalls öffentlich zugängliche kryptographische Verfahren zur sicheren Verbindungsaufnahme und zum Austausch der Sitzungsschlüssel (symmetrische Verfahren) verwendet. Da die GSS-API grundlegende Mechanismen zur Sicherung von Kommunikationen bietet, finden sich viele verschiedene Einsatzgebiete für diese offene Struktur, wie z.B. im *Open Network Computing*-Projekt (ONC) des IETF oder im *Simple Authentication and Security Layer* (SASL), das einen gesicherten Zugriff auf LDAP-Server bietet.

Funktionsbibliothek

Die GSS-API stellt für die Funktionalität nur die standardisierte Schnittstelle zur Verfügung. Um die Funktionen dann nutzen zu können, wird auf den entsprechenden Maschinen, die mit SNC verbunden werden sollen, eine Realisierung in Form einer GSS-API-kompatiblen Funktionsbibliothek benötigt. Diese Bibliothek kann von SAP-zertifizierten Herstellern bezogen werden. SAP stellt diese Liste unter *http://www.sap.com/partners/software/directory/* zur Verfügung. Zur Nutzung in SAP-Netzen kann nur eine Bibliothek verwendet werden, d.h., es muss ein homogener Einsatz erfolgen. SAP bietet über die GSS-API-Schnittstelle nicht nur die Möglichkeit, Verbindungen sicher aufzubauen und darüber dann gesichert Daten zu übermitteln, sondern nutzt diese Schnittstelle auch zur Authentifizierung. Wenn also der Einsatz im Unternehmensnetz betrachtet wird und nur eine homogene Nutzung der entsprechenden Bibliothek erfolgen kann, müssen alle Aspekte in diesem Umfeld mit berücksichtigt werden: Authentifizierung und Verschlüsselung. Entsprechend den Anforderungen für das Unternehmen muss dann die Auswahl der einzusetzenden Bibliothek in Bezug auf die Unterstützung der genannten Funktionalitäten und der Verfügbarkeit für die im SAP-Bereich eingesetzten Betriebssysteme erfolgen.

GSSNTLM.dll

Für Windows-basierte Umgebungen (sowohl Clients als auch Server) kann beispielsweise die SAP-Bibliothek *GSSNTLM.DLL* an der GSS-API-Schnittstelle verwendet werden, die die NTLM-Anmeldung (siehe Abschnitt 7.1.2) des Windows-Betriebssystems benutzt. Damit ist eine gesicherte Authentifizierung über SNC auf der Basis von Challenge-Response-Mechanismen möglich. Der nachfolgende Datenverkehr kann aber nicht verschlüsselt werden.

GSSKRB5.dll

Mit der SAP-Bibliothek *GSSKRB5.DLL* wird das Kerberos-Verfahren in der Version 5 unterstützt. Dieses Verfahren benutzt Microsoft beispielsweise in seiner Betriebssystem-Software Windows 2000. Mit der *GSSKRB5.DLL* kann eine SNC gesicherte Verbindung aufgebaut werden, die sowohl bei der Authentifizierung als auch bei der Datenübertragung einen Schutz gegen Abhören oder Manipulation bietet. Da Kerberos 5 ein offener Standard ist, können auch Server mit anderen Betriebssystemen, die diesen Standard unterstützen, in die SNC-Architektur eingebunden werden.

SAPCryptoLib

Bei SNC wird zwischen Server-Server- und Client-Server-Kommunikation unterschieden. Für die Server-Server-Kommunikation stellt SAP eine Bibliothek kostenfrei zur Verfügung, die *SAPCryptoLib*. Diese Bibliothek unterstützt SNC bei der beidseitigen Authentifizierung und bei der verschlüsselten Datenübertragung.

PSE Die Authentifizierung basiert auf Zertifikaten, die dem X.509-Standard entsprechen. Die benötigten Zertifikate können Kunden vom SAP Trust-Center kostenlos erhalten. Diese Zertifikate werden dann in einem *Personal Security Environment* (PSE), einem Softwaresafe für Krypto-Schlüssel, aufbewahrt. Der Zugang zu den im Safe befindlichen Schlüsseln wird erst nach einer Freischaltung durch den Benutzer möglich. Als Vertrauensmodelle werden der so genannte *Direct Trust* und *Public Key-Infrastrukturen* (PKI) unterstützt. Einzelne SAP R/3-Server können demnach, durch ein gegenseitiges Vertrauensverhältnis gesichert, über SNC Daten transferieren. Besteht jedoch schon eine PKI im Unternehmen, kann die vorhandene Sicherheitsinfrastruktur genutzt werden, und diese Server können über die PKI-Technologie verschlüsselt kommunizieren. Bei großen SAP R/3-Landschaften sollte die Einführung einer PKI zur Realisierung für SNC bedacht werden, da die gegenseitigen Vertauensbeziehungen in solchen Fällen sehr schnell unübersichtlich und dadurch fehleranfällig werden.

Abbildung 5.7 zeigt die drei Verfahren in einem beispielhaften Einsatz zur Sicherung der Kommunikation beim Zugriff auf ein Unternehmensportal. Tabelle 5.2 gibt einen Überblick über Einsatzgebiete und Eigenschaften der soeben erläuterten Verfahren.

Verfahren	Einsatzgebiet	Bemerkung
SSL/TLS	Verbindungsorientierte Protokolle wie TCP, z.B. HTTP oder LDAP	eine Implementierung für die Nutzung mit SSL/TLS muss existieren, gegenseitige Authentifizierung basiert auf Zertifikaten, Einbettung in PKI möglich und sinnvoll
VPN	gesicherte Verbindung von Gegenstellen über unsichere Übertragungsmedien, wobei die Gegenstellen einzelne Systeme oder ganze Netze sein können	hard- und softwarebasierte Lösungen existieren
SNC (GSS-API)	Ende-zu-Ende-Verschlüsselung von SAP-Systemen, meist im Backend-Bereich zur sicheren Anbindung von Komponentensystemen	dem Benutzer gegenüber transparent

Tabelle 5.2 Sichere Zugriffsverfahren im Portalumfeld

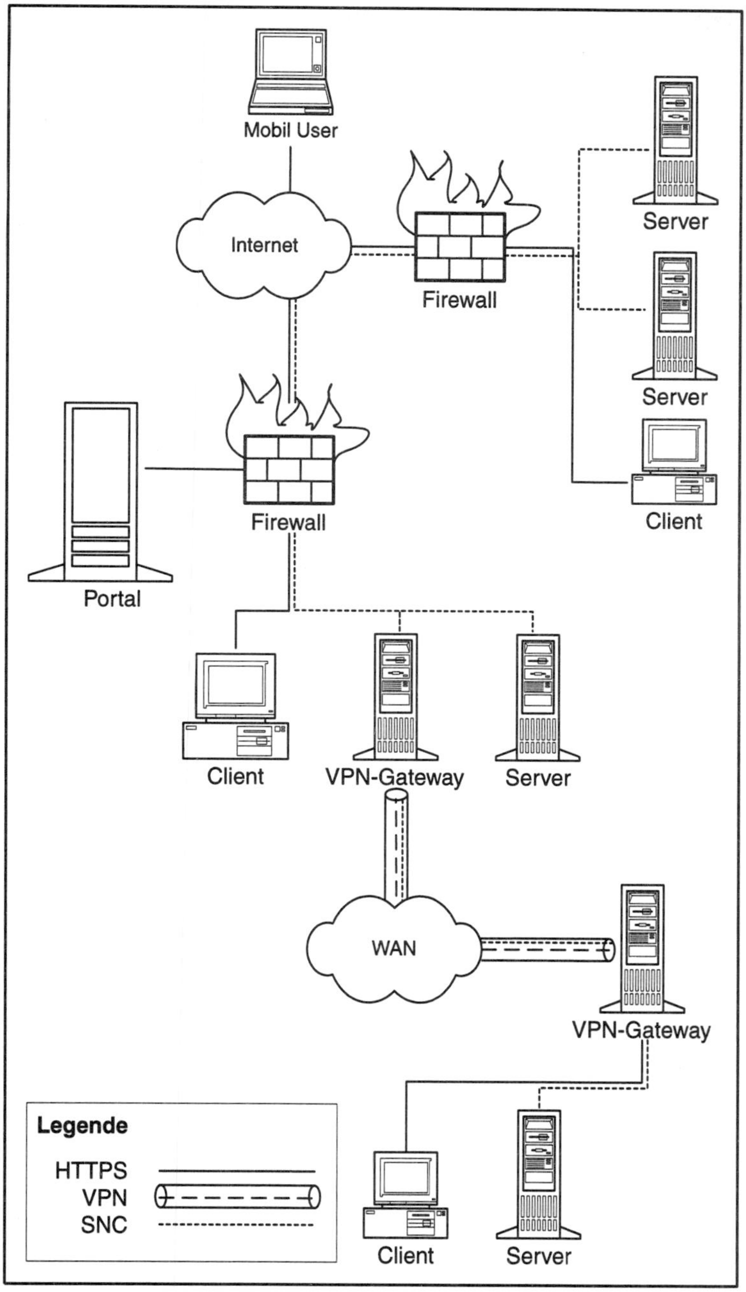

Abbildung 5.7 Sicherung der Kommunikation beim Zugriff auf ein Unternehmensportal

6 Benutzermanagement

Neben der Ausfallsicherheit und der Verschlüsselung der zu übertragenden Daten spielt das Thema Benutzermanagement eine wichtige Rolle im Zusammenhang mit Unternehmensportalen. Zum Benutzermanagement gehören Benutzer- und Rollenverwaltung im Portal sowie in den Backend-Systemen.

Das Benutzermanagement spielt aus der Sicherheitsperspektive, aber auch aus finanzieller Sicht eine zunehmend wichtige Rolle im Unternehmen: Mit wachsenden Benutzerzahlen können die Kosten für das Benutzermanagement extrem ansteigen, die Verwaltung wird schnell unübersichtlich, und die Administration der unterschiedlichen Systeme erfordert entsprechend viel Personal.

Daher ist es besonders wichtig, bei der Planung – wenn möglich – in einem frühen Stadium auf eine zentrale Verwaltung zu setzen. Aber auch bei bestehenden Infrastrukturen ist der Einsatz einer zentralen Benutzer- und Rollenverwaltung, wenn auch mit großem Aufwand, möglich. Dieser Aufwand lohnt sich aber in der Regel, denn in vielen Fällen ist nach kurzer Zeit der ROI (*Return of Investment*) erreicht.

Unternehmensportale bieten hierbei sowohl bei einem Neuaufbau als auch im Fall einer Umstrukturierung gute Hilfestellungen und können zum Erfolg eines kostengünstigen Benutzermanagements beitragen. Dies ist einer der großen Vorteile eines Unternehmensportals und kann in Bezug auf die Entscheidung für oder gegen ein Unternehmensportal entsprechenden Einfluss haben. Besonders in heterogenen Umgebungen kommen die Stärken von Unternehmensportalen zum Tragen. Über die Portale werden Verbindungen zwischen Systemen geschaffen, die vorher nicht realisiert werden konnten.

Im vorliegenden Kapitel werden die beiden Themen Benutzerverwaltung und Rollenverwaltung bewusst voneinander getrennt. Auch bei der praktischen Arbeit sollten diese beiden Bereiche nicht gemeinsam bearbeitet werden. Die Gründe für diese Trennung gehen aus dem Folgenden hervor.

6.1 Benutzerverwaltung

Redundante Datenhaltung

Unter Benutzerverwaltung versteht man die Zusammenfassung sämtlicher Aufgaben, die mit dem Anlegen, Ändern und Sperren von Benutzerkonten zusammenhängen. In den meisten Unternehmen mit gewachsener Infrastruktur existieren diverse Anwendungen mit unterschiedlichen, meist dezentralen Benutzerverwaltungen. Folglich ist die Datenhaltung von Benutzerdaten in der Regel redundant, was entsprechende Probleme verursacht. Verlässt zum Beispiel ein Mitarbeiter das Unternehmen, müssen die Administratoren den Benutzer in verschiedenen Systemen sperren bzw. löschen. Dabei passiert es immer wieder, dass der Benutzer nicht aus allen Systemen entfernt wird. Es entstehen so genannte »Systemleichen«, von denen nach einiger Zeit niemand mehr weiß, ob der Benutzer noch existiert, warum er noch im System ist oder ob er nicht doch gelöscht werden kann.

Dasselbe gilt, wenn ein neuer Mitarbeiter im Unternehmen seine Arbeit aufnehmen soll, aber auf die Einrichtung seines Benutzerkontos für den Zugang zum Netz oder auf sein Mail-Account Tage warten muss. Dies ist verlorene Zeit, kann doch der neue Mitarbeiter nicht produktiv arbeiten. Soll er sich zum Beispiel in ein Themengebiet einarbeiten, ist dies nur schwerlich möglich, wenn er keinen Zugriff auf die Unternehmensdaten im System hat.

Einstieg in der Personalabteilung

Aus all diesen Gründen wird in vielen Unternehmen über eine zentrale Benutzerverwaltung nachgedacht bzw. diese eingeführt. Der Ansatzpunkt für eine Zentralisierung ist bei vielen Unternehmen gleich. Da neue Mitarbeiter ihren ersten und letzten Tag zumindest zeitweise in der Personalabteilung verbringen, sollte die zentrale Benutzerverwaltung dort beginnen und dort auch enden. Ob in dieser Abteilung alle Daten erfasst und gepflegt werden können, ist eine Frage der Unternehmensstruktur. In vielen Unternehmen obliegt die Pflege der Benutzerdaten der Systemadministration, und wenn es um die Vergabe bestimmter Berechtigungen in den einzelnen Systemen geht, liegt die Pflege, auch aus Sicherheitsgründen, meist in der Verantwortung der Systemadministratoren der einzelnen Backend-Systeme. Letzteres, die Trennung der Administration der Benutzerpflege und der Administration der Berechtigungen macht nicht nur Sinn, sondern ist aus Sicherheitsgründen immer zu empfehlen, um nicht zuviel Verantwortung und Macht in der Person eines einzelnen Verwalters zu konzentrieren. Wenn man sich die einzelnen Positionen der Mitarbeiter ansieht, versteht man, dass diese »Machtstellung« auf jeden Fall verhindert werden muss, da ansonsten auf Informationen und

Anwendungen zugegriffen werden kann, ohne dass dies von außen kontrolliert werden könnte. Als Beispiel seien die Berechtigungen des Geschäftsführers genannt. Wenn die zentrale Administration alleine die Rechte für den Geschäftsführer vergeben könnte, könnte sie dies auch für jeden anderen tun. Erst durch die Trennung der Benutzer- und der Berechtigungspflege kann dies verhindert werden.

Nun gibt es aber leider bei den in Betrieb befindlichen Backend-Systemen keine einheitliche Schnittstelle für die Pflege der Benutzer. In vielen Fällen sind die Benutzerverwaltungen sehr produktabhängig. Als Quasi-Standard für die Übertragung der Benutzerdaten setzt sich daher immer mehr das *Lightweight Directory Access Protocol* (LDAP) durch. Genau auf diesen Standard kann auch bei der Einführung von Unternehmensportalen zurückgegriffen werden. Es ist daher ratsam, im Portal keine eigene Benutzerverwaltung aufzubauen, sondern, wenn möglich, eine vorhandene Benutzerverwaltung über LDAP einzusetzen. Portalspezifische Daten können ebenfalls an dieser zentralen Stelle abgelegt werden. **LDAP**

Während SAP R/3-Systeme eine eigene Benutzerverwaltung haben, basiert die Benutzerverwaltung im Unternehmensportal der SAP auf einem zentralen Verzeichnisdienst.

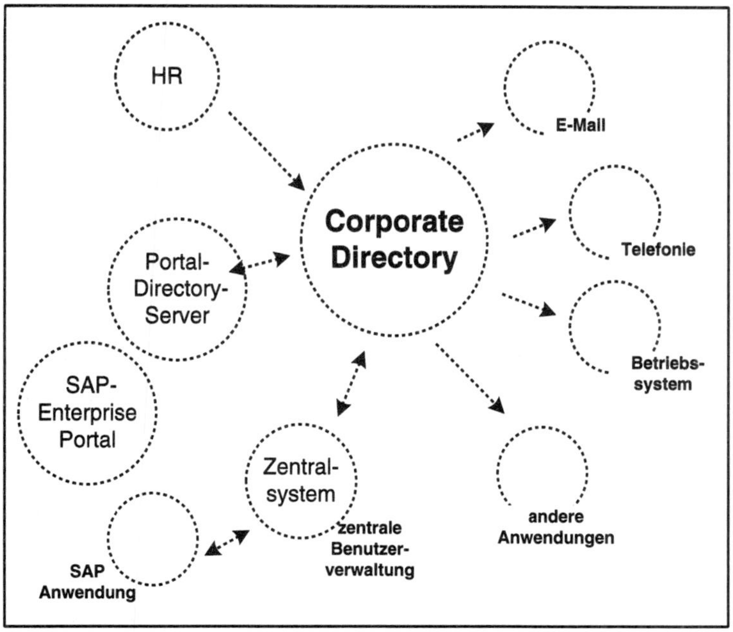

Abbildung 6.1 Corporate Directory

Abbildung 6.1 zeigt die große Systemarchitektur eines Unternehmens und wie die einzelnen Systeme mit ihren eigenen Benutzerverwaltungen zusammenspielen können. Dabei hat das HR-System (Human Ressources) die Aufgabe, die Benutzer neu anzulegen bzw. die Einrichtung neuer Benutzer in Gang zu setzen. Die Daten aus dem HR, z.B. aus dem SAP-Modul HR, werden in das Corporate Directory übertragen. Umgekehrt können aber keine Daten in das SAP HR-System übertragen werden, um zu gewährleisten, dass Änderungen an den Daten nur an einer Schnittstelle eingegeben werden und es nicht zu Überschneidungen oder gar Manipulationen kommt. Das Corporate Directory verteilt nun automatisch – oder manuell durch den Administrator – die benötigten Daten in den entsprechenden Backend-Systemen, in denen der neue Mitarbeiter angelegt wird. Alle angeschlossenen Systeme können entweder direkt über LDAP auf das Directory zugreifen, d.h., sie haben keine eigene Benutzerverwaltung mehr, oder sie können die Benutzerdaten aus dem Directory synchronisieren. Dabei ist immer darauf zu achten, dass Passwörter nach Möglichkeit nicht mit übertragen werden. Die Authentifizierung sollte ebenfalls zentral erfolgen. Dieses Thema wird im Abschnitt *Benutzerauthentifizierung* noch ausführlich behandelt.

6.1.1 Zentrale Benutzerverwaltung

Über die zentrale Benutzerverwaltung (engl. *Central User Administration*, CUA) werden die Benutzer in den SAP-Systemen verteilt und angelegt. Hierbei ist auch ein Abgleich mit dem Corporate Directory möglich.

Rollen und Berechtigungen

Es ist allerdings an dieser Stelle wichtig, zwischen *Rollen* und *Berechtigungen* zu unterscheiden. In der Vergangenheit waren bei SAP R/3-Systemen Rollen und Berechtigungen recht eng miteinander verknüpft. Der Unterschied zwischen Rolle und Berechtigung lässt sich am folgenden Beispiel darstellen: Ein Angestellter hat die Rolle eines Vertriebsmitarbeiters. Diese Rolle besagt, dass er für seine tägliche Arbeit auf die vertriebsrelevanten Systeme im Unternehmen zugreifen muss. Gleichzeitig hat der Mitarbeiter unter Umständen nur die Berechtigung, bestimmte Produkte zu vertreiben oder darf nur die Kunden in einem bestimmten Postleitzahlenbereich betreuen. Diese Berechtigung ist zunächst einmal unabhängig von der organisatorischen Rolle des Vertriebsmitarbeiters und wird in der Regel auch von einer anderen Instanz im Unternehmen definiert. Während die Rolle eines Mitarbeiters durch dessen Stellenbeschreibung festgelegt wird und demnach von der Personal- und Organisationsabteilung vergeben werden kann, wird die Berechtigung für einen bestimmten Postleitzahlenbereich in der Fachabteilung festgelegt werden.

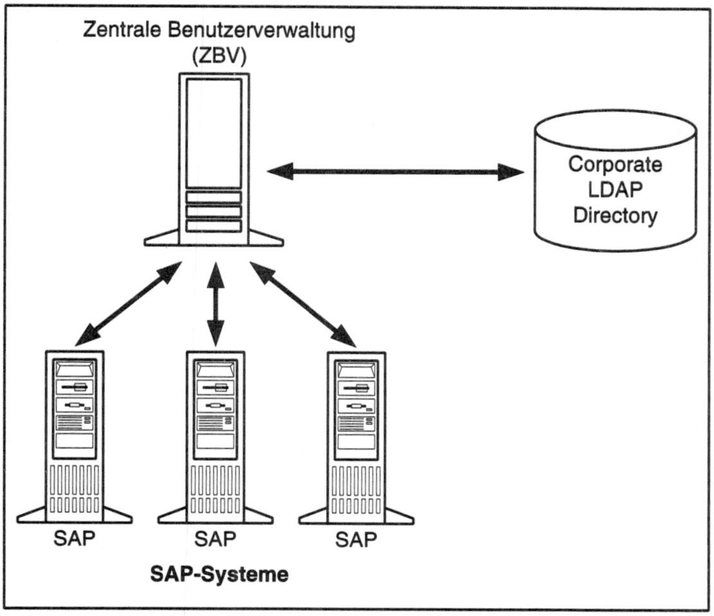

Abbildung 6.2 Zentrale Benutzerverwaltung

6.1.2 User Mapping

Wie im vorherigen Abschnitt beschrieben, existieren in gewachsenen Umgebungen unterschiedliche Anwendungen mit unterschiedlichen dezentralen Benutzerverwaltungen. Dies hat meist zur Folge, dass die Benutzernamen in den verschiedenen Systemen ebenfalls unterschiedlich sind. Dies kann sogar bei gleichen Anwendungen, wie zum Beispiel bei den SAP R/3-Systemen vorkommen. Idealerweise ist der Benutzername in allen Systemen und damit auch in allen SAP R/3-Systemen gleich. In aller Regel ist dies jedoch nicht der Fall. Um über das Unternehmensportal auf alle Anwendungen zugreifen zu können, ohne sich jedes Mal erneut mit einem Benutzernamen und Passwort anmelden zu müssen (siehe dazu auch die Überlegungen aus Kapitel 3), sollte das Unternehmen die Vorteile einer zentralen Benutzerverwaltung nutzen. Im Zusammenhang mit einem Unternehmensportal kann die Pflege der User Mapping-Tabelle auch den Benutzern übertragen werden. Jeder Benutzer trägt im »seinem« Unternehmensportal alle seine Benutzernamen aus den unterschiedlichen Systemen ein. Dabei können auch die entsprechenden Passwörter mit abgelegt werden. Das Unternehmensportal oder eine zusätzliche Software wie beispielsweise das SecureLogin von Novell erkennt nun bei der Benutzung des Portals bzw. bei Zugriff einer Anwendung, dass hierfür ein anderer Benutzername existiert. Je nachdem, wie das System an das Unternehmensportal angeschlossen ist, kann jetzt auf die Anwendung über einen Single Sign-On-Mechanismus zugegriffen werden.

6.2 Rollenverwaltung

Der Begriff *Rolle* hat in unterschiedlichen Zusammenhängen unterschiedliche Bedeutungen. Man unterscheidet drei Arten von Rollen:

- die organisatorische Rolle
- die technische Rolle
- die Portalrolle

6.2.1 Die organisatorische Rolle

Aufgaben im Unternehmen

Die organisatorische Rolle wird von der Personalabteilung bei der Einstellung eines neuen Mitarbeiters vergeben. Dieser Rolle sind ganz bestimmte Aufgaben im Unternehmen zugeordnet. So hat zum Beispiel ein Manager aus dem Einkauf Budget- und Personalverantwortung. Er hat die Berechtigung, im Namen des Unternehmens Verträge abzuschließen und kann natürlich Waren einkaufen. Die Rollenverantwortung der organisatorischen Rolle liegt also bei der Personalabteilung. Die organisatorische Rolle ist einem oder mehreren Mitarbeitern fest zugeordnet, kann sich aber – bezogen auf den Mitarbeiter – bei einem Stellungswechsel ändern (Rollenwechsel).

6.2.2 Die technische Rolle

Benutzerstammsätze

Für die Anmeldung an einem SAP-System muss ein Benutzerstammsatz existieren. Über diesen Benutzerstammsatz wird festgelegt, welche technische Rolle dem Benutzer zugeordnet ist, also welche Aktivitäten im Benutzermenü angezeigt und welche Berechtigungen dem Benutzer eingeräumt werden. Benutzerstammsätze sind mandantenabhängig, d.h., für jeden Mandaten in den einzelnen SAP-Systemen müssen eigene Benutzerstammsätze gepflegt werden. Die SAP bezeichnet diese Rollen auch als *Einzelrollen*. Darüber hinaus gibt es auch noch Sammelrollen, die im Gegensatz zu Einzelrollen aber keine Berechtigungen enthalten.

Damit der neue Mitarbeiter aus dem Einkauf auch seine Aufgaben wahrnehmen kann, benötigt er im SAP-System einen Benutzerstammsatz mit den entsprechenden Berechtigungen. Im Benutzerstammsatz werden ihm dazu über eine oder mehrere Rollen ein Benutzermenü und die entsprechenden Berechtigungen zugeordnet. SAP liefert eine Reihe von vordefinierten Rollen aus. Diese können an die Bedürfnisse des Unternehmens angepasst werden. Folgende Beispiele für vordefinierte technische Rollen seien angeführt:

- Berechtigungsdatenverwalter (SAP_BC_AUTH_DATA_ADMIN)
- Berechtigungsprofilverwalter (SAP_BC_AUTH_PROFILE_ADMIN)
- Benutzerverwalter (SAP_BC_USER_ADMIN)
- ABAP-Entwickler (SAP_BC_DWB_ABAPDEVELOPER)

6.2.3 Die Portalrolle

Zugriff auf System

Die dritte Rolle im Zusammenhang mit Unternehmensportalen ist die Portalrolle. Sie beschreibt, auf welche Systeme, Anwendungen und Informationen der Benutzer Zugriff haben darf und welche ihm im Unternehmensportal angezeigt werden. Idealerweise bezieht sich die Portalrolle auf die organisatorische Rolle. Das heißt, es existieren immer eine Reihe von Portalrollen, die einem Benutzer zugeordnet werden. Ein Mitarbeiter hat immer die Portalrolle »Mitarbeiter«. Dabei kann ihm zusätzlich die Portalrolle seiner Abteilung und die einer bestimmten Gruppe, der er angehört, zugeordnet werden. Darüber hinaus hat er eventuell auch noch ganz spezielle Aufgaben, mit denen nur er oder sein Vertreter betraut ist. Aufgabe des Portaladministrators ist es nun, diese Portalrollen so zu vergeben, dass es innerhalb derselben nur wenige Überschneidungen gibt. Denn, wie gesagt, die Portalrolle regelt die Navigation innerhalb der Portalseite. Sollten zwei Portalrollen den gleichen Inhalt haben und zudem dem gleichen Benutzer zugeordnet werden, würde der Benutzer die Einträge in seiner Navigation doppelt sehen.

6.2.4 Rollenverwaltung bei SAP

Die Rollenverwaltung findet beim SAP Enterprise Portal im *Portal LDAP Directory* statt. Im *Corporate LDAP Directory* werden die Benutzer verwaltet und im *Portal Content Directory* die benutzerabhängigen Portaleinstellungen (diese liegen in keinem Verzeichnis, sondern in einer Datenbank bzw. in der File-Struktur).

Logische Dienste

In Unternehmensportalen der SAP ist eine Rolle eine Sammlung von logischen Diensten zum Zugriff auf unterschiedliche Informationen und Anwendungen. Greift ein Anwender auf das Portal zu, werden die logischen Dienste in real existierende Anwendungen wie beispielsweise URLs umgewandelt und im Portal dargestellt. Die Portalrollen eines Anwenders bestimmen das Erscheinungsbild der Portaloberfläche.

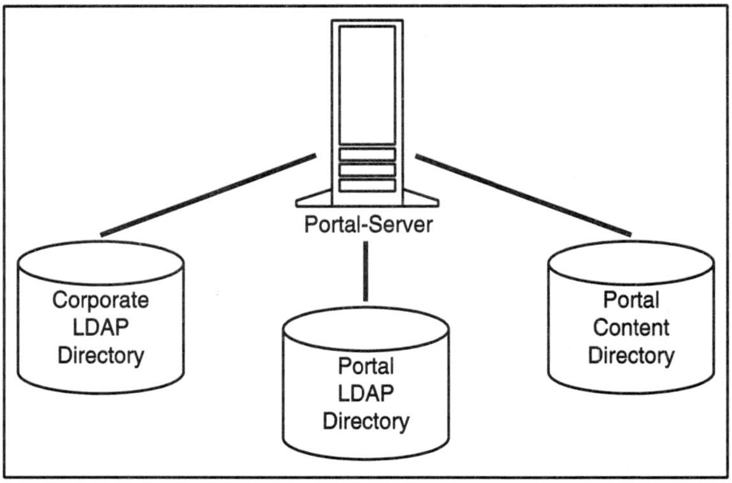

Abbildung 6.3 Rollenverwaltung im Enterprise Portal

Die Rollen werden in einem zentralen Verzeichnis gespeichert. Dies kann ein eigenständiges Portal-Directory oder wahlweise das Corporate Directory sein. Die Zuordnung einer Rolle zu einem Benutzer kann manuell durch den Administrator geschehen. Es ist jedoch auch eine automatische Rollenzuordnung möglich, basierend auf den Zuständigkeiten und Organisationsstrukturen, die im Personalsystem vorhanden sind.

Im Gegensatz zum ehemaligen Rollenkonzept in SAP-Systemen, das eine enge Verbindung zwischen einer Rolle und den notwendigen Berechtigungen vorsah, besteht diese enge Verbindung im SAP Enterprise Portal nicht mehr, da das Verfahren bei systemübergreifenden Arbeitsprozessen sehr aufwendig zu administrieren ist.

Aus Sicherheitsgründen sollte die Berechtigungsprüfung auch bei Einsatz eines Portals weiterhin im Backend-System erfolgen und nicht ausgelagert werden. Das Portal realisiert hier nur eine Vorselektion der verfügbaren Anwendungen. Daher verbleiben die Berechtigungsprofile weiterhin in den R/3-Systemen.

6.2.5 Erstellen von Rollen beim SAP Enterprise Portal

Das Erstellen von Rollen innerhalb der Rollenverwaltung beim SAP Enterprise Portal erfolgt in sechs Schritten:

Rollen definieren

1. Zunächst müssen Rollen definiert werden, die beim Enterprise Portal aus logischen Services bestehen. Ein logischer Service besteht immer aus einem physischen Service, beispielsweise einer Transaktion oder

einem Report in einem R/3-System, und basiert auf einer URL. Neben SAP-Systemen können auch Nicht-SAP-Systeme in eine Rollendefinition aufgenommen werden.

2. Im zweiten Schritt müssen Verantwortungen (Zuständigkeiten) definiert werden. Verantwortungen sind rollenspezifisch. Ein Vertriebsmitarbeiter hat zum Beispiel bestimmte Verantwortungen in den Vertriebssystemen des Unternehmens, nicht jedoch in Bezug auf die Logistikmodule. Die Verantwortungen werden direkt in den Anwendungsmodulen (beispielsweise Personal, Finanzen oder Controlling) definiert. Das Unternehmensportal nutzt die Verantwortungen nicht, da für das Portal alleine die Rollenzugehörigkeit ausschlaggebend ist. Sie sind aber erforderlich, um hiervon die Berechtigungsprofile für die Komponentensysteme abzuleiten.

Verantwortungen definieren

3. Im dritten Schritt werden die Benutzerdaten aus dem HR-System in das Verzeichnis publiziert.

Daten publizieren

4. Die Zuordnung der Rollen zu den Benutzern wird im vierten Schritt entweder manuell durch den Administrator im Portal durchgeführt, oder die Zuordnung kann alternativ auch im SAP Organisational Management bzw. durch Einsatz eines externen Tools durchgeführt werden. Die Benutzer-Rollenzuordnung wird im Verzeichnis gespeichert.

Zuordnen der Rollen

5. Im fünften Schritt werden die Verantwortungen aus den Anwendungssystemen in den Verzeichnisdienst veröffentlicht und dort als Attribute der Anwender gespeichert.

Verantworung publizieren

6. Die Berechtigungen in den Komponentensystemen werden im sechsten Schritt erzeugt. Hierzu sind neben den Anwenderinformationen aus dem HR-System auch die Rollenzuordnung und die Verantwortungen in den Komponentensystemen erforderlich. Alle diese Informationen können aus dem Verzeichnis gelesen und die Berechtigungen entsprechend generiert werden.

Berechtigungen im Komponentensystem

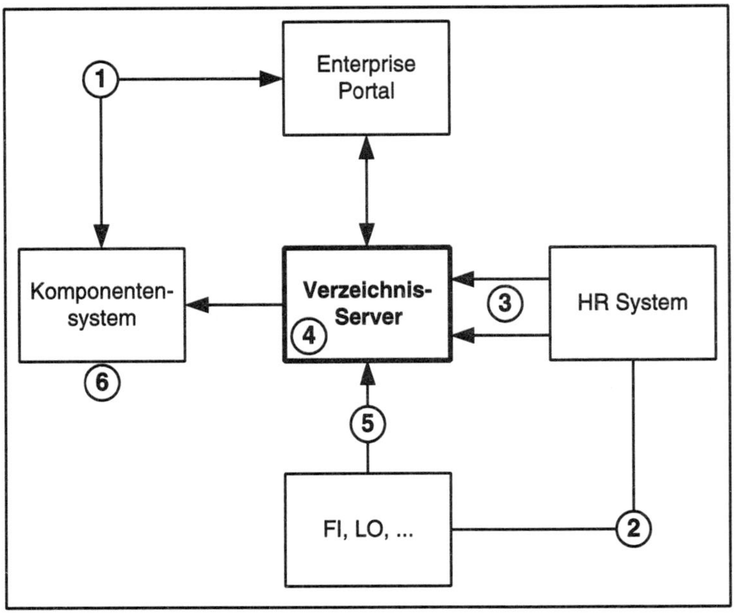

Abbildung 6.4 Erstellen von Rollen im SAP Enterprise Portal

6.3 Verzeichnisdienste

Verzeichnisdienste gestatten unterschiedlichen Anwendungen innerhalb eines Unternehmens den Zugriff auf gemeinsam genutzte Informationen, die zentral gespeichert werden. Die gemeinsam genutzten Informationen, die üblicherweise in diesem »Adressbuch« abgelegt werden, sind beispielsweise:

- Benutzerdaten und Sicherheitsinformationen
- Berechtigungen für verschiedene IT-Systeme
- Public Key-Zertifikate
- Drucker-Informationen
- Informationen zu IT-Systemen (Konfigurationen)

Standard X.500

X.500 ist der Standard für einen globalen, verteilten Verzeichnisdienst, der Informationen über unterschiedlichste Objekte enthalten kann. Hierbei kann es sich um reale Objekte wie einen Anwender oder einen Drucker im Netzwerk handeln, es können aber auch logische Objekte wie eine Benutzergruppe definiert werden. Jedes Objekt kann eindeutig über seinen *Distinguished Name* (DN) identifiziert werden, der quasi der Schlüssel des Objektes innerhalb des Verzeichnisses ist. Jedes Objekt ist einem Knoten innerhalb des Verzeichnisbaums (*Directory Information*

Tree, DIT) zugeordnet. Ebenso stellt jeder Knoten der Baumstruktur selbst ein Objekt dar. Der Verzeichnisbaum unterteilt sich in seiner Wurzel in Teilbäume für Länder, Standorte, Organisationen und organisatorische Einheiten.

Schema und Schemaerweiterung

Verzeichnisdienste verfügen über ein Regelwerk, das so genannte *Verzeichnis-Schema*. Mit dem Schema kann kontrolliert werden, welche Informationen in welcher Form im Verzeichnis abgelegt werden. Durch so genannte *Schemaerweiterungen* ist es dem Administrator des Verzeichnisses zudem möglich, das Schema an die individuellen Bedürfnisse eines Unternehmens anzupassen und neue Objektklassen im Verzeichnis anzulegen oder bestehende Klassen um zusätzliche Attribute zu erweitern.

Distinguished Names

Die hierarchische Gliederung des DITs führt zu Distinguished Names, die die Position eines Objektes innerhalb der Baumstruktur – beginnend bei der Wurzel – beschreiben. Der Distinguished Name von Guido Schneider bei der SecurIntegration GmbH würde demnach so aussehen:

```
cn=Guido Schneider, o=SecurIntegration GmbH, c=DE
```

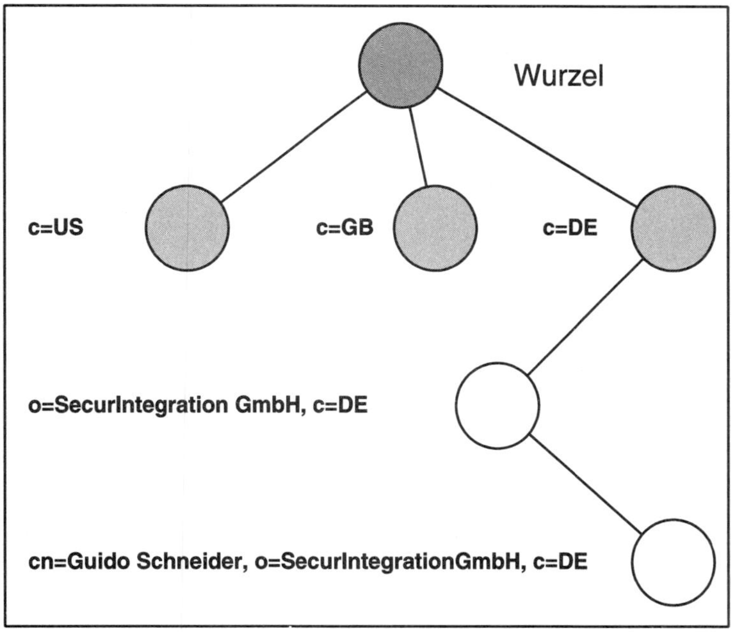

Abbildung 6.5 Struktur des Verzeichnisbaums

Der X.500-Verzeichnisdienst kann ein über mehrere Server verteiltes System sein. Jeder Server verfügt über die Daten eines einzelnen Teilbaums des Gesamtverzeichnisses und benötigt außerdem Informationen über andere Server im Verzeichnis. Erhält ein Server eine Anfrage, die er selbst nicht beantworten kann, befragt er entweder selbst den entsprechenden Server – dieser Mechanismus wird als *Chaining* bezeichnet – oder er verweist den Client an den entsprechenden Server, was als *Referral* bezeichnet wird. Hierdurch ist eine Navigation über mehrere Server innerhalb des Gesamtverzeichnisses gewährleistet.

DAP und LDAP Zusammen mit dem X.500-Standard wurde das Zugriffsprotokoll DAP (*Directory Access Protocol*) definiert. Die erwies sich jedoch schnell als zu mächtig, um sich in der Praxis durchsetzen zu können. Der Aufwand und die erforderliche Prozessorleistung waren zu hoch, um das Protokoll auf Clients zu implementieren. In der Folge kam es zur Spezifikation des *Lightweight Directory Access Protocols* (LDAP), das als »leichtgewichtige« Alternative zum DAP zu einer stärkeren Verbreitung von Verzeichnisdiensten beigetragen hat. LDAP bietet gegenüber DAP insbesondere folgende Vorteile:

- Es verwendet TCP/IP als Trägerprotokoll.
- Die Kodierung der Daten ist einfacher, da überwiegend Textstrings als Datenformat verwendet werden.
- Es stehen nur die wichtigsten Funktionen von X.500 zur Verfügung.

Die ersten Implementierungen des LDAP Directory Server (LDAP-Server) dienten hauptsächlich als Umsetzer zwischen LDAP und DAP. Der LDAP-Server nahm eine Anfrage von einem Client entgegen und sendete anschließend eine entsprechende DAP-Anfrage an den X.500-Verzeichnisdienst. Die Antwort wurde dann wieder über LDAP an den Client gesendet. Der LDAP-Server hat also keine eigenen Daten gespeichert, sondern setzt lediglich das Protokoll um und ermöglicht damit LDAP-Clients den Zugriff auf das X.500-Verzeichnis.

LDAP-Server Der erste Stand-alone-LDAP-Server, der eigene Daten über LDAP zur Verfügung stellen konnte, entstand an der University of Michigan und bildete die Grundlage für einige kommerzielle LDAP-Server. Hierzu zählen beispielsweise der *Netscape Directory Server* beziehungsweise dessen Nachfolger der *iPlanet Directory Server*. Andere Hersteller wie Novell oder Microsoft entwickelten keine reinen LDAP-Server, sondern erweiterten ihre proprietären Verzeichnisdienste um LDAP-Schnittstellen (siehe Abbildung 6.6).

LDAPv3 Der LDAP-Server war zunächst nur als Gateway vorgesehen, das zwischen den Protokollen LDAP und DAP als Vermittler dienen sollte und hierbei die Verfolgung von Referrals für den Client übernehmen konnte. Diese

Einschränkungen und spätere Änderungen am X.500-Standard führten zu Überarbeitungen am LDAP-Standard. Inzwischen existiert LDAP in der Version 3 und bietet einige Erweiterungen gegenüber der Ursprungsversion. Neben Referrals, die den Client auf andere Verzeichnisserver umleiten und so erst den Betrieb von Stand-alone-Servern möglich machen, wurden insbesondere bei der Sicherheit und Authentifizierung Erweiterungen eingebaut. Zudem können LDAPv3-Server Metainformationen über die Datenstrukturen im Verzeichnis bereitstellen. Es ist daher nicht mehr erforderlich, dass der Client von vornherein die genaue Struktur des Verzeichnisses kennen muss.

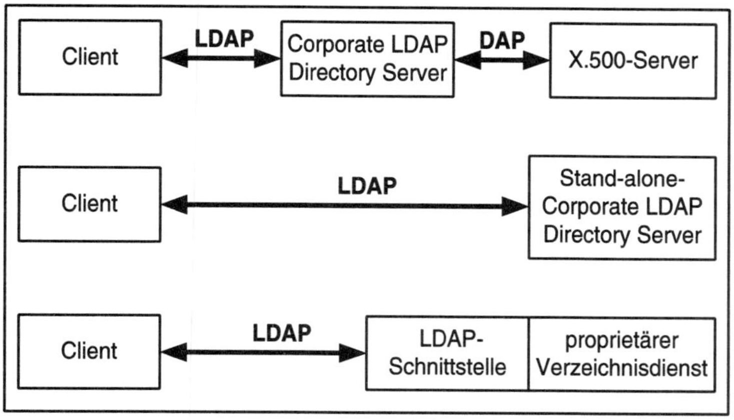

Abbildung 6.6 LDAP-Gateway, Stand-Alone Corporate LDAP Directory Server und proprietäre Verzeichnisdienste mit LDAP-Schnittstelle

LDIF

Zusammen mit dem LDAP-Protokoll wurde auch das *LDAP Data Interchange Format* (LDIF) definiert. Mittels LDIF können Daten aus LDAP-Verzeichnissen exportiert und in andere Server importiert werden. Ebenso können Änderungen am Verzeichnis wie beispielsweise Schemaerweiterungen über das standardisierte LDIF-Format vorgenommen werden.

Corporate LDAP Directory

Das LDAP-Protokoll hat sich als gängiger Standard für den Zugriff auf Corporate LDAP Directories etabliert und wird von vielen Anwendungen unterstützt. Typische Client-Anwendungen, die einen Corporate LDAP Directory nutzen können, sind beispielsweise die Adressbücher von E-Mail-Programmen oder Verschlüsselungsprogramme in Public Key-Infrastrukturen, die über das Verzeichnis auf die öffentlichen Schlüssel anderer Anwender zugreifen können (siehe Abbildung 6.7).

SAP LDAP Connector Unternehmensportale der SAP nutzen z.B. LDAP-basierte Verzeichnisdienste zur Benutzer- und Rollenverwaltung. Über den SAP LDAP Connector können auch SAP R/3-Systeme in einer komplexen SAP-Landschaft auf das Corporate LDAP Directory zugreifen. Die benutzerspezifischen Daten können demnach in dem zentralen Verzeichnis gespeichert werden, wodurch sich Redundanzen und Inkonsistenzen vermeiden lassen.

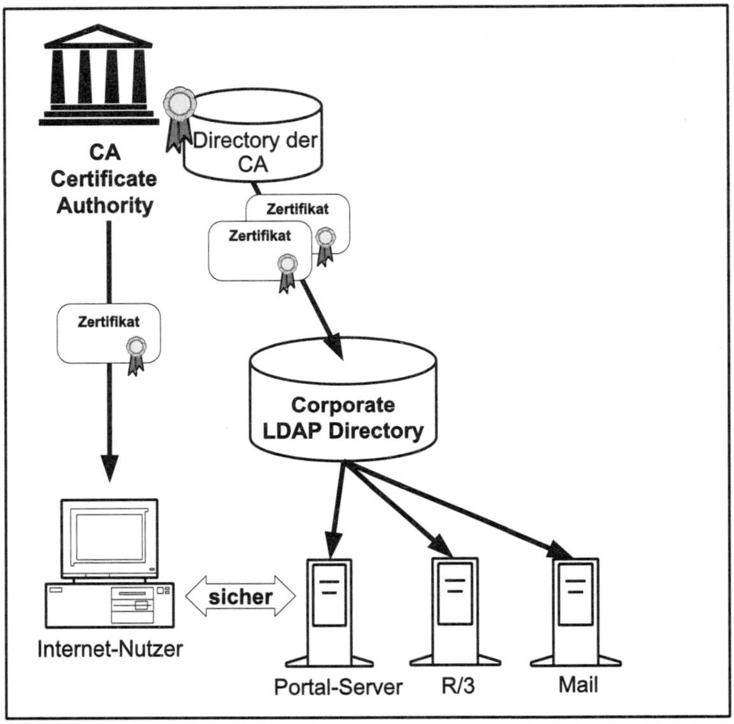

Abbildung 6.7 Zertifikatsmanagement in Verzeichnissen

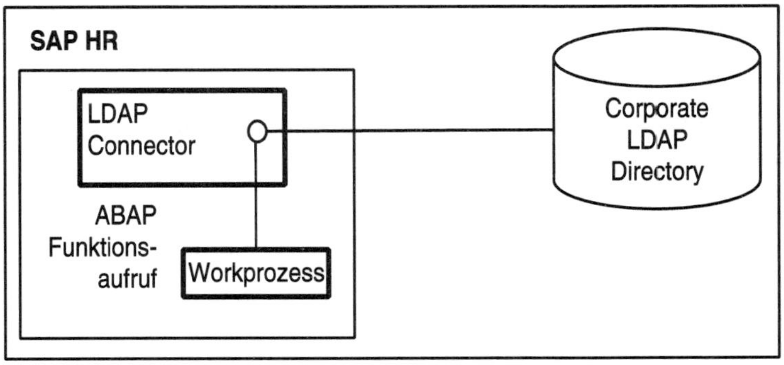

Abbildung 6.8 LDAP Connector

Die Synchronisationsfunktion des LDAP Connectors erlaubt eine individuelle Anpassung an das jeweilige Verzeichnisschema, wodurch die Anpassungen rein SAP-seitig durchgeführt werden können. Änderungen am Schema des Verzeichnisses erübrigen sich. Greifen mehrere SAP R/3-Systeme auf das Corporate LDAP Directory zu, ist ein Informationsfluss und Synchronisationsprozess über mehrere SAP R/3-Systeme hinweg und auch in Fremdsysteme möglich.

6.4 Corporate LDAP Directory für SAP Unternehmensportale

In Unternehmensportalen der SAP stellt das Corporate LDAP Directory eine wichtige Komponente dar – hierüber wird die Administration der Benutzer und deren Zuordnung zu den Portalrollen geführt. Zum Zeitpunkt des Erscheinens dieses Buches wurden vom SAP Enterprise Portal drei Corporate LDAP Directories unterstützt, über die die Benutzer- und Rollenverwaltung abgewickelt werden kann:

- iPlanet Directory Server
- Microsoft Active Directory Services
- Novell eDirectory

Im Folgenden sollen diese Produkte kurz vorgestellt werden.

6.4.1 iPlanet Directory Server

Der iPlanet Directory Server ist das Nachfolgeprodukt des Netscape Directory Servers. Im Gegensatz zu Microsoft Active Directory Services und Novell eDirectory handelt es sich beim iPlanet Directory Server nicht um ein *Network Operating System Directory* (NOS). Die Verzeichnisfunktionalität ist also nicht speziell für die Anforderungen eines Netzwerkbetriebssystems entwickelt worden, sondern eher auf den Einsatz als unternehmensweites Enterprise Directory oder unternehmensübergreifendes E-Business Directory hin optimiert.

iPlanet Directory Server ist sowohl für Microsoft Windows als auch für verschiedene Unix-Versionen verfügbar. Das Corporate LDAP Directory unterstützt den LDAPv3-Standard vollständig, sodass beliebige Anwendungen als LDAP-Client auf das Verzeichnis zugreifen können, ohne dass Änderungen am Client erforderlich wären.

Master/Consumer-Modell Das Verzeichnis basiert auf einem Master/Consumer-Modell, bei dem die Replikation der Daten von einem zentralen Master- an beliebig viele Consumer-Server verteilt wird. Aktualisierungen der Consumer-Server werden immer vom Master-Server initiiert. Findet auf einem Consumer-Server eine Datenänderung statt, wird diese zunächst an den Master weitergeleitet und von dort an alle Consumer verteilt. Hierbei werden immer nur Delta-Informationen ausgetauscht, wodurch die Netzwerklast gering bleibt.

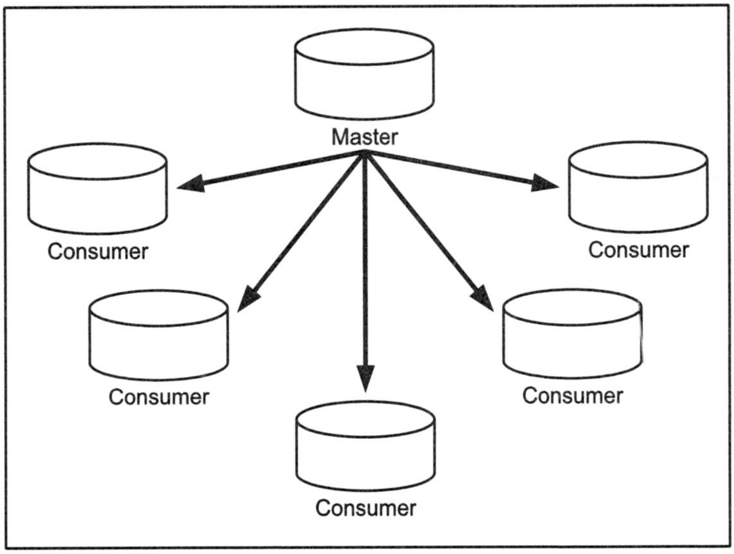

Abbildung 6.9 iPlanet Architektur

Multimaster-Architektur Auch bei Ausfall des zentralen Master-Servers stehen die Daten der LDAP-Client-Anwendungen weiterhin auf den Consumer-Servern zur Verfügung. Da es sich bei LDAP um ein Protokoll handelt, das überwiegend für Lesezugriffe eingesetzt wird, können die Anwendungen somit weiterarbeiten. Es erfolgt in diesem Fall jedoch kein Abgleich von Änderungen, was die anderen Server betrifft. Ein solcher Abgleich findet erst dann statt, wenn der Master wieder verfügbar ist. Um die Replikation auch bei Ausfall des Masters zu gewährleisten, kann eine so genannte *Multimaster-Architektur* realisiert werden, bei der zwei Master-Server verfügbar sind, um eine höhere Ausfallsicherheit der zentralen Masterrolle zu erreichen (siehe Abbildung 6.10).

Kaskadierung Als weitere Möglichkeit bietet iPlanet die Option, die Verzeichnis-Server zu kaskadieren. In diesem Fall ist ein Consumer-Server gleichzeitig Master-Server für weitere untergeordnete Consumer-Server. Durch die Möglichkeit, das Verzeichnis zu partitionieren, ist es zudem möglich, dass nicht alle Server Informationen über das gesamte Verzeichnis, sondern lediglich über einen Teil desselben vorhalten.

Die Kommunikation zwischen LDAP-Client und -Server sowie die Synchronisation zwischen Master und Consumer-Servern über unsichere Netze kann über SSL/TLS gesichert erfolgen. Zur Authentifizierung beim Zugriff auf das Verzeichnis können neben Benutzername und Passwort oder digitalen Zertifikaten gemäss X.509-Standard auch beliebige andere Authentifizierungsmechanismen über den *Simple Authentication and Security Layer* (SASL) eingebunden werden.

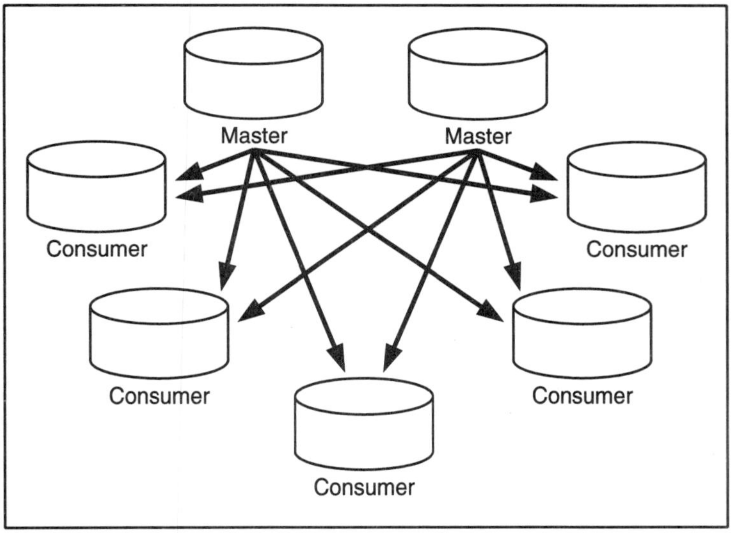

Abbildung 6.10 iPlanet Multimaster-Architektur

6.4.2 Microsoft Active Directory Services

Die wohl jüngste Implementierung eines LDAP-fähigen Corporate Directorys stammt aus dem Hause Microsoft und heißt Active Directory Services (ADS). Die Einführung dieses Dienstes erfolgte mit der Markteinführung von Windows 2000. Um auch entsprechende Unterstützung der neuen Technologie durch die Entwickler- und Anwendergemeinde zu gewinnen, wurde ein Zugriff auf Teilbereiche der neuen Funktionalitäten bereits vorab unter dem Vorgänger-Betriebssystem NT 4.0 zur Verfügung gestellt. Dazu wurde das so genannte *Active Directory Service Interface*, die COM-basierte Schnittstelle für die Active Directory Services, bereits in die Vorgängerversion integriert.

Jet-Engine Die dem ADS zugrunde liegende Technik ist vom Hause Microsoft schon in anderen Produkten benutzt worden und kann daher nicht als komplett neue Entwicklung gewertet werden. Das ADS basiert auf der so genannten *Jet-Engine*, die beispielsweise für die Datenbank des DHCP-Servers oder des WINS-Servers aus dem gleichen Hause genutzt wurde. Das Produkt Microsoft Exchange greift gleichfalls zu dieser Technik bei Speicherung der Anwenderdaten bzw. beim Zugriff auf dieselben.

Domänen Die Struktur des Corporate LDAP Directorys von Microsoft besteht aus Domänen, die ihrerseits eine oder mehrere so genannte *Organizational Units* (OU) enthalten können. Jede Domäne wird durch einen Server, den so genannten *Domaincontroller*, gebildet. Eine weitere Rolle, die in dieser Struktur bereits vorhanden sein muss, ist der *Global Catalog Server* (GC), der die im ADS-Verzeichnis gespeicherten Informationen für diese Domäne vorhält und verwaltet. Die Bildung von OUs verlangt nach keinen derartigen technische Anforderungen und dient zur Strukturierung der gebildeten Domäne und der darin enthaltenen Ressourcen sowie zum Delegieren von administrativen Tätigkeiten an die OU. Werden diese OUs sinnvoll eingesetzt, dann kann z. B. durch die an die Unternehmensorganisation angelehnte Modellierung der OUs eine höhere Flexibilität und Eigenständigkeit der einzelnen Abteilungen in einem vom Unternehmen vorgegebenen Rahmen erreicht werden. Dadurch können Arbeitsabläufe optimiert und Zeit bzw. Ressourcen eingespart werden.

Bäume und Wurzeln Domänen können ihrerseits wiederum zu einem so genannten *Tree* (Baum) zusammengefasst werden. Dabei entsteht eine strenge, hierarchische Struktur, die eine Domäne als Wurzel und darunter entsprechende Zweige hat, in denen sich untergeordnete Domänen befinden. Jede der im ADS Tree enthaltenen Domänen hat mindestens einen Domaincontroller, der seinerseits Informationen für den Global Catalog hält. Dadurch werden die Informationen über die Elemente der einzelnen OUs domänenübergreifend verfügbar, und ein Benutzer kann diesen GC nach entsprechenden Objekten durchsuchen, wie z.B. nach einem anderen Benutzer, einem Computer, einem Drucker, einer Freigabe usw. Die Verbindung der einzelnen Domänen in diesem Baum wird durch so genannte *Kerberos-Trusts* hergestellt, d.h., zur Sicherung der Übertragung und zur gegenseitigen Authentifizierung wird das Kerberos-Verfahren eingesetzt, das in Kapitel 7 näher beschrieben wird. Eine Voraussetzung für die Bildung eines ADS Trees ist eine durchgängige DNS-Architektur. Das bedeutet, dass die Root-Domäne den DNS-Namen vorgibt und die jeweiligen Domänen-Instanzen darunter jeweils einen Zusatz zu diesem Domänen-Namen hinzufügen. Heißt die Root-Domäne beispielsweise *Portal.com*, könnten die untergeordneten Domänen *Eu.Portal.com*, *Amerika.Portal.com* usw. heißen. Deren untergeordnete Domänen lauten entsprechend *Germany.Eu.Portal.com* oder *USA.Amerika.Portal.com*.

Domänen und »Wälder«

Es besteht aber trotzdem die Möglichkeit, Domänen mit unterschiedlicher Domänen-Struktur mit ADS zusammenzufassen. Dazu bilden diese unterschiedlichen Domänen jeweils ihre eigenen Bäume. Die konsequente Weiterführung dieser Nomenklatur mündet bei einer wiederum über Kerberos realisierten Verbindung dieser Bäume zu einem Wald, dem *ADS Forest*. Alle Elemente eines solchen Waldes nutzen das gleiche Schema und können auf den Global Catalog zugreifen. Da, wie Sie in Kapitel 7 lesen werden, Kerberos auf einer *Trusted Third Party* beruht, muss auch diese Architektur mit nur einer Domäne an der Spitze zumindest für die Vertrauensverbindungen in eine Hierarchie überführt werden. Die Rechtevergabe für diesen Wald kann von dieser Domäne erfolgen, was bei der Anbindung von Partnern oder Kunden an eine derartige ADS-Struktur berücksichtigt werden muss.

Der GC enthält zumindest auszugsweise alle Informationen aus allen Domänen einer derartigen Struktur, sei es nun ein ADS Tree oder ein ADS Forest. Auszugsweise bedeutet in diesem Fall, dass die Information über die Einträge des verwendeten Schemas vorhanden ist und aus diesem Schema einzelne, wichtige Daten darüber hinaus vorgehalten werden, wie z. B. die Namen der Benutzer oder der zur Verfügung stehende Drucker. Der erste Domaincontroller einer Domäne hält standardmäßig den GC vor. Die einzelnen Domaincontroller der Domänen innerhalb eines ADS Trees oder ADS Forests müssen die im GC gehaltenen Informationen über Kerberos-gesicherte Verbindungen synchronisieren, damit diese zentralen Informationen in jeder Domäne lokal vorhanden sind. Diese Vorgehensweise bringt mehrere Vorteile. Zum einen sind die Antwortzeiten auf Anfragen, die an die im GC gehaltenen Informationen gerichtet werden, entsprechend kurz, da der Domaincontroller meist mit einer entsprechenden Anbindung zu den Client-Systemen positioniert wird. Des Weiteren sind die Informationen aus dem GC auch bei Wegfall der Verbindung zwischen den Domänen eines Baumes oder Waldes noch lokal verfügbar, wodurch ein Arbeiten in gewohnter Weise möglich bleibt. Die Replikation wird vom Active Directory automatisch gesteuert und bei Änderungen der Architektur, die die Replikation im ADS betreffen, angepasst. Ein direkter Eingriff auf diese Replikationsmechanismen kann nur über zusätzliche Werkzeuge oder direkt in der Registrierungsdatenbank geschehen. Bei umfangreicheren Strukturen kann es ohne eine Optimierung durchaus vorkommen, dass die Replikation Laufzeiten im Stundenbereich aufweist. Prinzipiell basiert der Replikationsmechanismus auf so genannten *Update Sequence Numbers* (USN), die jeder Server bei der Erzeugung eines Objektes diesem in Form einer Tabelle beifügt. Bei der Änderung eines Objektes im ADS-Verzeichnis wird nun diese USN in einem unteilbaren Vorgang inkrementiert und gespeichert. »Unteilbar« bedeutet, dass die Ausführung dieses Vorganges in einem atomaren Schritt geschieht, der eine positive Ausführung beider Operationen zur Folge hat oder aber eine negative Erledigung beider Operationen. Somit kann sichergestellt werden, dass bei mehrfacher, zeitgleicher Änderung eines Objektes keine Überschneidungen entstehen. Die USNs sind Server-spezifisch. Das bedeutet, dass die entsprechenden USN-Werte für jedes Objekt und jeden Replikationspartner protokolliert werden. Wird nun eine Replikation von einem der Replikationspartner eingeleitet, dann werden die USNs entsprechend mit den gespeicherten Werten verglichen, und die höchste Änderung eines Partners wird dann repliziert.

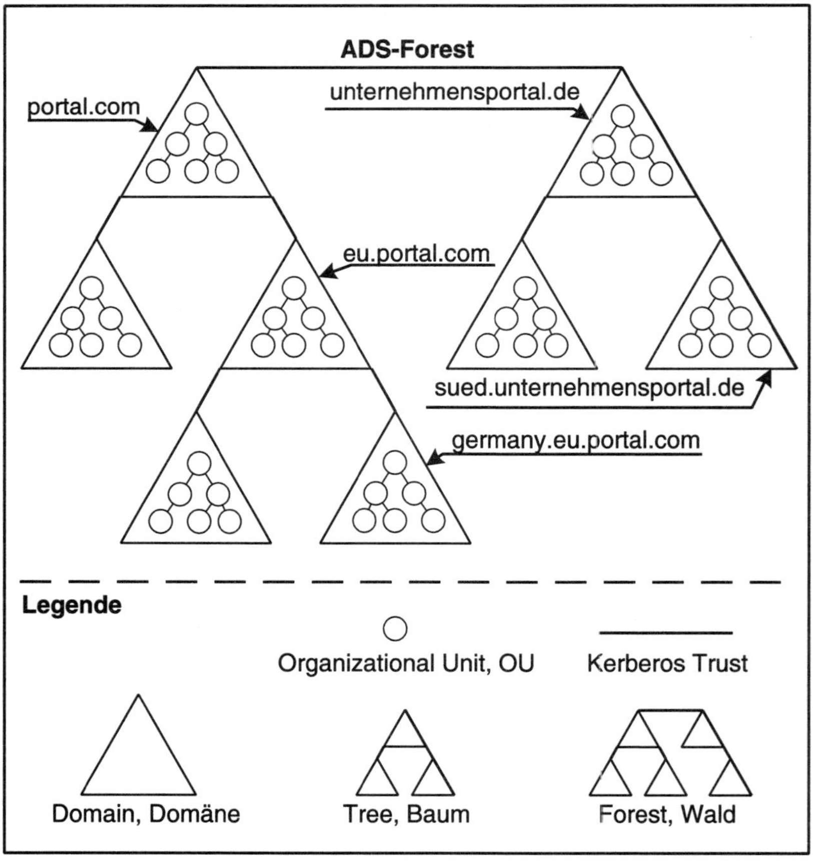

Abbildung 6.11 ADS Forest

Ein weiteres Augenmerk bei Corporate LDAP Directories gilt der Erweiterung des Schemas. Microsoft nutzt hierfür einen Server innerhalb eines ADS-Waldes, der eine besondere Rolle übernimmt: den Schema-Master. Dabei handelt es sich im Standardfall erneut um den ersten Domaincontroller in einem solchen Wald. Pro ADS-Wald existiert jeweils nur ein Schema-Master-Server. Nur an diesem Server können Änderungen im Schema vorgenommen werden, wobei ein Hinzufügen von Objekten und Objektklassen möglich ist, ein Löschen hingegen nicht. Objekte, die im Schema nicht mehr benötigt werden, müssen deaktiviert werden, so dass keine weiteren hinzukommen. Die bereits existierenden Objekte einer solchen deaktivierten Klasse bleiben bestehen und müssen einzeln gelöscht werden. Für das Erweitern des Schemas gibt es das betriebssystemeigene grafische Werkzeug *Active Directory Schema*, das als Snap-in in der *Microsoft Management Console* (MMC) eingebunden wird. Des Weiteren wird ein Kommandozeilen-orientiertes Werkzeug namens LDIFDE mit ausgeliefert, das den Im- und Export über LDIF unterstützt.

Schemaerweiterung bei Microsoft

6.4.3 Novell eDirectory

Ein Veteran unter den Corporate LDAP Directories ist sicherlich Novells eDirectory, derzeit in der Version 8.6 auf dem Markt. Bereits 1992 wurde der Grundstein für dieses Corporate LDAP Directory im Hause Novell gelegt. Unter Novells NetWare 4 wurden diese LDAP-fähigen Dienste noch als freies Zusatzprodukt für die *Novell Directory Services* (NDS) angeboten. Mit NetWare 5 waren diese Dienste bereits als fester Bestandteil integriert. In einem Versionssprung wurde das Novell eDirectory 8.0 auf dem Markt eingeführt, das neben anderen Verbesserung bereits Unterstützung für DNS-Namensräume bot. Mit dem Novell eDirectory 8.5 stand dann ein eigenständiges Produkt für gängige Betriebssystemplattformen (Windows NT/2000, Linux, Novell Netware, Solaris und Tru64 UNIX) zur Verfügung.

Struktur von eDirectory

Das eDirectory ist wie andere Corporate LDAP Directories auch in einer baumartigen Struktur organisiert. Es existieren so genannte *Leaf Objects* (Blattobjekte), die am Ende einer strukturellen Verzweigung stehen und Objekte wie Benutzer, Computer, Drucker oder andere Ressourcen repräsentieren. Da ein solches Blattobjekt die Peripherie eines eDirectory-Baumes darstellt, kann es folgerichtig keine anderen Objekte beinhalten. Es kann aber auch nicht alleine für sich stehen, sondern muss immer einer übergeordneten Struktureinheit zugewiesen werden. Ein *Container Object* stellt eine solche übergeordnete Struktureinheit dar. Container-Objekte können Blattobjekte und/oder andere Container-Objekte beinhalten und sind nicht nur die kleinste Einheit einer so genannten *Partition*, sondern auch die kleinste replizierbare Einheit beim eDirectory.

Directory Service Agent (DSA)

Funktional besteht das Novell-Produkt aus so genannten *Directory Service Agents* (DSAs), welche die eigentliche Hauptkomponente des Corporate LDAP Directory darstellen. In den DSAs werden die Verzeichnisinformationen, Schemainformationen, Replikationsinformationen und die Verzeichnisdaten gehalten. Auf diese DSAs kann über standardisierte Protokolle wie z.B. LDAP oder aber über das Novell-proprietäre Protokoll *Novell Directory Access Protocol* (NDAP) zugegriffen werden. Auf der anderen Seite stehen entsprechende Clients, die Anfragen an dieses Verzeichnis stellen. Das können wiederum LDAP-Clients sein oder aber *Novell Directory Clients*. Ein Directory Client ist eine optional zu installierende Software, die Novell-Produkten wie z.B. der hauseigenen Software ZENworks den Zugriff auf das eDirectory mittels NDAP ermöglicht.

Katalog

Ein Verzeichnis braucht zum Durchsuchen der darin abgelegten Informationen entsprechende Indizes, die so genannten *Kataloge*. In der Standardinstallation wird beim eDirectory ein derartiger Katalog nicht mit angelegt. Ein Administrator kann jedoch generell jedem Objekt eine derartige Indexfunktion hinzufügen. Anschließend wird durch einen geeigneten Verwaltungsdienst daraus der entsprechende Katalog generiert und den Anwendern des Corporate LDAP Directory zur Verfügung gestellt.

Berechtigungskonzept

Das Berechtigungskonzept des eDirectorys sieht eine Vererbung vor. Wenn einem Container-Objekt bestimmte Rechte eingeräumt wurden, können diese Rechte allen darin enthaltenen Objekten (Leafs oder weitere Container Objects) weitervererbt werden. Andere Corporate LDAP Directories bieten eine derartige Berechtigungsvergabe nur für die Blattobjekte selbst und nicht für das entsprechende Pendant zu den Container-Objekten. Gerade das macht aber erst eine Vererbung sinnvoll, und dieser Mechanismus stellt für administrative Zwecke ein nicht zu unterschätzendes Instrumentarium dar. Darüber hinaus sind die Corporate LDAP Directories von Novell sehr flexibel. Denn das soeben beschriebene Berechtigungskonzept zieht sich stringent durch das gesamte eDirectory, was auch neue, beim Auslieferungszustand noch nicht enthaltene Objekte umfasst, die z.B. durch die Installation einer Software, die auf Verzeichnisdienst basiert, oder durch Schemaerweiterungen mittels LDIF-Import dem eDirectory hinzugefügt werden. Darüber hinaus werden die Berechtigungen dynamisch in Listen vorgehalten, so dass eine Änderung in diesem Bereich mit einer Erweiterung der entsprechenden Berechtigungsliste einhergeht. Das bedeutet einen recht geringen Aufwand, zum einen für die einzelnen Objekte, denn diese müssen nicht verändert werden, zum anderen für die Replikation der Verzeichnisinformationen, denn es müssen keine geänderten Objekte repliziert werden, sondern die Replikation beschränkt sich auf eine Liste mit Berechtigungen.

Replikation der Verzeichnisinformation

Die Replikation der Verzeichnisinformation ist bei Novell so gelöst, dass jeder DSA im Stande ist, eine Kopie – in Teilen oder vollständig – des Verzeichnisinhaltes zu speichern. Eine solche Kopie wird *Partition* genannt. Ändert sich die Information in einer Partition oder im Original, wird diese Veränderung durch die miteinander in Kommunikation stehenden DSAs an die entsprechenden Stellen repliziert. Da bei diesem Verfahren nur die Veränderungen an den Informationen gespeichert und nicht generell weitere Kopien der gesamten Information erstellt werden, nennt man dieses Verfahren auch *Delta Replication*. Darüber hinaus wird auch die so genannte *Multimaster-Replikation* unterstützt, mit der Informationen nicht nur an einer Stelle, sondern auch Replikationen selbst änderbar sind. Daraus ergibt sich ein Kollisionsproblem, das immer dann eintritt, wenn zwei oder mehr berechtigte Personen Veränderungen zwar an demselben Objekt, aber an unterschiedlichen Partitionen vornehmen. Werden an einem Objekt an den unterschiedlichen Lokalitäten verschiedene Attributwerte geändert, kann das eDirectory diese Veränderungen bis hinunter zum Attributwert auflösen und die konsolidierte Veränderung entsprechend replizieren. Des Weiteren unterstützt Novell auch Partitionen mit reinem Lesezugriff, in denen aktiv keine Änderung an Objekten vorgenommen werden kann. Veränderte Informationen werden jedoch auch zu diesen »schreibgeschützten« Partitionen hin repliziert.

Grafisches Benutzer-Frontend: ConsoleOne

Für administrative Aufgaben am eDirectory steht *ConsoleOne* als grafisches Benutzer-Frontend zur Verfügung, mit dem prinzipiell alle anfallenden Verwaltungsaufgaben innerhalb des eDirectorys erledigt werden können. Dazu zählt insbesondere die Administration der Verzeichnisinformationen, die zum Corporate LDAP Directory gehörenden Server und die dem eDirectory zugeordneten LDAP-Komponenten. Für die einzelnen Aufgaben, wie z.B. Erweiterung des Schemas, Erstellen einer Partition oder Einrichten einer Replikation, existieren für ConsoleOne entsprechende Snap-ins, die zu diesem Zweck mit eingebunden werden. Des Weiteren können mit Hilfe des Werkzeugs *iMonitor* die entsprechenden Server des eDirectorys browserbasiert überwacht und diagnostiziert werden. Das Werkzeug *Import/Convert/Export* (ICE) ermöglicht einen Datenaustausch von Verzeichnisinformationen über das LDAP-Datenaustauschformat LDIF.

Novells eDirectory unterstützt standardmäßig den gesicherten LDAP-Zugriff über SSL sowie Benutzerauthentifizierung über X.509v3-Zertifikate oder Security Tokens wie etwa Smart Cards.

6.5 Benutzerauthentifizierung

Bei der Benutzerauthentifizierung in LDAP-Verzeichnissen müssen zwei Arten der Authentifizierung voneinander unterschieden werden: die Authentifizierung gegenüber dem Corporate LDAP Directory und die Nutzung des Verzeichnisses zur Authentifizierung eines Anwenders gegenüber einem Drittsystem. Im ersten Fall erfolgt der Zugriff direkt auf das Corporate LDAP Directory, um Daten, die im Verzeichnis abgelegt sind, zu lesen oder zu modifizieren. Dieser Zugriff kann beispielsweise der Zugriff eines SAP R/3-Systems sein, das Daten mit dem Verzeichnis synchronisieren möchte. Hierzu muss sich das SAP-System gegenüber dem Verzeichnis authentifizieren. Dies ist erforderlich, da nicht jede Anwendung auf alle Daten im Verzeichnis Zugriff haben soll. Die Benutzerverwaltung des Corporate LDAP Directorys hat in diesem Fall die Aufgabe, den Zugriff auf das Verzeichnis selbst zu beschränken. Lediglich der Zugriff auf besonders unkritische Daten kann ohne Authentifizierung über ein anonymes Gastkonto erfolgen.

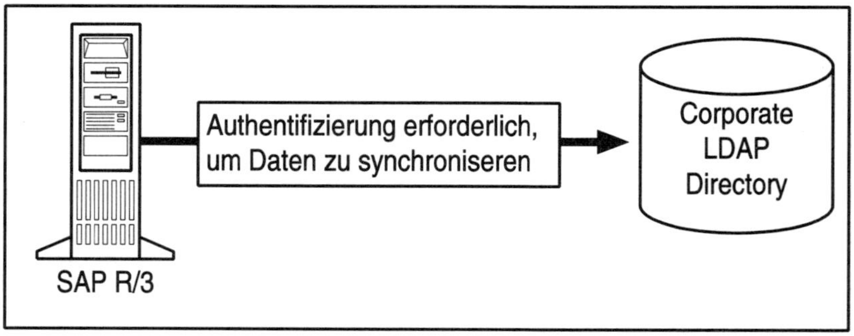

Abbildung 6.12 Authentifizierung gegenüber dem Verzeichnis

Hiervon zu unterscheiden ist der Fall, dass ein Drittsystem – beispielsweise der Portal-Server – auf das Verzeichnis zugreift, um die Anmeldung des Anwenders zu verifizieren. Bei der Anmeldung am Portal-Server gibt der Anwender sein Passwort ein. Da dieses jedoch nicht auf dem Portal-Server selbst, sondern im Verzeichnis gespeichert ist, fragt der Portal-Server am Corporate LDAP Directory an, ob das eingegebene Passwort mit dem im Verzeichnis gespeicherten Passwort übereinstimmt. Meldet das Verzeichnis dem Portal-Server, dass das Passwort richtig ist, kann der Anwender auf das Portal zugreifen.

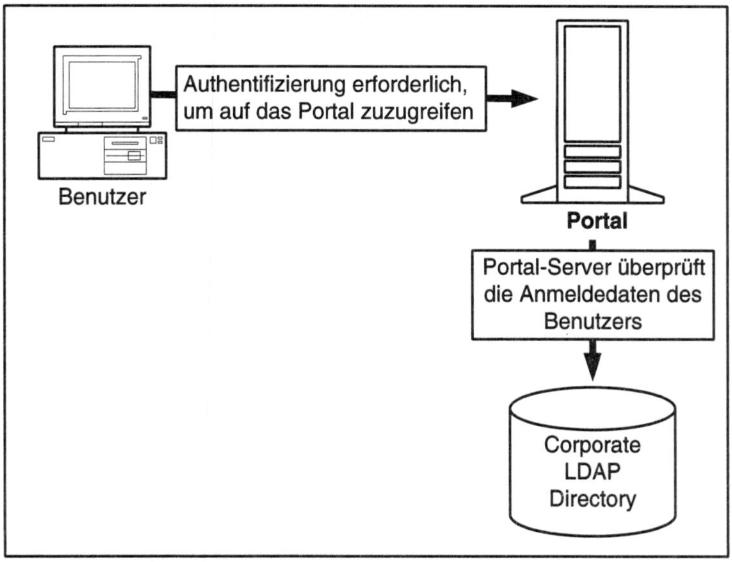

Abbildung 6.13 Authentifizierung gegenüber dem Portal

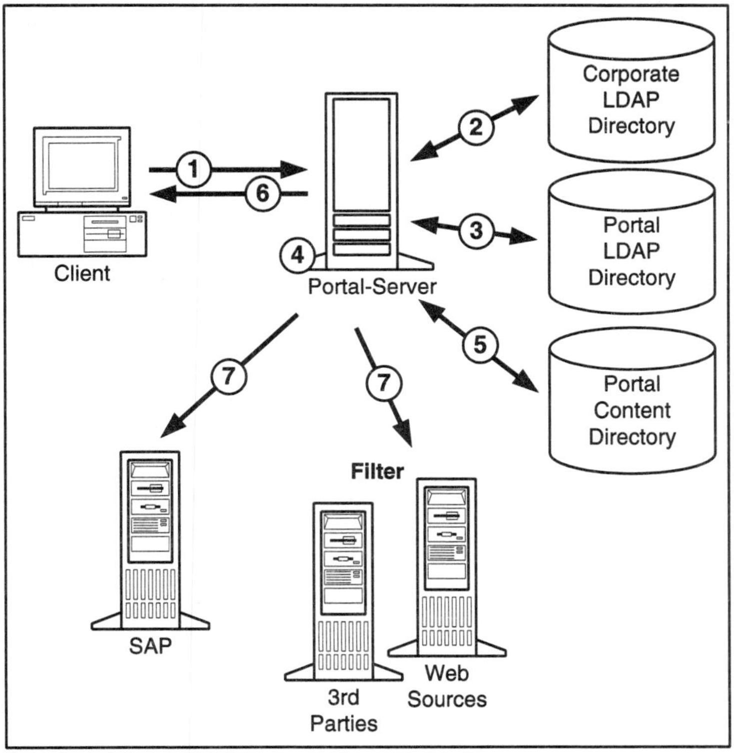

Abbildung 6.14 Anmeldung am Portal und an den Backend-Systemen

Bei der Portalanmeldung werden die folgenden sieben Schritte durchlaufen:

1. Der Benutzer meldet sich z. B. mit Benutzernamen und Passwort am Portal an.
2. Der Portal-Server leitet die Anmeldeinformationen an das Corporate LDAP Directory zur Verifizierung weiter.
3. Nach erfolgreicher Verifizierung lädt der Portal-Server die Rolleninformationen und gegebenenfalls Mapping-Informationen aus dem Portal LDAP Directory.
4. Der Portal-Server erzeugt das SAP Logon-Ticket.
5. Der Portal-Server lädt die Personalisierungsdaten aus dem Portal Content Directory.
6. Der Portal-Server überträgt die »Welcome Page« und das SAP Logon-Ticket an den Client.
7. Beim Zugriff auf das SAP-Backend-System oder das Nicht-SAP-System wird das SAP Logon-Ticket für die Anmeldung vom Browser an das Backend-System zur Authentifizierung mitgeschickt.

Weitere Methoden und Besonderheiten der Authentifizierung werden in Kapitel 7 ausführlicher behandelt.

7 Authentifizierung

Neben dem sicheren Zugriff auf die Portal-Infrastruktur ist ein weiterer Aspekt für die Sicherheit des Unternehmensportals mit entscheidend: die Authentifizierung der Benutzer. In diesem Kapitel sollen unterschiedliche Authentifizierungsmethoden vorgestellt werden, die ein Portalbenutzer zur Anmeldung am Portal verwenden kann oder die bei den eingebetteten Komponentensystemen zum Einsatz kommen.

Die naheliegendste Lösung für eine Authentifizierung, insbesondere bei Single Sign-On-Architekturen, ist eine Anfrage an das zugrunde liegende Betriebssystem. Neben der offensichtlichen Authentifizierung von Benutzern am Betriebssystem können Server herangezogen werden, die spezielle Dienste für die Benutzerauthentifizierung bereitstellen. Derartige Server bieten aufgrund ihres dedizierten Einsatzgebietes eine stärkere und flexiblere Authentifizierung, als es bei Betriebssystemen der Fall ist.

Neben der Betriebssystem-Authentifizierung und der serverbasierten Authentifizierung sind noch weitere, spezielle Authentifizierungsverfahren bekannt, die eine sehr hohe Flexibilität bieten und die Einbindung unterschiedlichster Mechanismen zur Authentifizierung des Anwenders sowie die Implementierung unterschiedlicher Benutzerdatenbanken gestatten.

Doch zunächst sollen die Möglichkeiten betrachtet werden, die sich für die Anmeldung am Unternehmensportal ergeben, wenn man die bereits erfolgte Betriebssystem-Authentifizierung zugrunde legt.

7.1 Betriebssystem-Authentifizierung

Ein Benutzer hat, bevor er sich an einem Unternehmensportal authentifizieren kann, das meist bereits an seinem Frontend getan. Das ist zumindest beim Frontend in einem Unternehmensnetz in der Regel der Fall. Daher wäre es naheliegend, die bereits erfolgte Authentifizierung an das Portal weiterzureichen und dadurch den SSO-Prozess einzuleiten. Eine Single Sign-On-Architektur hat ihre Benutzerschnittstelle bei der ersten und einzigen Anmeldung des Benutzers. Wie diese Anmeldung im Unternehmensportal verwendet werden kann, soll im Folgenden näher beschrieben werden.

7.1.1 HTTP Basic Authentication

Bei der *HTTP Basic Authentication* handelt es sich um den einfachsten Mechanismus zur Authentifizierung über das HTTP-Protokoll. Der Mechanismus ist in RFC 2616 und RFC 2617 spezifiziert. Die Spezifikation macht allerdings keine Aussage darüber, gegenüber welcher Benutzerdatenbank die Verifikation der Anmeldedaten zu erfolgen hat.

Bei den Microsoft Internet Information Services erfolgt die Authentifizierung gegenüber der Benutzerdatenbank des Betriebssystems, also am Windows NT/2000-Domaincontroller. Wenn der Anwender auf eine Seite zugreifen möchte, die eine Anmeldung erfordert, erscheint ein Pop-up des Browsers, in das der Anwender seinen Benutzernamen und sein Passwort eingeben muss.

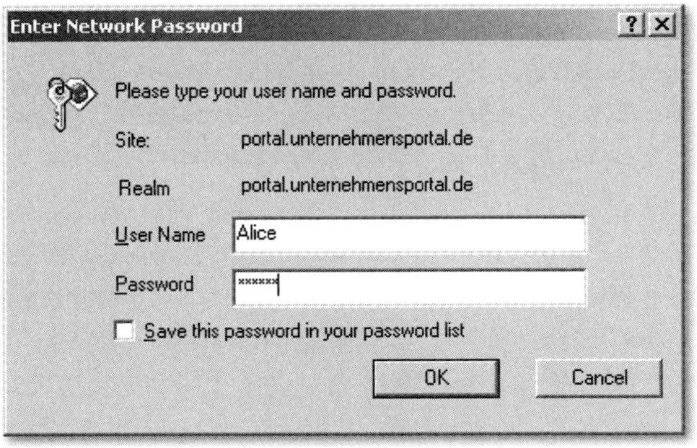

Abbildung 7.1 Pop-up bei Anmeldung über HTTP Basic Authentication

Anmeldung am Webserver

Das Verfahren zur Authentifizierung am Webserver erfolgt hierbei in zwei Schritten. Im ersten Schritt versucht der Browser, ohne Angabe von Authentifizierungsinformationen auf eine Ressource zuzugreifen. Der Webserver antwortet hierauf mit der Meldung, dass zum Zugriff eine Authentifizierung erforderlich ist. Die Angabe *Realm* bezeichnet hierbei den Gültigkeitsbereich, für den die Anmeldeinformationen benötigt werden. Dies können ein einzelnes oder mehrere Verzeichnisse auf dem Webserver oder die gesamte Website sein.

Nachdem der Anwender Benutzername und Passwort in seinem Browser eingegeben hat, versucht der Browser erneut, auf die Ressource zuzugreifen. Der Browser speichert die Anmeldedaten des Anwenders und sendet dieselben bei jedem Zugriff auf eine Ressource auf dem Webserver erneut zur Authentifizierung.

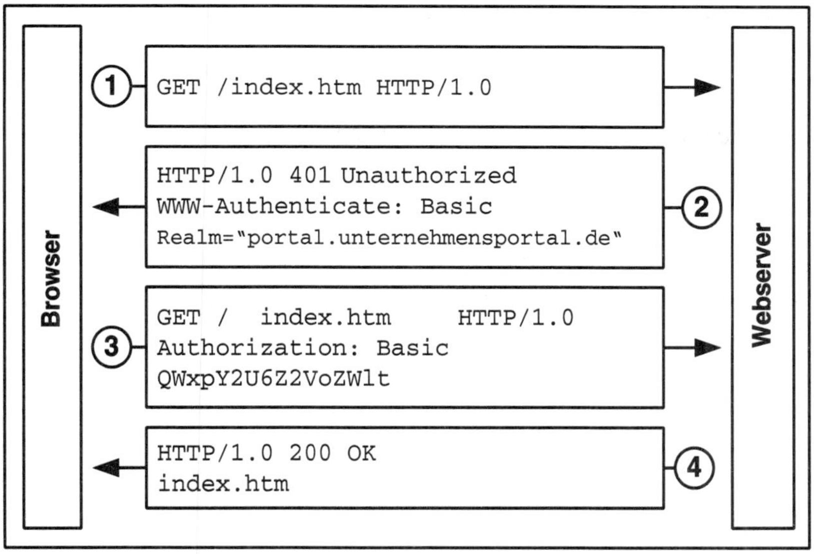

Abbildung 7.2 HTTP Basic Authentication

Kodierung mit base64

Das zur Übermittlung der Authentifizierungsinformationen an den Webserver verwendete Feld `Authorization` des HTTP-Protokolls enthält hierbei Benutzername und Passwort (`Benutzername:Passwort`) in base64-kodierter Form. Es handelt sich also bei dem String `QWxpY2U6Z2VoZW1t` in Abbildung 7.2 nicht um verschlüsselte Daten oder einen Hash-Wert, sondern um den Text `Alice:geheim` in base64-Kodierung. Nach erfolgreicher Authentifizierung am Portal über HTTP Basic Authentication wird vom Portal-Server ein Anmelde-Ticket ausgestellt, das zum Single Sign-On an Komponentensystemen verwendet wird.

Das Passwort wird unverschlüsselt übertragen

Aufgrund der Standardisierung dieses Verfahrens in RFC 2616 und RFC 2617 ist dieser Anmeldemechanismus in jedem Browser verfügbar und eignet sich auch für Unternehmensportale, auf die über das Internet oder ein Extranet zugegriffen wird. Wegen der unverschlüsselten Übermittlung von Benutzername und Passwort sollte dieses Anmeldeverfahren jedoch nur über SSL-geschützte Verbindungen eingesetzt werden.

7.1.2 NTLM

NTLM (*NT Lan Manager*) ist ein Verfahren zur Authentifizierung in Windows-basierten Netzwerken und wird dort zur Authentifizierung von Verbindungen eingesetzt. NTLM basiert auf einem Challenge-Response-Verfahren, über das zwei Systeme Zugriff auf eine Ressource aushandeln können. Hierbei kommen Hash-Verfahren zum Einsatz, und das Passwort selbst wird nicht über das Netzwerk übertragen. Auf dieser Basis wurde in Kapitel 5 bereits eine Funktionsbibliothek der SAP eingeführt, mit der NTLM über die GSS-API-Schnittstelle genutzt werden kann (*GSSNTLM.DLL*).

Microsoft hat das NTLM-Verfahren nachträglich dahingehend erweitert, dass es auch zur Authentifizierung über das HTTP-Protokoll eingesetzt werden kann. Hierdurch ist es möglich, dass die Authentifizierung beim Zugriff auf eine Web-Ressource nach demselben Challenge-Response-Verfahren durchgeführt wird. Diese Erweiterung kann nur bei der Kommunikation zwischen Microsoft Internet Explorer und Internet Information Services verwendet werden.

Unterschied: HTTP Basic und NTLM-Authentifizierung

Im Gegensatz zur Standard-Authentifizierung über das HTTP-Protokoll, bei der lediglich im HTTP-Header Benutzername und Passwort im Klartext (base64-kodiert) übermittelt werden, verwendet NTLM ein aufwändigeres Handshake-Verfahren, bei dem Client und Server die Authentifizierung über Hash-Verfahren abwickeln (siehe Abbildung 7.3).

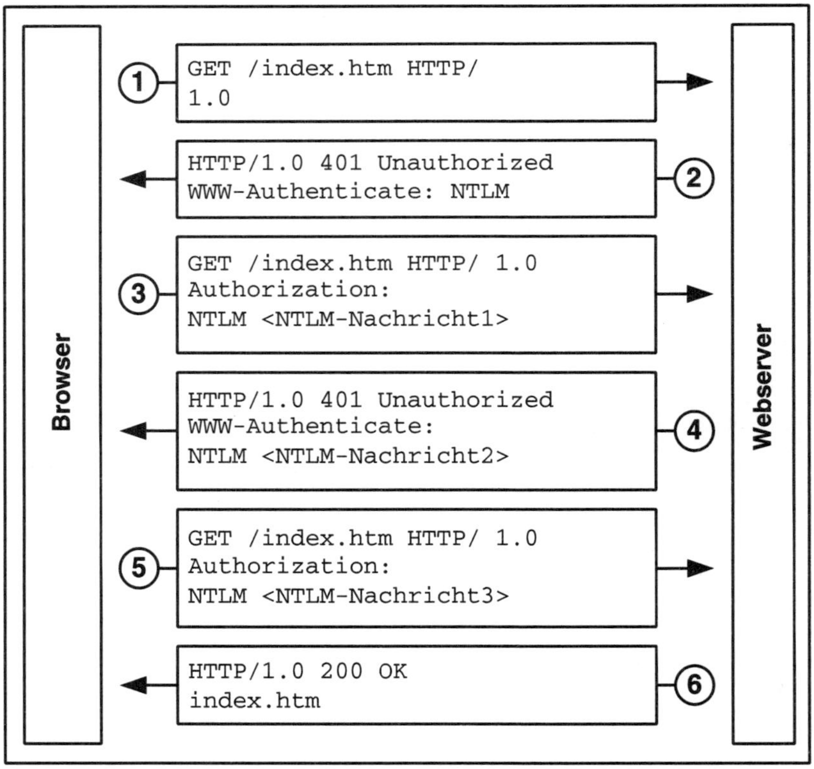

Abbildung 7.3 HTTP NTLM-Authentifizierung

Handshake

Bei den Schritten 1 und 2 versucht der Client, analog zur HTTP Basic Authentication ohne Angabe von Authentifizierungsdaten auf die Ressource zuzugreifen, und die Anfrage wird vom Server abgelehnt. Die in den Schritten 3 bis 6 ausgetauschten NTLM-Nachrichten enthalten Informationen über Benutzer und Domäne. Zudem findet eine Verifikation des Passwortes über Hash-Verfahren statt. Die Kommunikation in diesen vier Schritten wird über dieselbe TCP-Verbindung durchgeführt. Dies widerspricht allerdings dem HTTP-Standard, bei dem üblicherweise nach jeder Antwort vom Server die Verbindung abgebaut wird. Das ist auch der Grund, warum das NTLM-Verfahren nicht beim Zugriff über Proxies eingesetzt werden kann. Der in den Schritten 3 bis 6 durchgeführte Handshake-Mechanismus wiederholt sich jedes Mal, wenn eine neue Verbindung zum Webserver aufgebaut wird. Dadurch ist das Verfahren relativ aufwändig und erzeugt eine höhere Netzlast, als dies bei der HTTP Basic Authentication der Fall ist.

Der Anwender merkt von dem Anmeldevorgang im Idealfall überhaupt nichts. Die Anmeldung erfolgt automatisch beim Zugriff auf die Website des Portals. Greift der Anwender jedoch aus einer Domäne, die keine Vertrauensbeziehung zu der Domäne des Webservers unterhält, oder mit einem anderen Browser als dem Internet Explorer zu, kann er sich nicht authentifizieren. In diesem Fall sollte dem Anwender die Anmeldung über HTTP Basic Authentication als Alternative angeboten werden.

In einem Unternehmensportal erschließt sich mit dem NTLM-Verfahren der Vorteil, dass gar kein Anmeldevorgang mehr zum Zugriff auf das Portal notwendig ist. Beim Aufruf der Portalseite erfolgt die Anmeldung vollautomatisch und transparent für den Anwender.

NTLM-Authentifizierung in Unternehmensportalen der SAP

In Unternehmensportalen der SAP kann die Authentifizierung über NTLM alternativ zur Authentifizierung mittels Benutzername und Passwort eingesetzt werden. Die Benutzerauthentifizierung findet in diesem Fall mit der Windows-Benutzerkennung gegenüber dem Webserver statt, der die erfolgreiche Authentifizierung anschließend dem Portal-Server meldet. Danach wird vom Portal-Server ein Anmeldeticket ausgestellt, das zum Single Sign-On an Komponentensystemen verwendet wird (siehe Abbildung 7.4).

NTLM bietet sich im Intranet an

Die automatische Anmeldung über das NTLM-Verfahren am Unternehmensportal setzt jedoch voraus, dass die Anwender mit dem Microsoft Internet Explorer auf das Portal zugreifen, da andere Webbrowser dieses Verfahren nicht unterstützen. Des Weiteren muss als Webserver der Microsoft Internet Information Server (MS IIS) eingesetzt werden. Client und Server müssen zudem derselben Domäne angehören, oder zwischen den Domänen muss eine Vertrauensbeziehung eingerichtet worden sein. Ein weiteres Problem besteht darin, dass das NTLM-Verfahren nicht funktioniert, wenn der HTTP-Zugriff über einen Proxy-Server erfolgt.

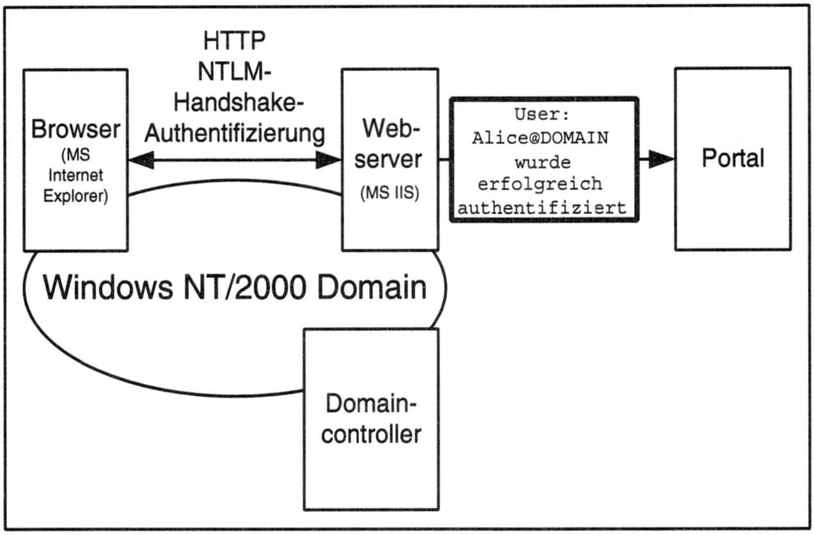

Abbildung 7.4 NTLM-Authentifizierung gegenüber dem Enterprise Portal

NTLM ist im Internet ungeeignet

NTLM kann somit zur Anmeldung am Unternehmensportal innerhalb des Unternehmensnetzwerkes eingesetzt werden, da hier die notwendigen Voraussetzungen für den Betrieb (Netzwerk und Domänenarchitektur, eingesetzte Browser) geschaffen werden können. Der Einsatz von NTLM scheidet jedoch aus, wenn über das Internet auf das Portal zugegriffen werden soll. In diesem Fall muss man zu anderen Verfahren zur Authentifizierung der Anwender greifen.

7.1.3 Kerberos

Kerberos ist ein bereits 1988 am MIT (Massachusetts Institute of Technology) entwickeltes Verfahren, das dazu dient, vernetzte Systeme zu authentifizieren und zu autorisieren. Die ständige Weiterentwicklung des Verfahrens findet aktuell ihr Ergebnis in Version 5 und wird im RFC 1510 vom September 1993 beschrieben.

SAP-Bibliothek für Windows 2000

Die SAP stellt für die Authentifizierung am SAPGUI für Windows mittels Kerberos eine Bibliothek für Windows 2000-Betriebssysteme zur Verfügung (*GSSKRB5.DLL*). Diese Bibliothek entspricht dem GSS-API-Standard und kann damit sowohl zur Authentifizierung als auch zur Verschlüsselung der Kommunikation eingesetzt werden. Durch die Kompatibilität nach der GSS-API-Spezifikation kann diese Bibliothek in reinen Windows 2000-Umgebungen zur Realisierung von SSO eingesetzt oder in Verbindung mit Anbietern entsprechender Kerberos v5-kompatibler Software auch zur Integration von Unix-Systemen oder früheren Versionen von Microsoft-Betriebssystemen, wie z. B. Windows NT/9x, genutzt werden.

Kerberos bei Windows 2000

Kerberos wird auch bei Windows 2000 dazu verwendet, um sensitive Daten auszutauschen – wie z. B. bei den Vertrauensstellungen zwischen Domänen. Die Nutzung von Kerberos in diesem Umfeld bietet eine weitere Möglichkeit: Wenn sowohl Client als auch Webserver Windows 2000 als Betriebssystem nutzen und sich beide in Active Directories befinden, die sich wechselseitig vertrauen, kann die erfolgte Betriebssystemanmeldung des Clients, ähnlich wie bei der NTLM-Authentifizierung, über HTTP unter Verwendung des Kerberos-Verfahrens an den Webserver weitergereicht werden, so dass ein Single Sign-On am Portal stattfinden kann.

Trusted Third Parties

Kerberos beruht auf Trusted Third Parties, also vertrauenswürdigen Instanzen, die nicht den beiden Kommunikationspartnern entsprechen. Als grundlegende Voraussetzung für eine gesicherte Kommunikation nach dem Kerberos-Verfahren ist der Austausch eines geheimen Schlüssels (*Secret Key*) zwischen den Teilnehmern und den vertrauten Instanzen anzusehen. Wie dieser sensitive Schlüsselaustausch realisiert wird, hängt von der jeweiligen Implementierung ab. Dies kann von dem persönlichem Kontakt zu einem Schlüsselverwalter bis hin zu automatisierten Verfahren reichen. Ist der geheime Schlüssel ausgetauscht, kann der Client mit einer der vertrauten Instanzen in eine Kommunikationsbeziehung treten, um die Verbindung zu seinem gewünschten Kommunikationspartner zu initiieren. Eine solche Instanz, an die derartige Anfragen gestellt werden, ist der *Authentication Server* (AS). Hierzu ein Beispiel:

Kerberos und Authentication Server

Ein Client möchte eine Verbindung mit einem Server aufnehmen und Kerberos zur Sicherung dieser Verbindung verwenden. Der bereits geschilderten Voraussetzung entsprechend, existiert ein Authentication Server, dem beide – Client und Server – vertrauen und mit dem beide einen geheimen Schlüssel ausgetauscht haben. Der Client schickt nun eine Anfrage zur Kommunikationsaufnahme mit dem Server an den Authentication Server:

1. Diese Anfrage kann bereits mit dem geheimen Schlüssel des Clients verschlüsselt sein, denn sowohl Client als auch Authentication Server kennen diesen symmetrischen Schlüssel. Der Authentication Server antwortet dem Client nach der Identitätsprüfung (z. B. Nutzung des

korrekten geheimen Schlüssels) mit einem Ticket und einem neu generierten Sitzungsschlüssel (symmetrischer Schlüssel, DES).

2. Im Ticket ist die Identität des Clients und eine Kopie des soeben erzeugten Sitzungsschlüssels enthalten, beide mit dem geheimen Schlüssel des vom Client angefragten Servers verschlüsselt. Dieses Ticket versendet der Client nun an den entsprechenden Server.
3. Nur der gewünschte und beim Authentication Server bekannte Kommunikationspartner des Clients kann dieses Ticket auswerten, da mit dessen geheimen Schlüssel chiffriert wurde. Gleichzeitig kann der entsprechende Server die Identität des Clients prüfen, denn diese wird ihm ebenfalls in dem übermittelten Ticket mitgeliefert. Demnach kann auch kein anderer als der originäre Client die Anfrage gestellt haben. Zudem ist in dem Ticket der Sitzungsschlüssel enthalten, mit dem fortan die Kommunikation verschlüsselt werden kann.

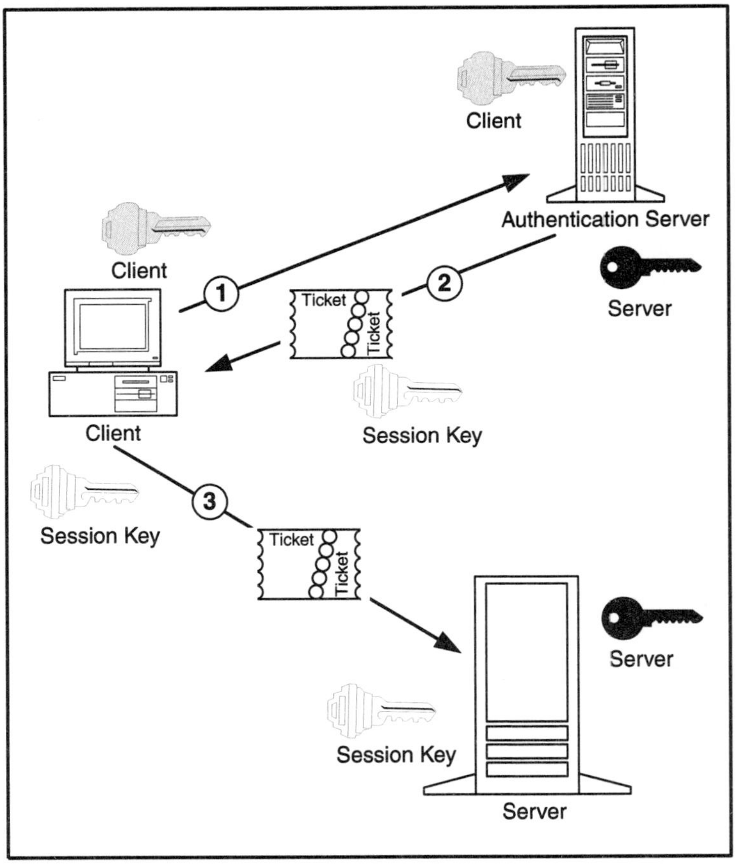

Abbildung 7.5 Kerberos-Kommunikation mit Authentication Server

Bereits hier wird deutlich, dass dem Authentication Server eine zentrale Rolle zukommt, was bei entsprechender Anzahl von Teilnehmern am Kerberos-Verfahren eine hohe Last für den Authentication Server bedeuten kann. Dem wurde bei Kerberos durch eine Lastverteilung Rechnung getragen. Dem Authentication Server können ein oder mehrere so genannte *Ticket-Granting-Server* (TGS) zur Erledigung der Aufgaben zur Seite stehen. Das beschriebene Verfahren ändert sich dahingehend, dass der Authentication Server nunmehr nur noch auf die Anfrage des Clients dessen Identität prüft, einen Sitzungsschlüssel generiert und ein so genanntes *Ticket-Granting-Ticket* (TGT) ausstellt. Dies geschieht typischerweise bereits bei der Anmeldung des Clients. Soll nun eine Kommunikation mit einem Server oder einem anderen, am Kerberos-Verfahren teilnehmenden Client erfolgen, sendet der Client seine Anfragen an den Ticket-Granting-Server in Verbindung mit seinem Ticket-Granting-Ticket. Der weitere Ablauf des Verfahrens geschieht in der beschriebenen Weise. Somit wird der Authentication Server nur einmal mit einer Anfrage belastet, nämlich bei der Anmeldung des Clients. Jede Aufnahme einer gesicherten Kommunikationsbeziehung wird nun in folgenden Schritten über den Ticket-Granting-Server abgewickelt und belastet damit nicht mehr den Authentication Server (siehe auch Abbildung 7.6):

Kerberos, Authentication Server und Ticket-Granting-Server

Anmeldung:

1. Anfrage an den Authentication Server
2. Identitätsprüfung, Ausstellen eines Ticket-Granting-Tickets (TGT), Generieren von Session Key 1 für die symmetrische Verschlüsselung mit dem Ticket-Granting-Server

Kommunikation, z. B. mit einem Server:

3. Senden des TGTs an den Ticket-Granting-Server (TGS)
4. TGT-Prüfung, Ausstellen eines Tickets für den gewünschten Server, Generieren von Session Key 2 für die symmetrische Verschlüsselung mit dem Server
5. Senden des Tickets an den Server

Hinweis Eine Kopie der entsprechenden Session Keys ist im jeweiligen Ticket noch einmal enthalten.

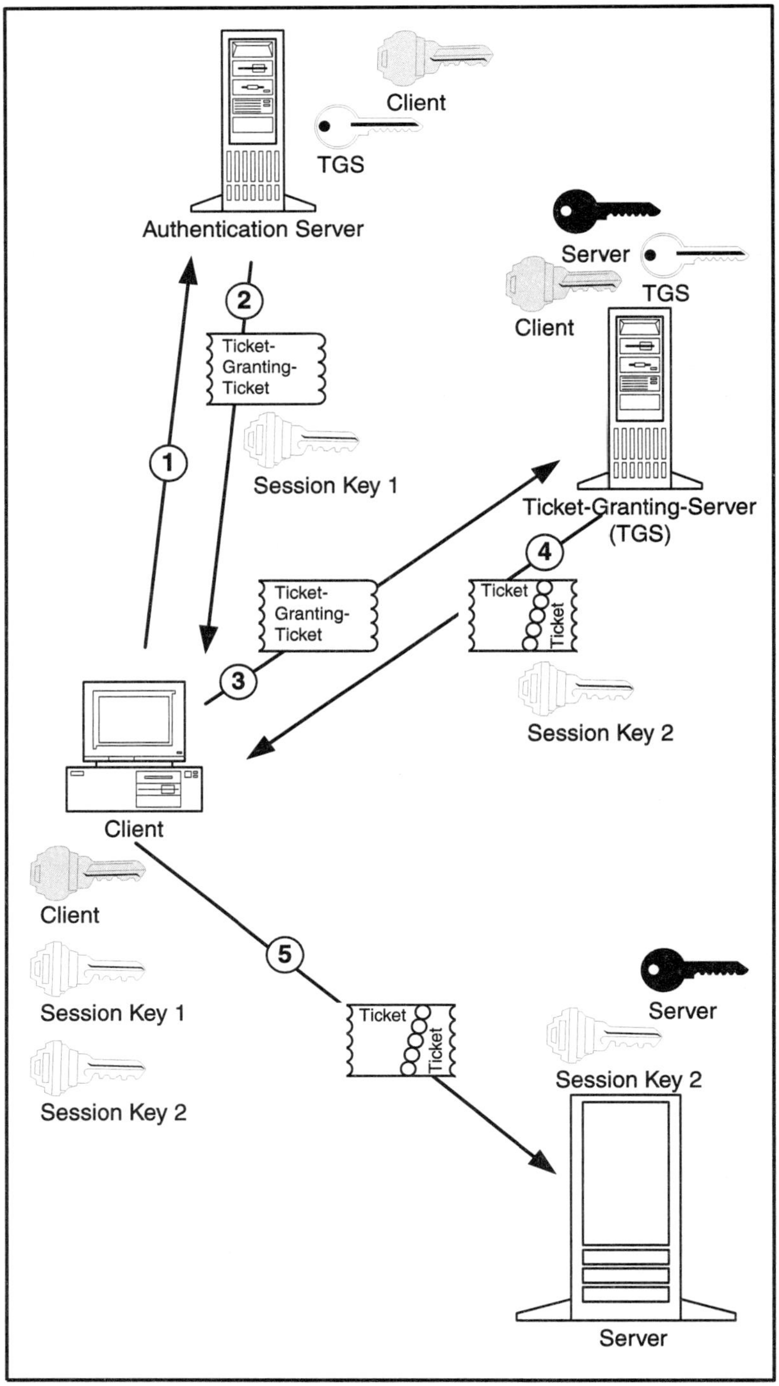

Abbildung 7.6 Kerberos-Kommunikation mit Authentication Server und Ticket-Granting-Server

Der Vorteil des Kerberos-Verfahrens besteht darin, dass gänzlich auf asymmetrische Verschlüsselungsverfahren verzichtet wird. Auf diese Weise wird Rechenkapazität eingespart, denn die asymmetrischen Verfahren sind im Vergleich zu den symmetrischen Verfahren viel rechenintensiver. Des Weiteren gibt es aufgrund der langjährigen Verfügbarkeit des Verfahrens und der offen dargelegten Methoden in den entsprechenden RFCs stabile Implementierungen für viele unterschiedliche Betriebssysteme. Damit ist Kerberos für den Einsatz in stark heterogenen Umgebungen prädestiniert. Darüber hinaus können es Verwalter von Kerberos-gesicherten Umgebungen (so genannten *Realms*) auch Benutzern fremder Systemumgebungen die Möglichkeit eröffnen, ihren Authentication Server anzufragen. Damit können also Verbindungen zwischen unterschiedlichen Administrationsbereichen aufgenommen werden, was bei unternehmensübergreifenden Installationen die Möglichkeit der getrennten Administration und der gemeinsamen Authentifizierung eröffnet. Nachteilig wirkt sich das Problem des erstmaligen Austausches der geheimen Schlüssel der am Kerberos-Verfahren teilnehmenden Parteien aus, was sich z.B. bei der persönlichen Vorstellung bei einem Schlüsselverwalter als sehr aufwändig erweisen kann.

Nur symmetrische Verschlüsselung benötigt

Des Weiteren stellt die vertrauenswürdige Dritt-Instanz ein ideales Angriffsziel dar. Ein Angreifer, der den Authentication Server manipuliert hat oder diesen gar kontrolliert, kann die gesamte Infrastruktur, die diesem Server immer noch vertraut, manipulieren bzw. kontrollieren. Als weiterer Schwachpunkt kommt hinzu, dass der Authentication Server für die Verbindungsaufnahme zweier Kommunikationspartner nach dem Kerberos-Verfahren immer verfügbar sein muss. Das bedeutet, dass keine weitere Kommunikationsbeziehung aufgebaut werden kann, wenn der Authentication Server nicht verfügbar ist, und die Verbindungen zwischen Clients und Server damit unterbrochen sind. Das macht den Authentication Server zu einem idealen Ziel für eine Denial-of-Service-Attacke.

Dritt-Instanz: lohnendes Angriffsziel

7.1.4 Webfähige Terminalserver-Technologie

Der Einsatz webfähiger Terminalserver-Technologien in Unternehmensportalen bietet sich dann an, wenn sich die benötigten Applikationen nicht unmittelbar in die eingesetzte Portaltechnik integrieren lassen, wie z.B. bei fehlender Web-Fähigkeit der Applikation, die nicht durch die gängigen Web-Sprachen unterstützt werden (HTML, XML, ASP, JSP, ActiveX), oder wenn keine entsprechenden Integrationsmöglichkeiten bestehen. In diesem Abschnitt soll auf den Einsatz der in das Web inte-

Fehlende Web-Fähigkeit von Applikationen

grierbaren Komponenten von Terminalservern eingegangen werden. Bei der Wahl eines Terminalserver-Produktes sollte darauf geachtet werden, dass die Client-seitige Anmeldung am Betriebssystem an das gewählte Produkt weitergereicht werden kann. Denn nur so lässt sich die bereits erfolgte Authentifizierung des Anwenders an seinem Betriebssystem auch für weitere Applikationen nutzen. Das Unternehmensportal stellt in diesem Fall eine Art Vermittler zwischen Applikation und Benutzer dar. Durch die Personalisierung wird jedem Anwender an entsprechender Stelle im Portal angezeigt, welche Applikationen ihm zur Verfügung stehen. Führt der Benutzer eine dieser Anwendungen aus, löst dies eine direkte Kommunikation zwischen dem Client-Frontend und dem eingesetzten Terminalserver aus, auf dem die Anwendung bereitgestellt wird. Dabei ist nun zu beachten, dass diese Kommunikation gesichert erfolgt, d.h., dass entsprechende Vorkehrungen getroffen werden müssen, um diesen Datenstrom beispielsweise verschlüsselt zu übertragen.

Anmeldung am Betriebssystem

Die Ausführung einer entsprechend veröffentlichten Anwendung bedingt bei Terminalservern meist eine Anmeldung am zugrunde liegenden Betriebssystem und dessen Authentifizierungsmechanismus.

Schmaler Client, schmale Bandbreite

Die aktuell verfügbaren Terminalserver-Produkte bieten eine entsprechend schmale Client-Komponente, die auf den meisten aktuellen Betriebssystemen (PDA- und PocketPC-OS inklusive) lauffähig ist. Darüber hinaus wird eine webbasierte Software-Verteilung dieser Client-Komponente unterstützt, so dass sich die Terminalserver-Technologie nahtlos in das Portalkonzept integrieren lässt, bei dem als Frontend nur ein Internet-Browser gefordert ist. Des Weiteren sind die Übertragungsprotokolle dieser Technologien genügsam und dadurch selbst mit geringen Bandbreiten einsetzbar. Das eröffnet einem großen und teilweise mobilen Benutzerkreis die Möglichkeit, die derartig angebotenen Dienste des Unternehmensportals zu nutzen.

Single Sign-On-Fähigkeit

Durch die Web-Fähigkeit der Terminalserver-Technologie können die zur Verfügung gestellten Applikationen aus dem Browser heraus auf den Portalseiten aufgerufen und genutzt werden. Dies bietet neben der Integration ins Unternehmensportal auch die Möglichkeit, das Single Sign-On des Portals auf Anwendungen auszudehnen, die sonst nicht in die gewählte SSO-Lösung einzubinden wären. Da der Zugriff auf das Portal in entsprechender Weise mit der eingesetzten SSO-Lösung erfolgt, kann mit Hilfe der Terminalserver-Technologie eine solche sonst nicht integrierbare Anwendung im Portal für den Benutzer zur Verfügung stehen. Aufgrund der Tatsache, dass der Aufruf der Applikation immer aus dem Unternehmensportal heraus erfolgt, kann die bereits erfolgte Anmeldung am Portal nach dem SSO-Konzept an den Terminalserver weitergereicht werden. Da die eigentliche Anwendung immer vom Terminalserver gestartet wird, kann zwischen dem Terminalserver und dem bisher nicht SSO-fähigen Applikations-Server eine Vertrauensstellung in der Art aufgebaut werden, dass die vom Terminalserver aufgerufenen Anwendungen ohne eine weitere Authentifizierung gestartet werden können. Die Authentifizierung wird dadurch vom Applikationsserver auf den Terminalserver verlagert. Wie eingangs erwähnt, sollte das eingesetzte Terminalserver-Produkt zumindest die bereits erfolgte Betriebssystem-Authentifizierung übernehmen können. Manche Hersteller unterstützen darüber hinaus weitere SSO-Mechanismen wie z.B. das Weiterreichen von Zertifikaten oder Tickets. Der Terminalserver und indirekt die vorher nicht SSO-fähige Applikation fügen sich so in das gewählte SSO-Konzept ein. Damit ist die entsprechende Anwendung SSO-fähig in das Unternehmensportal integriert.

Verfahren	**Anwendungsgebiet**	**Bemerkung**
HTTP Basic Authentication	Anmeldung am Portal	wird von allen Browsern unterstützt
NTLM	Anmeldung am Betriebssystem, Authentifizierung an Netzwerkressourcen, mit Microsoft-Produkten auch browserbasierte Portalanmeldung möglich	Verwendung nur in Microsoft-Umgebungen, proprietäres Verfahren
Kerberos	Anmeldung am Betriebssystem, Authentifizierung an Netzwerkressourcen, mit Microsoft-Produkten auch browserbasierte Portalanmeldung möglich	für heterogene Umgebungen geeignet, offener Standard
Terminalserver-Technologie	dient als Middleware für nicht SSO- oder Web-fähige Applikationen, Verlagerung der Authentifizierung auf den Terminal Server möglich	Weiterverwendung der Betriebssystem-Authentifizierung, Durchreichen von Logon-Tickets

Tabelle 7.1 Betriebssystembasierte Authentifizierungsverfahren im Überblick

7.2 Serverbasierte Authentifizierung

Die Authentifizierung durch die vom Betriebssystem zur Verfügung gestellten Mittel hat einen Nachteil: Sie steht nicht allen Anwendern uneingeschränkt zur Verfügung. In heterogenen Landschaften sind Anmeldungen am Microsoft Domain Controller, wenn überhaupt, nur unter Verwendung von Hilfsmitteln oder nur über bestimmte Protokolle (HTTP Basic Authentication, s.o.) möglich. Anwender, die sich über unsichere, öffentliche Netze wie z.B. das Internet authentifizieren müssen, können auf die Betriebssystem-Authentifizierung als Alternative nicht zurückgreifen.

Integration und starke Authentifizierung

Eine Authentifizierung an dediziert dafür vorgesehenen Servern, kann hier zwei Aspekte von sicheren Unternehmensportalen abdecken. Zum einen stellt die Verfügbarkeit dieser Server-Dienstleistung für heterogene Clients eine starke integratorische Komponente dar. Zum anderen kann der Forderung nach einer starken Authentifizierung eher entsprochen werden. Die Gesamtsicherheit eines Unternehmensportals hängt in hohem Maße von der Authentifizierung der Clients ab. Wenn alle Verbindungen zwischen Frontend- und Backend-Systemen, die bei der Nutzung eines Portals aufgebaut werden, gesichert werden, der Zugang aufgrund schwacher Authentifizierung jedoch beinahe jedem technisch versierten Benutzer offen steht, können die zu schützenden Daten des Unternehmens immer noch in die falschen Hände bzw. auf die falschen Laptops, CDs usw. gelangen. Geht man nun noch davon aus, dass Unternehmensportale zur erhöhten Sicherheit und zum erhöhten Komfort SSO benutzen, steht einem soeben beschriebenen, fälschlicherweise am Portal angemeldeten Benutzer mit der erschlichenen Identität Tür und Tor für ein Eindringen auf die Backend-Systeme des Unternehmens offen.

In den nachfolgenden Abschnitten werden serverbasierte Authentifizierungsmethoden näher betrachtet. So stellt z.B. die SAP für die Anwender ihrer Unternehmensportale Logon-Tickets zur Authentifizierung zur Verfügung, mit deren Hilfe eine entsprechende SSO-Lösung erstellt werden kann. *RADIUS* ist eine bereits seit längerer Zeit in der IT-Welt bekannte Methode zur Benutzerauthentifizierung, die dem DFÜ-Bereich entstammt und als offener Standard im Internet ent- und weiterentwickelt wird. Aus demselben Bereich, nämlich dem Bereich der Authentifizierung an Schnittstellen zu öffentlichen, unsicheren Netzbereichen wie z.B. einem Internet-Router, stammen die *Einmal-Passwörter* und die so genannten *Hardware-Token*.

Laut verschiedener Statistiken über die Ausgangspunkte von Angriffen auf die IT-Infrastruktur von Unternehmen stellen aber nicht nur öffentliche Netze eine Bedrohung für Unternehmen dar, sondern auch die Benutzer im internen Netzwerk. Die von den verschiedenen Marktforschungsinstituten angegebenen Zahlen schwanken zwar zwischen ca. 60% und 80%, was Computerdelikte im internen Netz betrifft, die Tendenz ist aber eindeutig: Die interne Gefahr ist noch größer als die eines Angriffs aus einem externen Netz. Hohe Benutzerzahlen und strukturierte

Verkabelung gestatten praktisch jedem Besucher zumindest eine physikalische Teilnahme am Unternehmensnetz. Damit steht einem anonymen, breitbandigen Angriff auf die Unternehmensdaten nichts mehr im Wege. Der neue Standard *IEEE 802.1x*, auch als *EAPoverLAN* bezeichnet, setzt an genau dieser Stelle an und verlangt eine portbasierte Authentifizierung, bevor ein Benutzer am allgemeinen Netzgeschehen teilhaben kann.

7.2.1 Logon-Tickets

Logon-Tickets sind das von der SAP entwickelte Standard-Anmeldeverfahren im Enterprise Portal. Die Logon-Tickets dienen hierbei jedoch nicht zur Authentifizierung am Portal selbst – diese kann auch über Passwörter, Public Key-Mechanismen oder andere Verfahren erfolgen – sondern sie dienen zur Authentifizierung an Komponentensystemen, auf die vom Portal aus zugegriffen wird. Hierbei werden von einem dedizierten Server die Logon-Tickets erstellt und, eingebettet in ein Single Sign-On-Verfahren, zur Anmeldung an den integrierten Komponentensystemem verwendet. Da ein bestimmter Server die Tickets erstellt und er dies erst nach einer entsprechenden Authentifizierung der Benutzer tut, wird das Thema Logon-Tickets in diesem Abschnitt zur serverbasierten Authentifizierung aufgegriffen.

Logon-Tickets sind Cookies

Logon-Tickets werden als nicht-persistente Cookies im Browser des Anwenders abgelegt. Beim Zugriff auf das Portal und auf Komponentensysteme wird das Cookie mit übermittelt und kann dort ausgewertet werden. Neben der Benutzerkennung des Anwenders im Portal, dem Zeitraum, für den das Ticket gültig ist, und der Identifizierung des ausstellenden Portal-Servers enthält das Ticket vor allem eine digitale Signatur des Portal-Servers gemäss dem PKCS #7-Standard.

Tickets enthalten eine digitale Signatur

Die Signatur des Tickets wird durch ein Public Key-Verfahren erzeugt. Die verifizierende Instanz benötigt dann lediglich den öffentlichen Schlüssel des Portal-Servers, der das Ticket ausgestellt hat, um die Signatur zu überprüfen. Dieser öffentliche Schlüssel kann an Dritte weitergegeben werden, ohne dass dies zu einem erhöhten Sicherheitsrisiko führen würde.

Der Anmeldevorgang des Anwenders am Unternehmensportal und die Ausstellung des Logon-Tickets laufen hierbei folgendermaßen ab:

1. Der Anwender ruft die Einstiegsseite des Portals in seinem Browser auf.
2. Der Portal-Server fordert den Anwender auf, sich zu authentifizieren.
3. Der Anwender gibt seine Anmeldeinformationen wie zum Beispiel Benutzername und Passwort ein und sendet diese an den Portal-Server.

4. Der Portal-Server überprüft die Anmeldeinformationen. Dies kann beispielsweise durch Verifikation von Benutzername und Passwort in einem Verzeichnisdienst geschehen.
5. Nach einer erfolgreichen Überprüfung der Anmeldeinformationen generiert der Portal-Server das Logon-Ticket für den Anwender.
6. Die personalisierte Einstiegsseite des Portals wird zusammen mit einem Cookie, in dem das Ticket gespeichert ist, an den Browser geschickt.

Diese sechs Schritte sind in Abbildung 7.7 nochmals grafisch dargestellt.

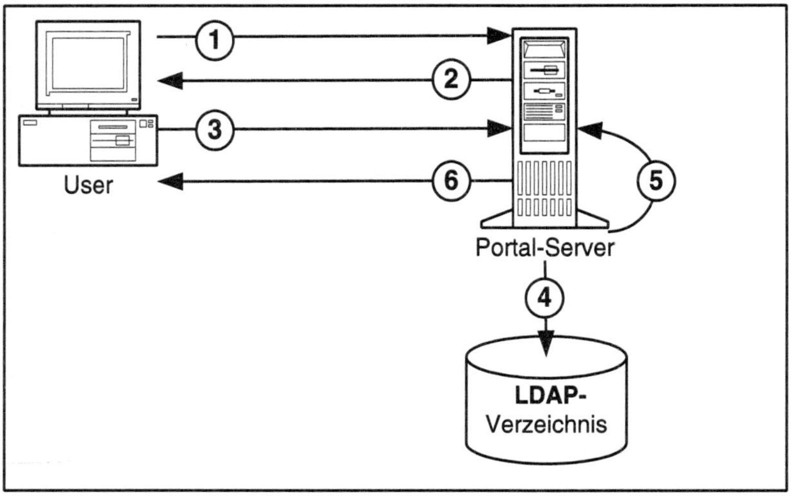

Abbildung 7.7 Anmeldung mit Logon-Ticket

Der Browser speichert das Logon-Ticket als nicht-persistentes Cookie und sendet es bei jedem Zugriff auf den Portal-Server und auf Komponentensysteme an den Webserver. Dort kann es zur Authentifizierung des Anwenders ausgewertet werden. Das Ticket wird aus Sicherheitsgründen nicht-persistent im Browser gespeichert, d.h., der Browser legt das Cookie nur im Hauptspeicher des Clients ab und speichert es nicht auf der Festplatte. Wenn auf dem Client das Browser-Fenster geschlossen wird, ist demnach auch das Ticket gelöscht, und bei einem späteren Zugriff auf das Portal ist eine neue Authentifizierung erforderlich.

Logon-Tickets in Nicht-SAP-Systemen

Bei einer Single Sign-On-Lösung für Systeme, auf die vom Portal aus zugegriffen werden soll, ist es erforderlich, dass diese Systeme in der Lage sind, das Logon-Ticket auszuwerten. Hierzu existiert eine Bibliothek, die eine Verifikation des Tickets mit dem öffentlichen Schlüssel des Portal-Servers in anderen Systemen möglich macht. Hierbei ist der Einsatz des

Logon-Tickets nicht alleine auf die Authentifizierung in der Client-Server-Beziehung zwischen Webbrowser und Webserver beschränkt. Häufig kommt es vor, dass Systemen, die an sich nicht webfähig sind, eine Middleware vorgeschaltet wird, auf die mit dem Browser zugegriffen werden kann. In diesem Fall muss die Auswertung des Logon-Tickets nicht zwangsläufig in der Middleware erfolgen. Ebenso ist es möglich, dass die Middleware das Ticket an das entsprechende Backend-System übermittelt, und die Authentifizierung des Anwenders erst dort stattfindet.

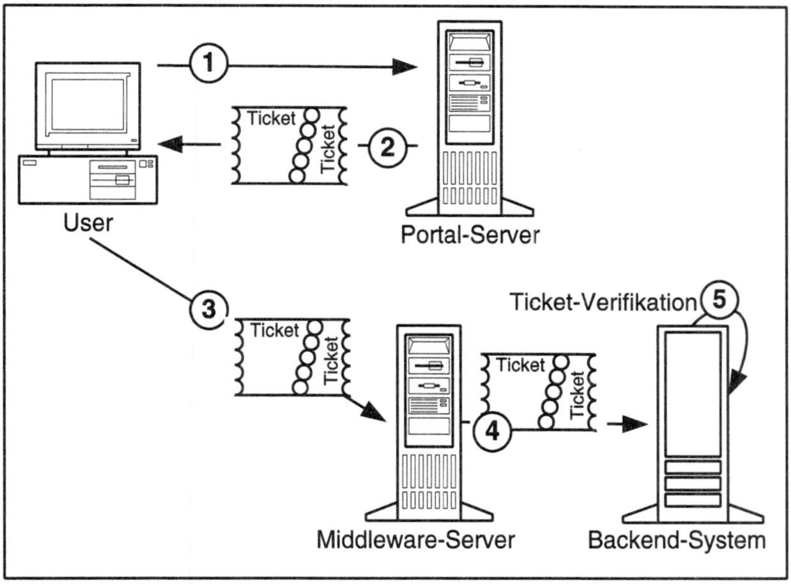

Abbildung 7.8 Authentifizierung mit Logon-Ticket im Backend-System

Unter Sicherheitsgesichtspunkten ist bei Logon-Tickets zu berücksichtigen, dass bereits der Besitz des Tickets alleine zur Authentifizierung an einem System ausreicht. Wenn es einem Angreifer möglich ist, in den Besitz eines Tickets zu gelangen, dann kann er das Ticket zur Authentifizierung einsetzen, solange es noch gültig ist.

Logon-Tickets sollten nur verschlüsselt übermittelt werden

Aus diesem Grund sollten die Logon-Tickets ausschließlich über verschlüsselte Verbindungen übertragen werden. Bei der Kommunikation zwischen Webbrowser und Webserver wird dies durch den Einsatz von SSL-Verschlüsselung sichergestellt. Aber auch wenn das Ticket, wie in Abbildung 7.8 dargestellt, an ein Backend-System weitergegeben wird, sollte diese Problematik berücksichtigt werden.

7.2.2 RADIUS

Der so genannte *Remote Authentication Dial In User Service* (RADIUS) bietet netzwerknahen Geräten, den *Network Access Servern* (NAS) wie Routern oder Firewalls, die Möglichkeit, Benutzer über ein definiertes Protokoll an einem eigens dafür eingerichteten Server zu authentifizieren. Entstanden ist RADIUS durch die Forderung nach mehr Sicherheit beim Anmelden an Einwahlknotenpunkten im Internet. Bereits zum damaligen Zeitpunkt wurden die statischen Passwörter, die im Falle einer Authentifizierung mit PAP (*Password Authentication Protocol*) sogar im Klartext übertragen wurden, als unsicher angesehen. Auf den meisten Einwahlroutern gab es keine Möglichkeit für den Benutzer, das vom ISP zugewiesene Einwahlpasswort zu ändern. Dies war weder initial noch im späteren Betrieb möglich. CHAP (*Challenge Handshake Authentication Protocol*) brachte in dieser Situation etwas Entspannung, indem keine Passwörter mehr übertragen wurden, sondern nur noch die entsprechenden Hash-Werte. Die Problematik der nicht änderbaren Passwörter blieb jedoch bestehen. Durch die Entwicklung von RADIUS konnten Network Access Server wie z. B. der Einwahlrouter im gerade beschriebenen Szenario als Client einen RADIUS-Server zur Authentifizierung des Benutzers befragen. Da der Service genau für diese Belange eingerichtet wurde, können dadurch nun auch andere benötigte Funktionen, wie etwa das Ändern des Passwortes durch den Benutzer, genutzt werden.

Verbreitungsgrad von RADIUS

Aufgrund der Tatsache, dass RADIUS bereits schon seit einigen Jahren zur Authentifizierung verwendet wird, sind Implementierungen in entsprechender Stabilität und für die meisten Betriebssysteme verfügbar. Da es sich bei RADIUS um standardisierte Anfragen über ein erweiterbares Protokoll handelt, bieten auch viele Hersteller von Authentifizierungsmethoden oder entsprechend thematisch verwandten Produkten eine Schnittstelle für RADIUS an oder haben einen RADIUS-Server in ihren Produkten implementiert. Damit eignet sich RADIUS sehr gut zum Einsatz in stark heterogenen Umgebungen. Durch die flexible Architektur des Protokolls kann auf unternehmensspezifische Anforderungen eingegangen werden.

Integration in Unternehmensportale der SAP

Die Integration von RADIUS in Unternehmensportale der SAP kann durch die entsprechenden Schnittstellen erfolgen, die SAP zur Verfügung stellt. So ist die Anbindung eines RADIUS-Servers beispielsweise mittels einer Schnittstelle für externe Authentifizierungsmechanismen (siehe unten) realisierbar. Andere Authentifizierungsmethoden, wie z.B. die einiger Hersteller von Einmal-Passwort-Token oder der IEEE 802.1x-Standard, greifen auch auf RADIUS als Übermittlungsdienst zurück. Dadurch können die genannten Vorteile dieser Technik und die sich eröffnenden Varianten in Unternehmensportalen der SAP genutzt werden (siehe Kapitel 12).

Eine Beschreibungen des RADIUS-Protokolls kann als RFC 2865 beim IETF eingesehen werden.

7.2.3 Einmal-Passwörter und Token

Ein Passwort ist dann gut gewählt, wenn sich damit niemand außer dem rechtmäßigen Besitzer authentifizieren kann. Passwörter können aber abgehört oder erraten werden. Wenn ein Passwort nur einmalig gültig ist, nützt diese abgehörte Information nichts mehr. Denn schon beim nächsten Anmeldeversuch ist dieses Passwort nicht mehr verwendbar. Folglich kann aus einem Einmal-Passwort kein Nutzen gezogen werden, denn der eigentliche Benutzer hat die einzige Verwendungsmöglichkeit des Passwortes bereits »verbraucht«. Einmal-Passwörter stellen damit in bestimmten Umgebungen ideale Ergänzungen zur Maximierung der Sicherheit dar.

Warum Einmal-Passwörter in Unternehmensportalen?

Gerade bei Unternehmensportalen wird ein derartig hohes Sicherheitsniveau gefordert. Authentifizierungen mit Benutzernamen und statischen Passwörtern werden per se als unsicher betrachtet. Bei Unternehmensportalen gilt es auch, auf die Verteilungsproblematik von Passwörtern einzugehen, denn die Anwender sind meist sehr zahlreich und weit gestreut. Die Verteilung solcher sensitiven Informationen in regelmäßigen Abständen stellt ebenfalls einen unter Sicherheitsaspekten bedenklichen Vorgang dar. Aber genau dies muss passieren, wenn z. B. ein Benutzer sein Passwort vergessen hat. Die Kombination von Wissen und Besitz, wie sie beispielsweise bei einer 2-Faktor-Authentifizierung durch Einmal-Passwörter von Hardware-Token gegeben ist, kann als geradezu ideale Lösung eines solchen Problems angesehen werden (siehe Kapitel 12). Die Einbindung der entsprechenden Server-Komponente, die letztlich die Authentifizierung validiert, kann bei Unternehmensportalen der SAP über die weiter unten in diesem Kapitel beschriebene Schnittstelle für externe Authentifizierungsmechanismen erfolgen.

Erzeugung von Einmal-Passwörtern – Beispiel TAN

Zur Erzeugung von Einmal-Passwörtern existieren mehrere Verfahren. Eine Kategorie dieser Erzeugungsmethoden basiert auf reinen Software-Lösungen. Ein entsprechender Algorithmus erzeugt nach der Initialisierung mit denselben Startwerten eine vorgegebene Anzahl von einmalig zu nutzenden Passwörtern, z. B. durch mehrmaliges Anwenden einer Hash-Funktion. Es könnte eine Liste mit zehn Einmal-Passwörtern aus einem Startwert errechnet werden. Dabei wird das erste Passwort `p0` durch die definierte Hash-Funktion wie z.B. MD5 geschickt, und man erhält `p1`. In gleicher Weise verfährt man nun mit `p1` und erhält `p2` usw. Dieses Verfahren wird wiederholt, bis `p9` errechnet worden ist. Der Client erhält nun eine Liste mit den soeben erzeugten Passwörtern in umgekehrter Reihenfolge, also `p9`, `p8`, ..., `p0`. Der Server wendet die Hash-Funktion nochmals auf `p9` an und erhält den Referenzwert `p10`. Danach vergisst er die gerade erzeugten Passwörter. Eine Prüfung kann nun erfolgen, indem der Server das vom Client eingereichte Passwort – bei Beginn des Verfahren `p9` – erneut durch die bereits zur Erzeugung verwendete Hash-Funktion schickt und dann das Ergebnis mit `p10` vergleicht. Stimmen die Ergebnisse überein, handelt es sich um eine gültige Authentifizierung. Der Server verwirft `p10` und behält an dieser Stelle `p9` als Referenzwert. Bei einer erneuten Anmeldung desselben Clients wird in analoger Weise mit `p8` und `p9` verfahren. Dieses Verfahren ist als *One-Time Password* (OTP) im RFC 2289 beschrieben und wurde in der betriebssystemübergreifenden Implementierung *S/Key* bekannt. Die aus dem Online-Banking bekannten Transaktionnummern (TAN) basieren ebenfalls auf diesem Verfahren. Ein Vorteil liegt darin, dass auf dem Authentifizierungsserver bzw. der Bank keine Passwortlisten zu finden sind, sondern nur die erwarteten Ergebnisse der nächsten Anwendung der Hash-Funktion. Als Nachteil wirkt sich das Vorhalten der Passwortliste beim Client aus. Wird diese kompromittiert, ist das Verfahren unsicher.

Hardware-Lösung

Eine andere Alternative zur Erzeugung von Einmal-Passwörtern sieht den Einsatz von hardwarebasierten Komponenten vor. Ein spezieller Dienst verbindet hierbei Benutzer mit zugeteilten Hardware-Komponenten, den so genannten *Token*. Die Anmeldung erfolgt nun basierend auf dem Besitz des Tokens und der Kenntnis einer PIN. Der Token generiert nach einem vorgegebenen Verfahren beispielsweise zeitgesteuert Zahlenkombinationen. Die so generierten Zahlenkombinationen werden in Verbindung mit der PIN dem Authentifizierungsserver übergeben, der daraus die Identifikation des Tokens und mittels PIN die korrekte Zuordnung zum Benutzer herleiten kann. Damit kann ein Benutzer eindeutig identifiziert werden. Gleichzeitig erfolgt bei der soeben beschriebenen Authentifizierung ein Abgleich der Zeitrhythmen zwischen Server und Token. Die PIN kann bei diesem Verfahren in unterschiedlicher Weise mit eingebracht werden. Eine Möglichkeit besteht darin, dass sie dem vom Token generierten Zahlenwert einfach vor- oder nachgestellt wird. Aber auch eine mathematische Anwendung der PIN auf den Zahlenwert ist denkbar, so dass bei der Übermittlung des generierten Einmal-Passwortes die PIN des Benutzers ebenfalls nicht extrahiert werden kann.

Alternativ zur zeitgesteuerten Synchronisation ist ein ereignisgesteuertes Verfahren zu sehen. Als Beispiel dient die mehrfache Anwendung einer symmetrischen Verschlüsselung mit einem gemeinsamen Schlüssel auf einen gemeinsamen Startwert. Der Server, an dem die Authentifizierung mit diesem Verfahren stattfindet, vergleicht das übermittelte Ergebnis mit seiner mehrfachen Anwendung des gleichen Schlüssels auf den gleichen Startwert. Stimmt das Ergebnis mit einer seiner Mehrfachanwendungen überein, gilt der Benutzer als authentifiziert, und das gefundene Ergebnis dient beiden als neuer Startwert für weitere Anwendungen dieser Methode. Die Anzahl der mehrfachen symmetrischen Verschlüsselung auf beiden Seiten wird durch einen Minimal- und einen Maximalwert begrenzt, so dass beide beispielsweise mindestens fünf aber höchstens zehn Durchläufe vollziehen. Bei diesem Verfahren synchronisieren sich Client und Server nicht über die Zeit, sondern über die Anwendung des Verfahrens, da hierbei beide einen neuen, gemeinsamen Startwert implizit vereinbaren. Die clientseitige Berechnung und Anzeige einer solchen mehrfachen symmetrischen Verschlüsselung kann wie im vorangegangenen Beispiel auf einem Hardware-Token erfolgen, den man mit einer PIN für die Anwendung freischalten muss. Ebenfalls denkbar ist die Speicherung des symmetrischen Schlüssels und des Startwertes auf einer Chipkarte, die in Verbindung mit einem mobilen Kartenleser mit digitaler Anzeige einen derartigen Hardware-Token ergibt, gleichzeitig aber den Vorteil bietet, die Chipkarte in einem PC-verbundenen Kartenleser verwenden zu können und diese Methode nach der Eingabe der PIN transparent von diesem PC aus weiter nutzen zu können.

Ereignisgesteuerte Synchronisation

7.2.4 Portbasierte Authentifizierung

IEEE 802.1x

Bereits der Zugang zum Unternehmensnetzwerk bietet einem potenziellen Angreifer viele Informationen, die mit einfachen und frei verfügbaren Werkzeugen durch den Netzwerkzugang aus dem TCP/IP-Datenstrom belauscht werden können. Schnell werden IP- und MAC-Adressen bekannt sowie deren Rolle in Kommunikationsbeziehungen. Denn Server werden häufiger angefragt und haben deshalb eine höhere Verkehrsdichte usw. Das Mitschneiden kritischer Informationen (Passwörter, Konzern-Bilanz-Daten, persönliche Dokumente wie Zeugnisse und dergleichen) kann unter Verwendung der gewonnenen Erkenntnisse gezielter erfolgen und führt daher auch mit einer höheren Wahrscheinlichkeit zum Erfolg. Um dieser Gefahr des Abhörens vorzubeugen, wäre eine Authentifizierung bereits vor der Teilnahme am Unternehmensnetzwerk sinnvoll. Genau dies beschreibt der erst kürzlich verabschiedete Standard IEEE

802.1x, den man auch als *portbasierte Authentifizierung* bezeichnet. Darin wird die Authentifizierung von Benutzern vor der eigentlichen Teilnahme am Netzwerk spezifiziert. Eine entsprechend IEEE 802.1x arbeitende Hardware-Komponente, z. B. ein Switch, bietet dem Client vor der Anmeldung eine dynamisch vergebene IP-Adresse mit Informationen über einen rudimentären DNS-Dienst, der ebenfalls auf dem Switch zur Verfügung gestellt wird. Die einzig mögliche Kommunikation in diesem Stadium kann nur zwischen Client und Switch erfolgen. Nun können zwei grundlegende Ansätze verfolgt werden: eine Authentifizierung des Benutzers durch Verwendung eines Browsers an einem ebenfalls vom Switch zur Verfügung gestellten Dienst (webbasiert) oder transparent durch eine entsprechende Authentifizierung über das Betriebssystem (OS-basiert). Der IEEE 802.1x-Standard sieht die Integration dieser netzwerkbasierten Authentifizierung ins Betriebssystem vor. Da der Standard erst kürzlich verabschiedet wurde, gibt es erst wenige Produkte, die diesen Standard unterstützen. Auch sind die Realisierungen der entsprechenden Betriebssystemkomponenten noch nicht sehr weit gediehen. Die webbasierte Möglichkeit ist im Standard nicht explizit vorgesehen und soll als Übergangslösung hin zur transparenten, OS-basierten Lösung dienen.

Ablauf der Anmeldung

Bei der Verwendung einer IEEE 802.1x-Authentifizierung, die in das Client-Betriebssystem integriert ist, meldet sich der Benutzer wie gewohnt an seinem Client-Frontend an. Diese Anmeldung wird nun von der Betriebssystemkomponente über so genannte *EAP-Pakete* (*Extensible Authentication Protocol*) vom Switch an den Authentifizierungsserver, der auf dem Switch konfiguriert ist (z. B. ein RADIUS-Server), weitergereicht und dort validiert. Hierbei sieht der Standard die Verwendung von X.509-Zertifikaten oder MD5 als EAP-Methode vor. Die Authentifizierungsverfahren sind modular erweiterbar. Das Ergebnis der Prüfung wird dem Switch als Rückgabewert zur Verfügung gestellt. War die Anmeldung am Authentifizierungsserver erfolgreich, wird der entsprechende Port des Switches, an dem die Anfrage des Clients gestellt wurde, für die Teilnahme am Unternehmensnetzwerk freigeschaltet, und der Switch verhält sich während des Betriebes wie ein normaler Switch. Wurde die Anmeldung zurückgewiesen oder wird die Verbindung zwischen Client und Switch getrennt (z. B. durch Abschalten des Clients oder durch Herausziehen des entsprechenden Netzwerkkabels), wird der Port in den Status `nicht freigeschaltet` zurückgesetzt. Das Abhören des Netzwerkverkehrs wird dadurch unterbunden.

Die betriebssystemseitige Komponente für die Nutzung dieses Verfahrens muss dabei entsprechende Anfragen an den Switch stellen können und dem Benutzer die Rückgabewerte (erfolgreiche Anmeldung, nicht erfolgreiche Anmeldung aufgrund von Fehlerbeschreibung) visualisieren können. Damit sich dieses Verfahren dem Anwender gegenüber transparent verhält, muss die beschriebene Funktionalität in das existierende Anmeldeverfahren des Betriebssystems integriert werden. Dafür muss auch die rudimentäre, auf DHCP basierende TCP/IP-Kommunikation mit dem Switch unterstützt werden.

Anforderung an das Betriebssystem

Wie bereits erwähnt, existieren aufgrund der kurzen Zeitspanne, die seit der Einführung vergangen ist, bisher noch keine vollständigen Realisierungen des IEEE 802.1x-Standards. Die webbasierte Übergangslösung wurde jedoch bereits realisiert und getestet. Dabei wird die Integration der betriebssystemspezifischen Komponente durch eine auf dem Switch zur Verfügung gestellten Website ersetzt. Die portbasierte Authentifizierung kann nun leider nicht transparent erfolgen, da mit einem Browser die entsprechende Website aufgerufen und die notwendigen Anmeldedaten wie z. B. Benutzername und Passwort in dafür vorgesehene Felder eingetragen werden. Sind diese Daten an den Authentifizierungsserver übermittelt, folgt die weitere Kommunikation dem soeben beschriebenen Ablauf. Für netzwerkfähige Geräte, die keine Authentifizierung durchführen können, wie z. B. einen Netzwerkdrucker, gibt es eine entsprechende Betriebsart, die für den Port, an dem dieses Gerät angeschlossen ist, keine Authentifizierung fordert. Hier müssen geeignete physikalische Schutzmaßnahmen greifen, um die Schwachstellen im Gesamtsystem zu eliminieren.

Übergangslösung

7.2.5 Kombination RADIUS, Einmal-Passwörter und portbasierte Authentifizierung

Die Kombination der gerade beschriebenen Verfahren führt zu einem komfortablen, einfach zu verwaltenden und sicheren System. Als Authentifizierungsserver soll ein RADIUS-fähiger Server betrachtet werden, der Einmal-Passwörter mit Hardware-Token akzeptiert. Das Ganze sollte in eine Netzwerkinfrastruktur eingebettet sein, deren äußere Komponenten, an denen sich Clients physikalisch verbinden, den IEEE 802.1x-Standard unterstützen. Auf diese Weise werden Benutzer zentral am RADIUS-Server administriert. Dort erhalten sie eine Zuordnung zu einem der Hardware-Token, mit denen sie sich dann mittels der erzeugten Einmal-Passwörter am System anmelden. Diese Anmeldung wird von den IEEE 802.1x-fähigen Switches gegen den RADIUS-Server validiert, und nur bei einer erfolgreichen Authentifizierung kann ein Client sich in das Unternehmensnetzwerk einklinken, da die IEEE 802.1x-Policy bei nicht erfolgter oder nicht erfolgreicher Anmeldung den Port des Anwenders für den Zugang zum Unternehmensnetz sperrt. Die beschriebene Anmeldung am RADIUS-Server würde nun auch noch zur Einleitung eines entsprechenden Single Sign-On-Prozesses dienen, bei dem die Gültigkeit der Anmeldung an das Unternehmensportal weitergereicht wird. Dies könnte beispielsweise durch die Integration des RADIUS-Servers in das Unternehmensportal mittels entsprechender Schnittstelle erfolgen (siehe den Abschnitt *Externe Authentifizierungsmechanismen* weiter unten). Der Anwender kann nun direkt und ohne weitere Anmeldung die über das Unternehmensportal angeschlossenen Backend-Systeme erreichen. Zudem funktioniert dieses Konstrukt auch für Benutzer, die sich über das Internet oder per Einwahl ins Unternehmen am Portal anmelden wollen, da sich diese Benutzer ebenfalls am RADIUS-Server authentifizieren können. Bei all diesen Szenarien stellt sich der Anmeldevorgang für den Benutzer gleichartig dar, was einen hohen Komfort und ein hohes Sicherheitsniveau gewährleistet.

Verfahren	Anwendungsgebiet	Bemerkung
Logon-Tickets	Anmeldung an allen im Portal integrierten Systemen, die Logon-Tickets validieren können	SSO-Mechanismus, SAP Produkte verstehen Logon-Tickets
RADIUS	dient als standardisiertes Verfahren zur Übermittlung von Anmeldeinformationen	wird von vielen Produktherstellern unterstützt und erhöht damit die Vielfalt der möglichen Authentifizierungsverfahren
Einmal-Passwörter und Token	starke Authentifizierung durch zwei Faktoren, Vermeidung von statischen Passwörtern	erzwungene Passwortänderungen obsolet
portbasierte Authentifizierung	Authentifizierung vor Teilnahme am Netzwerk	neuer IEEE-Standard, kein Netzwerkzugang ohne Anmeldung

Tabelle 7.2 Serverbasierte Authentifizierungsverfahren im Überblick

7.3 Weitere Authentifizierungsverfahren

Neben der Authentifizierung gegenüber dem Betriebssystem und der serverbasierten Authentifizierung gibt es eine weitere Gruppe von Authentifizierungsverfahren, die bei der Anmeldung des Benutzers am Portal eingesetzt werden können. Diese Lösungen zeichnen sich durch ihre besonders flexiblen Einsatzmöglichkeiten aus.

Public Key-Mechanismen bieten eine starke Authentifizierung des Anwenders über digitale Zertifikate und können neben der Authentifizierung am Portal selbst zur Anmeldung an einer Vielzahl von Anwendungen, die X.509 unterstützen, eingesetzt werden. Daneben gibt es in Public Key-Infrastrukturen weitere Einsatzmöglichkeiten der digitalen Zertifikate für Verschlüsselung und digitale Signatur.

Des Weiteren bieten Unternehmensportale der SAP eine Schnittstelle, über die beliebige externe Authentifizierungsmechanismen bei der Anmeldung am Portal eingesetzt werden können, wodurch jegliche externe Benutzerdatenbanken zur Authentifizierung des Anwenders abgefragt werden können.

Als dritte Variante können agentenbasierte Lösungen ein Single Sign-On auch in heterogenen Systemlandschaften mit unterschiedlichen Authentifizierungsmechanismen realisieren. Diese Technologie gestattet es, dass der Anwender im Portal auch in heterogenen Systemlandschaften mit verzweigten Domänenstrukturen mit einem einzigen Anmeldevorgang auskommt.

7.3.1 PKI

Digitale Zertifikate können als Single Sign-On-Lösung für Unternehmensportale verwendet werden. Der Anwender verfügt hierbei über eine digitale Identität und ein Zertifikat, das er zur Authentifizierung am Portal verwenden kann. Die Authentifizierung am Portal erfolgt hierbei über die Mechanismen des zwischen Webbrowser und Webserver eingesetzten SSL-Protokolls (siehe Kapitel 5).

Zertifizierungsinstanz

Die Zertifikate werden von einer unabhängigen, vertrauenswürdigen Instanz, der so genannten *Zertifizierungsinstanz* ausgestellt. Der Webserver braucht nur über das Zertifikat der Zertifizierungsinstanz zu verfügen, um die Gültigkeit eines Anwenderzertifikates überprüfen zu können. Hierbei ist zu beachten, dass die zertifikatsbasierte Authentifizierung am Webserver erfolgt. Nach der Authentifizierung des Anwenders erfolgt ein User Mapping des Benutzernamens im Zertifikat auf den Benutzernamen in den Backend-Systemen. Die Eingabe eines Passwortes am Portal ist bei diesem Authentifizierungsmechanismus nicht erforderlich.

Personal Security Environment

Der Anwender speichert sein Schlüsselpaar in seiner persönlichen Sicherheitsumgebung (*Personal Security Environment*, PSE). Diese kann entweder Bestandteil des Betriebssystems des Clients beziehungsweise des Internet-Browsers sein, oder es wird eine zusätzliche Software- oder Hardwarelösung (beispielsweise in Form von Smart Cards) eingesetzt, um das Schlüsselpaar zusätzlich zu schützen. Hardware-PSE-Lösungen bieten neben der höheren Sicherheit insbesondere den Vorteil, dass der Anwender sein Schlüsselpaar mitnehmen und die Smart Card auf einer beliebigen Workstation zur Authentifizierung verwenden kann.

In den Unternehmensportalen der SAP wird dem Anwender nach erfolgreicher Authentifizierung am Portal über Public Key-Mechanismen ein Logon-Ticket ausgestellt, das zur Authentifizierung beim Zugriff auf Komponentensysteme verwendet wird.

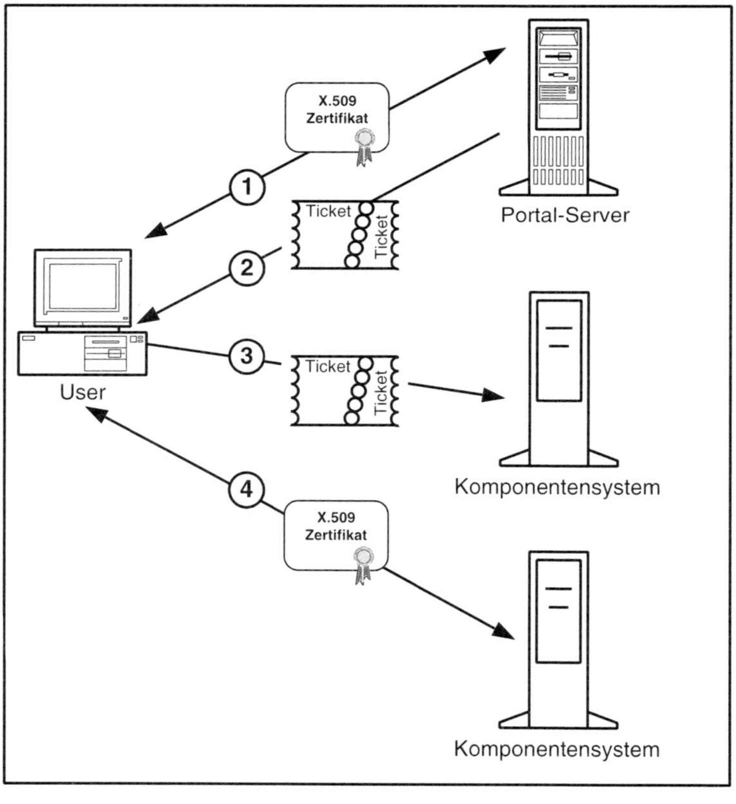

Abbildung 7.9 Authentifizierung über Public Key-Verfahren und Ausstellung eines Logon-Tickets

Damit ist eine hohe Flexibilität gewährleistet, da zum Zugriff auf Backend-Systeme im Portal entweder dieselben Public Key-Mechanismen, die zur Anmeldung am Portal dienen, eingesetzt werden können, oder das vom Portal ausgestellt Logon-Ticket verwendet werden kann. Es hängt hier von den Möglichkeiten des Backend-Systems ab, welche Lösung implementiert wird.

SAP Trust Center Services

Die Grundlage einer Authentifizierung über Public Key-Verfahren ist eine Public Key-Infrastruktur, in deren Zentrum die Zertifizierungsinstanz zur Ausstellung der digitalen Zertifikate steht. SAP-Kunden haben die Möglichkeit, die bestehende Public Key-Infrastruktur der Trust Center Services als Single Sign-On-Lösung für ihr Portal zu nutzen. Alternativ hierzu können natürlich auch Zertifikate einer eigenen Public Key-Infrastruktur eingesetzt werden, oder es werden die Dienstleistungen eines externen Trust Centers zur Ausstellung der Zertifikate in Anspruch genommen.

Über die Funktionen einer reinen Single Sign-On-Lösung hinaus bieten Public Key-Infrastrukturen weitere Vorteile in der unternehmensübergreifenden Kommunikation mit Kunden, Lieferanten und Partnern. Zusätzlich zur starken Authentifizierung beim Zugriff auf das Portal können Public Key-Infrastrukturen beispielsweise auch die Integrität und Authentizität bei der E-Mail-Kommunikation gewährleisten. Weitere Informationen zu Public Key-Infrastrukturen finden sie ab Kapitel 8.

7.3.2 Externe Authentifizierungsmechanismen

Standardmäßig lässt sich die Authentifizierung des Anwenders bei Unternehmensportalen der SAP über verschiedene Verfahren realisieren. Hierzu zählen insbesondere die Authentifizierung durch Eingabe von Benutzername und Passwort, NTLM-Authentifizierung in Windows-Netzen oder -Mechanismen, die auf Public Key-Infrastrukturen aufbauen. Eine zusätzliche Flexibilität bietet das Portal durch eine Schnittstelle, über die sich beliebige externe Authentifizierungsverfahren einbinden lassen (siehe Abbildung 7.10).

Zugriff auf externe Benutzerdatenbanken

Die Authentifizierung des Anwenders beim Zugriff auf das Portal kann über diese Schnittstelle auf beliebige externe Verfahren ausgelagert werden, so dass die Verifikation von User-ID und Passwort bei Anmeldung am Portal in beliebigen externen Benutzerdatenbanken erfolgen kann. Alternativ könnten hierdurch auch Einmal-Passwort-Token zur Authentifizierung integriert werden.

Gegenwärtig gibt es noch keine Hersteller, die fertige und von der SAP zertifizierte externe Authentifizierungsmechanismen für das Enterprise Portal anbieten. Es ist jedoch damit zu rechnen, dass solche Mechanismen bald verfügbar sind. Zudem besteht die Möglichkeit, eigene Lösungen auf Projektbasis zu realisieren.

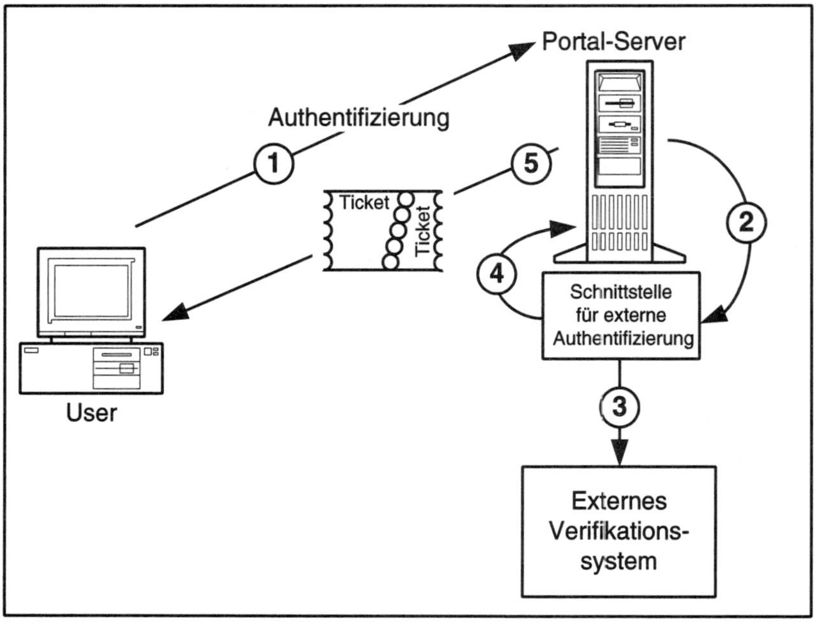

Abbildung 7.10 Externe Authentifizierungsmechanismen über COM-Schnittstelle einbinden

7.3.3 Agentenbasierte Multiplattform-Authentifizierung

Betrachtet man Unternehmensportale im typischen Umfeld, müssen heterogene Systemlandschaften, verschiedene DNS-Strukturen und verteilte Ressourcen mit berücksichtigt werden. Eine agentenbasierte Lösung kann dem Rechnung tragen, da die Struktur flexibel erweitert werden kann und eine entsprechende Implementierung der Agenten meist auf vielen Betriebssystemplattformen bereits existiert oder nach Anforderung realisiert werden kann.

Heterogene Landschaft, verschiedene Domains

Beispielsweise könnte man sich ein Unternehmensportal vorstellen, das im ersten Schritt die an den einzelnen Niederlassungen des Unternehmens existierenden Intranets unter einer einheitlichen Oberfläche mit einer einheitlichen Anmeldeprozedur und einer zentralen Administration subsummiert. Dabei müssen die eventuell unterschiedlichen eingesetzten Webserver, wie z. B. ein Microsoft Internet Information Server, ein Lotus Domino-Server oder ein Apache Webserver unter Linux, berücksichtigt werden. Weiterhin haben die einzelnen Niederlassungen eventuell unterschiedliche Internet-Domänen, unter denen sie lokal bekannt sind und die sich nicht nach dem Schema *xxx.firma.com* zusammenfassen lassen. Dies kann mehrere Ursachen haben, sei es, dass eine solche Niederlassung durch Zukauf in das Unternehmen gekommen ist, oder dass eine Niederlassung ein bestimmtes, namentlich bekanntes Produkt oder eine Produktreihe herstellt, die zur Wahl des Namens der Internet-Präsentation geführt hat.

Heterogene Landschaft vereinen

Die heterogenen Webserver können durch den Einsatz der verfügbaren Agenten für die jeweiligen Betriebssystem-/Webserver-Kombinationen mit der so gewählten Software bestückt werden, und damit ist eine Kommunikation zum korrespondierenden Server, einem Policy Server, gewährleistet. Dadurch können alle Anwender, die auf einen so bestückten Webserver zugreifen, anhand der vom Policy Server angefragten Benutzerdatenbank authentifiziert werden. Diese Funktionalität könnte durch den Einsatz entsprechender Filter auf den jeweiligen Webservern realisiert werden, wie z.B. ein ISAPI-Filter beim Microsoft IIS oder ein NSAPI-Filter beim Netscape Webserver.

Unterschiedliche Domains vereint

Da die Authentifizierung vom jeweiligen Agenten auf dem entsprechenden Webserver entgegengenommen wird, kann auch die Domain-übergreifende Authentifizierung Gegenstand einer Policy des Policy Servers sein. Die Anfrage des Policy Servers an die entsprechende Benutzerdatenbank muss flexibel konfigurierbar sein, so dass z.B. ein Benutzer der Niederlassung A und dem Domain-Namen *A.org* beim Zugriff auf das Unternehmensportal gegen die Benutzerdatenbank authentifiziert wird, die für Anwender der Niederlassung A im Policy Server hinterlegt ist. Ein Benutzer der Niederlassung B und dem Domain-Namen *B.com* hingegen wird gegen eine andere Datenbank authentifiziert, sofern dies so im Policy Server konfiguriert ist. Damit kann eine zentrale Administration der Portalbenutzer erfolgen, und die Domain-Beschränkungen können entfallen.

Flexibilität durch Standards

Da durch diese Technik ein hoher Grad an Skalierbarkeit und Flexibilität gewonnen wird, bietet es sich an, dass in der Policy des entsprechenden Policy Servers auch die Autorisierung der Portalbenutzer konfiguriert werden kann, also welchem Benutzer welcher Zugriff auf welche Ressourcen erlaubt ist. Dies bedingt wiederum, dass nicht nur die Webserver mittels der beschriebenen Agententechnik mit dem Policy Server in Kommunikation treten, sondern dass auch noch entsprechende Agenten für Applikations-Server existieren. Für derartige Autorisierungen ist in naher Zukunft ein Standard zu erwarten wie z.B. die *Security Assertion Markup Language* (SAML), eine XML-basierte Lösung, die beispielsweise in die Logon-Tickets der SAP aufgenommen werden könnte. Ein Portal, das eine derartige Technik verwendet, kann dem Portalbenutzer personalisierten Zugriff auf die im Unternehmensportal eingebundenen Applikations-Server bieten. Für diese Funktionalität empfehlen sich besonders standardisierte Anwendungen bzw. Schnittstellen. Denn durch die Integration derartiger Komponenten lassen sich viele Applikationen, die ihrerseits diese Standards unterstützen, vereinen. Der Zugriff mittels LDAP auf ein entsprechendes Verzeichnis bietet beispielsweise die Möglichkeit, die entsprechenden Ressourcen darin zu verwalten und den eventuell bereits im gleichen Verzeichnis befindlichen Benutzern mit den jeweiligen Zugriffsrechten zuzuordnen. Die Unterstützung von RADIUS würde die Möglichkeit eröffnen, dass Benutzer, die sich in das Unternehmensnetzwerk einwählen, an derselben Benutzerdatenbank authentifiziert werden können. Des Weiteren ist es dadurch möglich, eine portbasierte Authentifizierung der im Unternehmensnetzwerk befindlichen Anwender in das Unternehmensportal zu integrieren. Darüber hinaus bietet die RADIUS-Unterstützung die Option, die Nutzung der Ressourcen in geeigneter Weise zu protokollieren (*Accounting*). Eine Unterstützung der ODBC-Schnittstelle (*Open Database Connectivity*) eröffnet den Zugriff auf Datenbanken, die diese Schnittstelle unterstützen. Damit können auch die Benutzern authentifiziert werden, die in der Datenbank vorgehalten werden. Die Ressourcenkontrolle kann gleichfalls über diesen Weg erfolgen, und die anfallenden Daten der Ressourcennutzung können entsprechend komfortabel in eine solche Datenbank eingespeichert werden. Die Kombinationsmöglichkeiten und Einsatzgebiete sind bereits mit den drei soeben skizzierten Standard-Schnittstellen immens.

Eine eigenständige, für alle nutzbare Benutzerdatenbank

Ein anderes Einsatzgebiet der Agententechnik stellt die Einbindung von Partner-Seiten dar. Die gemeinsame Nutzung einer Benutzerdatenbank ist in den meisten Fällen nicht erwünscht, da beide Parteien eigenständig agieren und das auch weiterhin wollen. Eine derartige Geschäftsbeziehung bedeutet in den seltensten Fälle auch die Verquickung der Arbeitsabläufe bei der Benutzerverwaltung – dies ist eben ein sensitiver Bereich, bei dem man sich nicht gerne in die Karten schauen lassen möchte. Um aber zwischen den beiden Geschäftspartnern dennoch eine gewisse Verflechtung der jeweils eigenen Web-Ressourcen erreichen zu können, kann ein entsprechend modifizierter Web-Agent auf dem Webserver des jeweiligen Partners eingesetzt werden. Der so entstandene Partner-Web-Agent kann bei der Anfrage eines Anwenders durch Kommunikation mit dem entsprechenden Policy Server in Erfahrung bringen, ob der anfragende Benutzer bekannt und authentifiziert ist. Je nach Ausgang dieser Prüfung kann er die vom Partner zur Verfügung gestellten Web-Seiten und -funktionalitäten für den Anwender freigeben. Dadurch lässt sich eine Integration des Web-Angebotes von Geschäftspartnern in das eigene

Unternehmensportal erreichen, ohne dabei den sensitiven Bereich der Benutzerverwaltung dem Partner gegenüber öffnen oder generelle Vertrauensbeziehungen eingehen zu müssen.

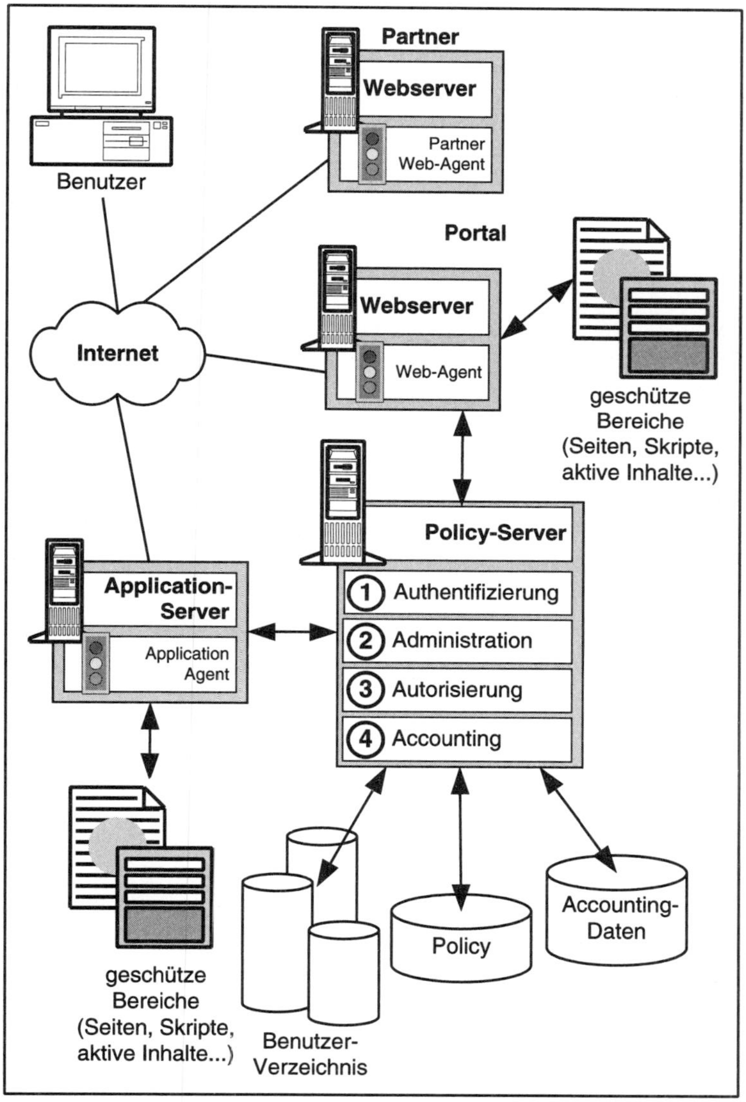

Abbildung 7.11 Agentenbasierte Multiplattform-Authentifizierung

Einbindung in Unternehmensportale der SAP

Die Einbindung der beschriebenen agentenbasierten Multiplattform-Authentifizierung in Unternehmensportale mit SAP Portal-Produkten ist durch die Nutzung von Standardschnittstellen wie hier z.B. die COM-Schnittstelle realisierbar. Dies eröffnet einem solchen Portal die bereits geschilderte Flexibilität dieser Technik und gestattet gleichzeitig den Zugriff auf die wichtigen Unternehmensdaten, die u.a. in den eingesetzten SAP Komponenten-Servern abgelegt sind.

Verfahren	Anwendungsgebiet	Bemerkung
PKI	zertifikatsbasierte Anmeldung an der gesamten Portalinfrastruktur möglich	Zertifikate müssen als Authentifizierung akzeptiert werden
externe Authentifizierungsmechanismen	Erweiterung der bestehenden Authentifizierungsmethoden, variabler Einsatz in unterschiedlichen Umgebungen, Erhöhung der Flexibilität	dokumentierte Schnittstelle muss existieren, die sich für derartige Erweiterungen eignet
agentenbasierte Multiplattform-Authentifizierung	Anmeldung an unterschiedlichen Ressourcen, über Domänen-/Unternehmensgrenzen hinweg	Agenten für die diversen Plattformen und Applikationen müssen verfügbar sein

Tabelle 7.3 Weitere Authentifizierungsverfahren im Überblick

Teil 3 PKI – Public Key-Infrastrukturen

Dieser Teil des Buches widmet sich einem Bereich, der auf den ersten Blick nicht unbedingt im Zusammenhang mit sicheren Unternehmensportalen steht. Die Thematik wurde deshalb in dieses Buch aufgenommen, weil sie für die Verschlüsselung des Datenverkehrs, für Single Sign-On sowie für digitale Signaturen wichtig ist und damit als Alternative zu allen anderen in Teil 3 vorgestellten Techniken dienen kann.

Die Nutzung einer Public Key-Infrastruktur bleibt in der Regel nicht auf das Unternehmen bzw. auf das Unternehmensportal beschränkt, sondern kann durch die Zusammenfassung von anderen Public Key-Infrastrukturen auch für den Datenaustausch mit Kunden, Lieferanten und Partnern eingesetzt werden.

Die folgenden Kapitel beschreiben das Thema PKI im Zusammenhang mit Unternehmensportalen. Zunächst werden dazu die Grundlagen erläutert, dann die technischen Aspekte. Den Abschluss bilden der Einsatz und die Einführung einer PKI, wobei in diesem Zusammenhang auch auf rechtliche Gesichtspunkte eingegangen wird.

8 Grundlagen von Public Key-Infrastrukturen

Eine Public Key-Infrastruktur basiert auf einer vertrauenswürdigen Instanz, die die Ausstellung von digitalen Zertifikaten für die Anwender durchführt. Die Anwender können dann diese digitalen Ausweise verwenden, um sich gegenüber dem Portal zu authentifizieren oder Dokumente digital zu signieren.

Vertrauen ist die Basis einer jeden Geschäftsbeziehung und dies ist bei der Arbeit mit Kunden und Partnern über das Internet besonders wichtig. Prinzipiell vertraut man natürlich seinen Partnern. Aber man muss sich sicher sein können, dass die Mitarbeiter der Lieferanten, die Zugriff auf das Portal haben, diejenigen sind, die sie behaupten zu sein. Die traditionellen Methoden der Identifizierung von Angesicht zu Angesicht – z.B. durch Vorzeigen des Personalausweises – müssen an die Online-Welt angepasst werden. Die Menschen oder Maschinen, die E-Business betreiben, müssen wechselseitig in der Lage sein, ihre Identitäten mit den geeigneten Mitteln zu prüfen. Dies betrifft verschlüsselte, unternehmensweite Kommunikation zwischen den Servern und internen sowie externen Benutzern, die den Zugriff auf interne Backend-Systeme benötigen. Der Identitätsnachweis, der eingerichtet wird, muss ausreichend und nachvollziehbar sein. In der Welt des Internets – wie auch in der realen Welt – wird eine Verwaltungsinstanz benötigt, die Ausweise zur Identifizierung ausstellt und, falls notwendig, diese auch wieder sperrt. Zudem ist eine Verwaltungsbehörde unabdingbar, die die Nutzer registriert und auf ihre Identität hin prüft, bevor sie deren Antrag an die ausstellende Behörde weiterleitet.

Digitale Zertifikate

Die Lösung besteht in der Nutzung *digitaler Zertifikate*. Digitale Zertifikate werden von einer vertrauenswürdigen Zertifizierungsbehörde ausgestellt, die die natürliche Identität einer Person oder eines Systems mit einer digitalen Identität verbindet. Die digitale Identität besteht aus einem kryptographischen Schlüsselpaar mit einem öffentlichen und einem privaten Schlüssel (vgl. Kapitel 5), die mathematisch voneinander abhängig sind. Der öffentliche Schlüssel ist frei zugänglich, aber nur der Zertifikatsinhaber kennt den privaten Schlüssel. Digitale Zertifikate schaffen eine sichere Basis für eine vertrauenswürdige Authentifizierung von Benutzern und Systemen. Diese Infrastruktur wird als Public Key-Infrastruktur bezeichnet.

Zur Gewährleistung einer sicheren Kommunikation umfasst eine PKI sowohl technische Maßnahmen als auch organisatorische und rechtliche Aspekte zur Verwaltung der öffentlichen Schlüssel. Dies ist notwendig, um die Authentizität der verwendeten Schlüssel und die Verbindlichkeit von Signaturen sicherzustellen.

Vertrauensbeziehungen

Ziel einer Public Key-Infrastruktur ist die Schaffung von Vertrauen als Grundlage für elektronische Geschäftsbeziehungen zwischen den Teilnehmern. Im Abschnitt 8.1 werden Vertrauensmodelle betrachtet, die innerhalb von Public Key-Infrastrukturen eingesetzt werden können. Anschließend werden in Abschnitt 8.2 die Komponenten von Public Key-Infrastrukturen beschrieben und ihre Aufgaben erläutert. Der SAP Trust Center Service ist eine für SAP-Kunden kostenlose Alternative zum Aufbau einer eigenen Public Key-Infrastruktur in ihrem Unternehmen. Der SAP Trust Center Service wird weiter unten als Beispiel einer bestehenden PKI vorgestellt.

8.1 Vertrauensmodelle

8.1.1 Direct Trust und Web of Trust

Direkter Schlüsseltausch

Das einfachste Vertrauensmodell wird *Direct Trust* genannt. Direct Trust basiert darauf, dass die Teilnehmer untereinander direkt ihre öffentlichen Schlüssel austauschen und sich auch die Authentizität der Schlüssel selbst bestätigen. In der Praxis kann der Schlüsselaustausch zum Beispiel so ablaufen, dass unsere Bekannten Alice und Bob sich treffen und Bob Alice persönlich eine Diskette mit seinem öffentlichen Schlüssel gibt. Da Alice den Schlüssel direkt von Bob erhalten hat, kann sie davon ausgehen, dass er authentisch ist. Alternativ könnte Bob Alice den Schlüssel auch per E-Mail schicken und sie anschließend anrufen, um sicherzustellen, dass Alice den Schlüssel auch erhalten hat. Durch den Vergleich des Fingerprints des Schlüssels, eines Hashwertes, über den der Schlüssel verifiziert werden kann, können beide sicherstellen, das die E-Mail mit dem Schlüssel während der Übermittlung nicht verändert oder ausgetauscht wurde.

Nachteile von Direct Trust

Es ist leicht zu erkennen, dass dieses Verfahren recht aufwendig ist. Vor allem wenn man mit mehreren Personen kommunizieren möchte, müsste man die Authentizität der Schlüssel mit jedem Teilnehmer erneut ermitteln.

Möchte ein Teilnehmer seinen Schlüssel sperren lassen, muss er dies allen Kommunikationspartnern mitteilen, mit denen er einmal seinen Schlüssel getauscht hat. Eine geleistete digitale Unterschrift ist für den Unterschreibenden ebenfalls nicht sehr verbindlich, da er jederzeit abstreiten könnte, dass der verwendete Schlüssel wirklich ihm gehört. Das Durchsetzen eines einheitlichen Regelwerks (*Policy*) ist nahezu unmöglich, da jeder Teilnehmer sich einen eigenen Schlüssel selbst so generiert, wie er es für notwendig hält.

Indirektes Vertrauen im Web of Trust

Eine Erweiterung des Direct Trust-Vertrauensmodells stellt das sogenannte *Web of Trust* dar (siehe Abbildung 8.1). Alice möchte eine Nachricht an Charlie schicken, dessen öffentlichen Schlüssel sie aber noch nicht kennt. Anstatt die Authentizität des Schlüssels von Charlie mittels Direct Trust zu überprüfen, weiß sie zufällig, dass Bob Charlies öffentlichen Schlüssel besitzt und diesen auch mittels Direct Trust bereits verifiziert hat. Bob kann nun den öffentlichen Schlüssel von Charlie mit seinem eigenen Schlüssel signieren und an Alice schicken. Mit Bobs öffentlichem Schlüssel kann Alice die Signatur auf Charlies Schlüssel überprüfen. Da sie Bob vertraut, kann sie damit auch sicher sein, dass der Schlüssel von Charlie authentisch ist.

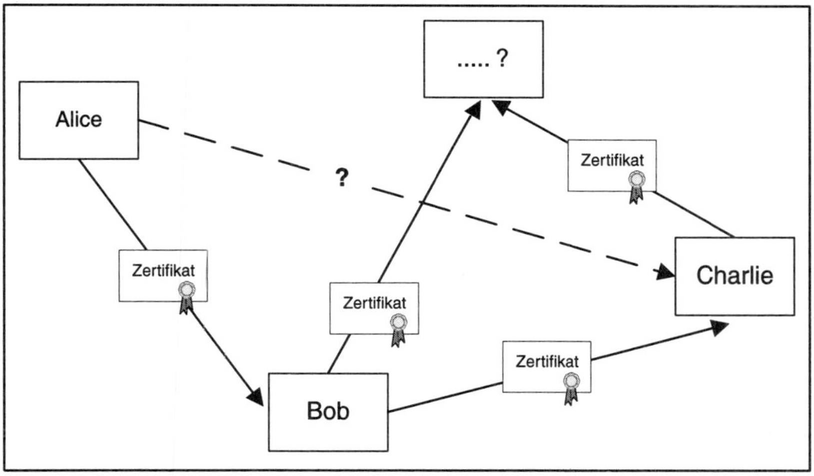

Abbildung 8.1 Web of Trust

Diese *Chain of Trust* kann beliebig erweitert werden, und es können längere Vertrauensketten zu beliebigen Teilnehmern gebildet werden. In der Praxis stellt sich jedoch das Problem, dass eine Kette wertlos ist, sobald ein Teilnehmer in der Kette sich als nicht vertrauenswürdig erweist. Die Teilnehmer sollten also nach Möglichkeit nach mehreren Vertrauensketten zu ihrem Kommunikationspartner suchen, um eine höhere Sicherheit zu haben. Dies gilt besonders dann, wenn die Kette länger wird.

Nachteile von Web of Trust

Das Web of Trust-Modell ist leistungsfähiger als das Direct Trust-Modell, da nicht jeder Teilnehmer mit all seinen Kommunikationspartnern direkt die Authentizität der Schlüssel überprüfen muss. Manche Probleme, die bereits bei Direct Trust bestehen, bleiben jedoch ungelöst. Wenn ein Teilnehmer seinen Schlüssel sperren lassen möchte, dann muss er nicht nur allen Teilnehmern, denen er die Authentizität seines Schlüssels direkt bestätigt hat, die Sperrung mitteilen, sondern darüber hinaus muss er dies allen Teilnehmern mitteilen, die seinen Schlüssel haben könnten. Die Verbindlichkeit einer geleisteten Signatur ist dadurch, dass es einen Dritten gibt, der den Besitzer des Schlüssels bestätigen kann, geringfügig höher als beim Direct Trust. Die Durchsetzung einer einheitlichen Policy für alle Zertifikate ist in diesem Modell ebenso schwierig wie bei einem Direct Trust-Modell.

Bei den Direct Trust- und Web of Trust-Modellen handelt es sich nicht um Public Key-Infrastrukturen im eigentlichen Sinne, da keine zusätzliche Infrastruktur eingesetzt wird und die bestehenden Probleme nur unzureichend oder gar nicht gelöst werden. Beide Modelle eignen sich wenig für den Einsatz in Unternehmen, da der hohe Aufwand in keinem Verhältnis zum Nutzen der Lösung steht. Speziell beim Einsatz in Unternehmensportalen sprechen auch technische Aspekte gegen diese Vertrauensmodelle, da das bei Portalen in Public Key-Infrastrukturen zur Authentifizierung verwendete SSL-Protokoll zwischen Webbrowser und Webserver in der Praxis am besten in Verbindung mit hierarchischen Vertrauensmodellen eingesetzt werden kann.

8.1.2 Hierarchical Trust

Bei Modellen wie dem Web of Trust kann grundsätzlich jeder Teilnehmer Zertifikate für andere Teilnehmer ausstellen, indem er ihren Public Key signiert. Es ist jedoch häufig gar nicht erwünscht, dass jeder Zertifikate ausstellen darf und kann, da nicht sichergestellt ist, dass wirklich jeder die gleichen hohen Sicherheitsanforderungen bei der Ermittlung der Authentizität eines Schlüssel erfüllt. In einem Unternehmen könnte es so durchaus vorkommen, dass ein Mitarbeiter aus Routine einen per Mail erhaltenen Schlüssel eines Kollegen zertifiziert, ohne zuvor die Herkunft des Schlüssels noch einmal beim Absender direkt zu verifizieren.

Zertifizierungsinstanz stellt die Zertifikate aus

Anstatt jedem Teilnehmer der Public Key-Infrastruktur die Möglichkeit zu geben, Zertifikate auszustellen, sollte eine unabhängige Instanz eingerichtet werden, die für die Vergabe von Zertifikaten zuständig ist. Eine solche Instanz wird als *Zertifizierungsinstanz* oder *Certificate Authority* (CA) bezeichnet.

Da nur die CA über die Vergabe von Zertifikaten entscheidet, steht sie quasi auf einer höheren hierarchischen Ebene als die Teilnehmer, die ihre Zertifikate von der CA erhalten. Aus diesem Grund wird dieses Vertrauensmodell auch als *Hierarchical Trust* bezeichnet (siehe Abbildung 8.2).

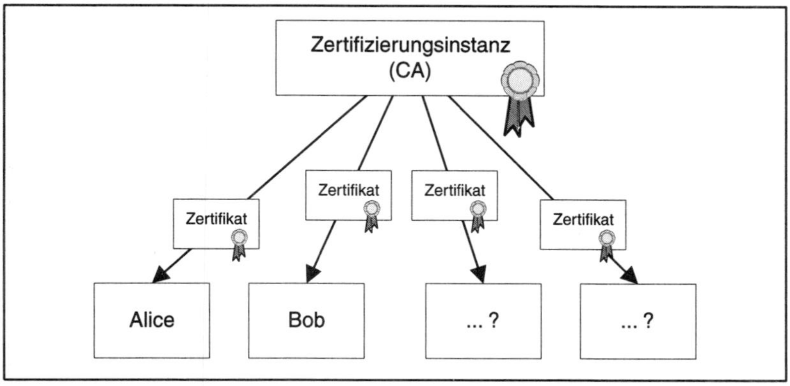

Abbildung 8.2 Zweistufiges Hierarchical Trust-Modell

Wurzel-Zertifikat

Wenn Bob Alice sein neues Zertifikat zusendet, kann Alice die Echtheit des Schlüssels überprüfen, indem sie die Signatur des Zertifikats mit dem öffentlichen Schlüssel der CA überprüft. Alle Teilnehmer benötigen also nur noch den öffentlichen Schlüssel der Zertifizierungsinstanz, um die Zertifikate der anderen Teilnehmer zu verifizieren.

Im Gegensatz zu Direct Trust- oder Web of Trust-Modellen erfordern hierarchische Vertrauensmodelle ein erhebliches Maß an Infrastruktur, damit sie funktionieren. Hierzu zählt vor allem der Betrieb einer Zertifizierungsinstanz und die Bereitstellung der Zertifikate für die Teilnehmer. In der Literatur werden deshalb hierarchische Modelle meist unter dem Begriff Public Key-Infrastruktur zusammengefasst.

Vorteile von Hierarchical Trust

Aus der Tatsache, dass es in diesem Modell eine zentrale Stelle gibt, entspringen noch zahlreiche Vorteile. Die Sperrung eines Zertifikats ist relativ einfach durchführbar, da der Anwender dies bei der zentralen Stelle veranlassen kann. Es erübrigt sich, dass er es selbst allen seinen Kommunikationspartnern mitteilt. Die Verfahren zur Sperrung von Zertifikaten werden in Kapitel 9 beschrieben. Die Verbindlichkeit einer digitalen Signatur hat in einem Hierarchical Trust-Modell einen wesentlich höheren Stellenwert als in anderen Modellen. Da der Anwender sein Zertifikat von einer offiziellen Stelle erhalten hat, lässt sich der Besitz später nicht mehr abstreiten, und das Vertrauen in eine geleistete Signatur ist folglich höher. Auch die Durchsetzung einer einheitlichen Policy ist bei diesem Modell recht einfach. Da ausschließlich die Zertifizierungsinstanz die Zertifikate an die Teilnehmer der PKI ausgibt, nachdem diese sich vorher registriert haben, lässt sich hier eine Kontrolle bezüglich der verwendeten Schlüssellängen, Gültigkeitszeiträume, usw. sehr gut durchführen. Mehr zur Policy einer Public Key-Infrastruktur finden Sie in Kapitel 9.

8.1.3 Varianten von Hierarchical Trust und CA-Hierarchien

Es gibt viele Zertifizierungsinstanzen

Das Hierarchical Trust-Modell geht davon aus, dass es eine Zertifizierungsinstanz für alle Teilnehmer gibt. Dieses Modell mag auch bei der Einführung einer Unternehmens-PKI zutreffen. Im World Wide Web gibt es jedoch viele konkurrierende Zertifizierungsinstanzen, so dass sind viele Zertifikate im Umlauf, die von unterschiedlichen Zertifizierungsinstanzen ausgegeben werden. Daher ist es auch erforderlich, über mehrere Zertifizierungsinstanz-Schlüssel zu verfügen, um die Zertifikate anderer Anwender verifizieren zu können, falls diese von einer anderen als der eigenen Zertifizierungsinstanz stammen. Die gängigen Internetbrowser verfügen zu diesem Zweck meist standardmäßig über die Wurzel-Zertifikate mehrerer vertrauenswürdiger Zertifizierungsinstanzen. Beispielsweise sind die Root-Zertifikate von VeriSign, Thawte, des Trust Centers der Deutschen Telekom und anderen im Internet Explorer bereits vorinstalliert.

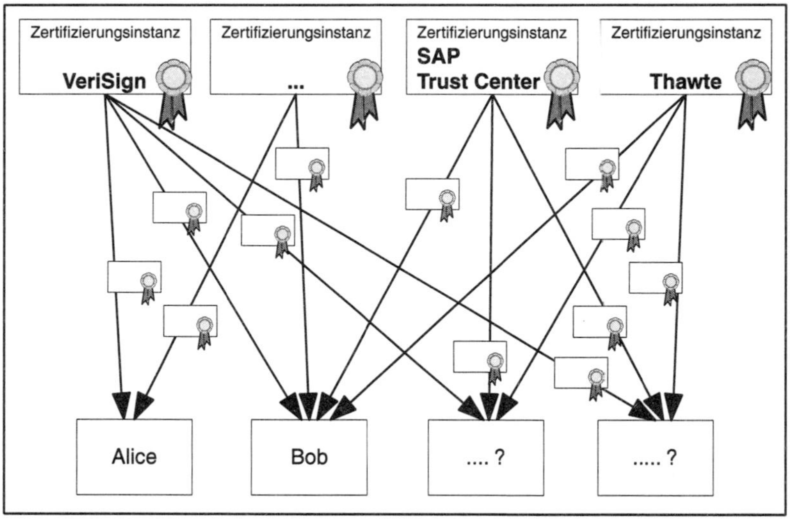

Abbildung 8.3 Web-Modell

Web-Modell

Da dieses Modell der Situation entspricht, die man heute im World Wide Web antrifft, wird es auch häufig als *Web-Modell* bezeichnet (siehe Abbildung 8.3). Das Web-Modell besagt, dass mehrere Zertifizierungsinstanzen existieren, die miteinander konkurrieren und Zertifikate für dieselbe Benutzergruppe herausgeben.

Es gibt jedoch auch Situationen, in denen mehrere Zertifizierungsinstanzen existieren, die Zertifikate für unterschiedliche Benutzergruppen ausgeben. Wenn zum Beispiel die Unternehmen X und Y jeweils eine eigene Public Key-Infrastruktur betreiben, um Zertifikate für ihre Mitarbeiter auszustellen, würden sich die Benutzergruppen nicht überschneiden. Um die Zertifikate jeweils innerhalb der PKI des anderen Unternehmens nutzbar zu machen, bietet sich eine *Cross-Zertifizierung* an. Hierdurch ist es möglich, dass die beiden Unternehmen, die ihre Unternehmensportale durch Public Key-Infrastrukturen abgesichert haben, die Portale für die Mitarbeiter des jeweils anderen Unternehmens öffnen.

Cross-Zertifizierung

Bei einer Cross-Zertifizierung (siehe Abbildung 8.4) stellen sich zwei Zertifizierungsinstanzen gegenseitig Zertifikate für die öffentlichen Schlüssel der jeweils anderen Zertifizierungsinstanz aus. Dadurch werden die Zertifikate der beiden Zertifizierungsinstanzen in den Zuständigkeitsbereichen der anderen CA gültig.

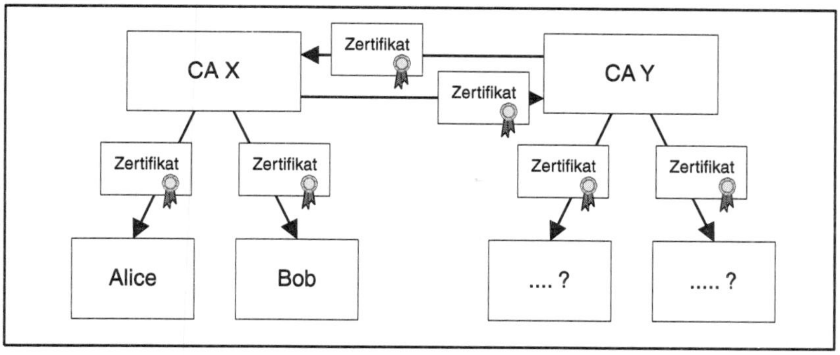

Abbildung 8.4 Cross-Zertifizierung

Wenn Alice, die ein Zertifikat von CA_X hat, sich das Zertifikat von Bob, der seines von CA_Y hat, von einem Verzeichnisdienst herunterlädt, lädt sie das Zertifikat von CA_Y automatisch mit herunter. Das Zertifikat von CA_Y kann sie mit dem Zertifikat ihrer eigenen CA, CA_X, überprüfen. Anschließend, wenn sie festgestellt hat, dass das Zertifikat von CA_Y vertrauenswürdig ist, kann sie mit dem CA_Y-Zertifikat Bobs Zertifikat überprüfen.

CA-Hierarchie

Anstatt die Schlüssel der Zertifizierungsinstanzen CA_X und CA_Y gegenseitig zu zertifizieren, hätten die beiden Zertifizierungsinstanzen sich auch einer übergeordneten Zertifizierungsinstanz anschließen oder eine eigene übergeordnete Zertifizierungsinstanz aufbauen können. Dieses Modell wird als CA-Hierarchie bezeichnet (siehe Abbildung 8.5), da hierbei mehrere Zertifizierungsinstanzen in einer hierarchischen Struktur organisiert sind. Die CA an der Spitze der Struktur wird als Wurzel-CA bezeichnet.

Die Bridge-CA verbindet unternehmensinterne Zertifizierungsinstanzen

Ein interessantes Projekt, dass den Ansatz einer gemeinsamen übergeordneten Zertifizierungsinstanz verfolgt, ist die *Bridge-CA*. Die Bridge-CA ist eine Zertifizierungsinstanz, die von der Deutschen Bank und der Deutschen Telekom gegründet wurde und das Ziel hat, als übergeordnete Wurzel-CA verschiedene unternehmensinterne Zertifizierungsinstanzen zu integrieren. Eine Unternehmens-PKI, deren Zertifizierungsinstanz von der Bridge-CA zertifiziert ist, kann damit über die Bridge-CA einen Zertifizierungspfad zu allen anderen Zertifizierungsinstanzen herstellen, die von der Bridge-CA ebenfalls zertifiziert wurden.

Mehrstufige CA-Hierarchien

Während bei der Zusammenführung von zwei Zertifizierungsinstanzen eine Cross-Zertifizierung die einfachere Lösung ist, werden Cross-Zertifizierungen bei einer größeren Anzahl von CAs sehr aufwändig, da jede CA mit jeder anderen cross-zertifiziert werden muss, um eine vollständige Abdeckung zu erreichen. In diesem Fall macht dann der Aufbau einer übergeordneten Zertifizierungsinstanz Sinn, die Zertifikate für die einzelnen Sub-CAs ausgibt. Dieses Verfahren könnte beispielsweise zum Einsatz kommen, wenn sich mehrere Unternehmen, die Public Key-Infrastrukturen betreiben, unter einer übergeordneten Branchen-CA zusammenschließen wollen. Ein Anwender innerhalb einer CA-Hierarchie benötigt dann nur das Zertifikat der Wurzel-CA, um die Zertifikate aller anderen Teilnehmer verifizieren zu können (siehe Abbildung 8.5).

Ein mehrstufiges CA-Modell ist auch im deutschen Signaturgesetz vorgesehen. Die Regulierungsbehörde für Telekommunikation und Post (RegTP) bildet hierbei die Wurzel-Zertifizierungsinstanz der Hierarchie. Die RegTP akkreditiert Zertifizierungsstellen für die Ausstellung von Zertifikaten nach dem Signaturgesetz. Zu den akkreditierten Zertifizierungsstellen zählen beispielsweise die Trust Center der Deutschen Telekom und der Deutschen Post sowie mehrere Zertifizierungsstellen von Steuerberater- und Rechtsanwaltskammern, die eigene CAs betreiben. Auf die rechtlichen Aspekte von Public Key-Infrastrukturen wird in Kapitel 10 näher eingegangen.

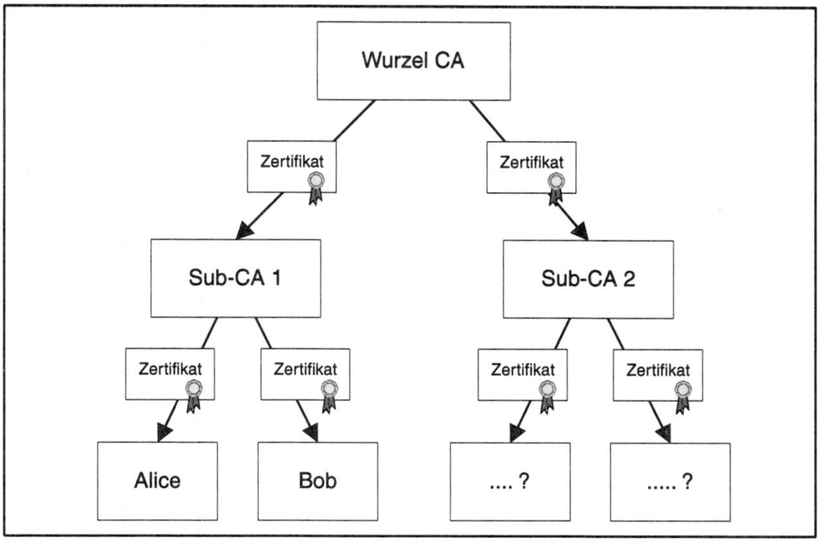

Abbildung 8.5 CA-Hierarchien

8.2 Aufbau einer PKI

Unternehmensportale stellen innerhalb einer Public Key-Infrastruktur nur eine von vielen Anwendungen dar. Parallel hierzu können eine Vielzahl weiterer Anwendungen existieren, die ebenfalls die Dienste der PKI in Anspruch nehmen, um Zertifikate zu beantragen, zu sperren oder Zertifikate auf ihre Gültigkeit hin zu überprüfen. Um diese verschiedenen Anforderungen zu erfüllen, kommen in einer PKI diverse Komponenten zum Einsatz, die jeweils unterschiedliche Aufgaben erfüllen.

Trust Center

Die Hauptrolle innerhalb der PKI spielt sicher die Zertifizierungsinstanz, die für die Vergabe von Zertifikaten zuständig ist. Von der Zertifizierungsinstanz in der Regel getrennt, erfolgt die Registrierung der Anwender in der Registrierungsinstanz. Durch die Zertifizierungsinstanz ausgestellte Zertifikate werden außerdem auf einem Verzeichnisdienst für die Anwender verfügbar gemacht. Zertifizierungsinstanz, Registrierungsinstanz und Verzeichnisdienst bilden den Kern einer Public Key-Infrastruktur. Diese drei Komponenten zusammen werden auch häufig als *Trust Center* bezeichnet.

Wie bereits erwähnt, hat die Zertifizierungsinstanz die Aufgabe, digitale Zertifikate auszustellen, und ist damit die wichtigste Komponente innerhalb des Trust Centers. Die Zertifizierungsinstanz verfügt selbst über ein digitales Schlüsselpaar.

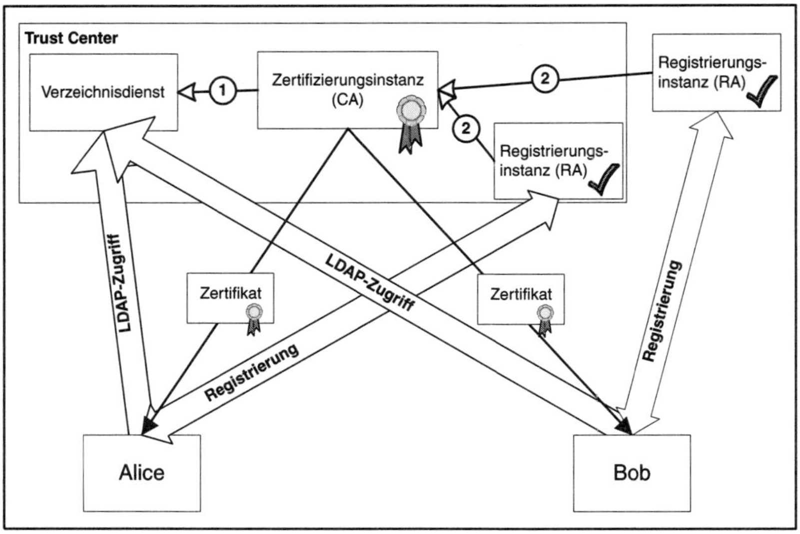

Abbildung 8.6 Public Key-Infrastruktur

Zum Ausstellen eines digitalen Zertifikats wird der öffentliche Schlüssel eines Teilnehmers zusammen mit weiteren Informationen über den Zertifikatsinhaber, wie Name und Firmenname, digital signiert. Mit dem öffentlichen Schlüssel der Zertifizierungsinstanz ist es anderen Teilnehmern dann möglich, die Echtheit eines Zertifikats festzustellen beziehungsweise zu überprüfen, ob das Zertifikat von einer vertrauenswürdigen Zertifizierungsinstanz ausgestellt wurde.

Die CA muss sicher betrieben werden

Da alle Zertifikate, die von einer Zertifizierungsinstanz ausgestellt wurden, auf das Schlüsselpaar dieser CA zurückgeführt werden können, handelt es sich dabei um eine sehr sicherheitskritische Komponente. Es muss auf jeden Fall sichergestellt werden, dass eine Kompromittierung der private Schlüssel der Zertifizierungsinstanz ausgeschlossen ist, da ansonsten keinem der ausgestellten Zertifikate mehr vertraut werden kann. Hierzu ist der Betrieb in einer sicheren Umgebung erforderlich. Meist wird das Trust Center in einem eigenen gesicherten Rechenzentrum mit besonderen Zutrittskontrollen und Hardware-Maßnahmen zum Schutz des privaten Schlüssels betrieben. Hersteller von CA-Software empfehlen häufig, die Zertifizierungsinstanz selbst offline, also ohne eigenen Netzzugang zu betreiben, um auch einen Angriff über das Netzwerk unmöglich zu machen. In der Praxis hängt es jedoch vom Business Case ab, ob dieser Aufwand erforderlich oder ob es nicht gerade beabsichtigt ist, dass die Zertifizierungsinstanz über das Netz erreicht werden kann, beispielsweise um die Ausstellung von Zertifikaten zu automatisieren.

Aufgrund des recht hohen Aufwandes zum Betrieb einer Zertifizierungsinstanz empfiehlt es sich, in einem Unternehmen nicht mehrere Zertifizierungsinstanzen, beispielsweise in jeder Tochtergesellschaft, sondern eine zentrale CA zu betreiben. Es kann auch vorteilhaft sein, statt einer eigenen CA die Zertifikate von einem externen Trust Center zu beziehen. Wie bereits beschrieben, kann die Zertifizierungsinstanz organisatorisch in einer Hierarchie mit übergeordneten CAs stehen, beispielsweise als Sub-CA unter einer übergeordneten Branchen-CA oder cross-zertifiziert mit einzelnen Zertifizierungsinstanzen von Kunden, Lieferanten oder Partnern.

Zentrale CA

Die Registrierungsinstanz (RA) hat die Aufgabe, die Teilnehmer einer Public Key-Infrastruktur zu registrieren und so die Beziehung zwischen einer Person und einem Schlüsselpaar herzustellen. Hierdurch wird sichergestellt, dass der Inhaber eines privaten Schlüssels mit der im Zertifikat genannten Person übereinstimmt. Der Teilnehmer wendet sich an die Registrierungsinstanz und wird dort registriert. Anschließend wird die Zertifikatsanforderung (der sogenannte *Certificate Request*) an die Zertifizierungsinstanz weitergeleitet und dort das Zertifikat ausgestellt.

Registrierungsinstanz

Eine Public Key-Infrastruktur verfügt in der Regel über mindestens eine Registrierungsinstanz, die Bestandteil des Trust Centers ist. Es können jedoch beliebig viele RAs außerhalb des Trust Centers eingesetzt werden. In einer unternehmensweiten PKI mit einer zentralen Zertifizierungsinstanz könnten zum Beispiel Registrierungsinstanzen in allen Niederlassungen existieren, die die Zertifikatsanforderungen an die zentrale CA weiterleiten. Bei den SAP Trust Center Services kann jeder Portal-Server zu einer Registrierungsinstanz des SAP Trust Centers werden. Die Ausstellung der Zertifikate erfolgt hierbei im zentralen CA-Server, die Registrierung der Anwender erfolgt jedoch gegenüber den einzelnen unabhängigen Portal-Servern.

Alle RAs einer Public Key-Infrastruktur haben die Registrierung der Anwender nach denselben Kriterien durchzuführen. Diese sollten in der Policy festgelegt sein und definieren, welche Daten bei der Registrierung zu erheben sind und wie die Identifikation der Teilnehmer zu erfolgen hat (beispielsweise durch Vorzeigen eines Ausweises oder durch Eingabe von Benutzernamen und Passwort gegenüber einem System).

Die Registrierungsinstanz kann als organisatorische Einheit (Registrierungsbüro) im Unternehmen angelegt sein, beispielsweise in der Personalabteilung. Da Personalabteilungen heute bereits oft für den Registrierungsprozess zur Ausstellung von Firmenausweisen zuständig sind,

Registrierungsbüro oder virtuelle RA

könnten sie auch gleichzeitig als Registrierungsinstanz zur Ausstellung des elektronischen Pendants zum Firmenausweis, dem digitalen Zertifikat, wirken. Anstelle des Betriebs eines Registrierungsbüros kann es sich bei der RA jedoch ebenso um eine virtuelle Registrierungsinstanz handeln, die als Server-Dienst den Anwender anhand eines Passworts identifiziert. Durch den Einsatz virtueller Registrierungsinstanzen kann der Registrierungs- und Verteilungsprozess digitaler Zertifikate vereinfacht werden. Dies wird in Kapitel 9 näher beschrieben.

Verzeichnisdienst

Die dritte wichtige Komponente innerhalb einer Public Key-Infrastruktur ist der Verzeichnisdienst. Nachdem die Zertifizierungsinstanz ein Zertifikat ausgestellt hat, publiziert sie es auf dem Verzeichnisdienst, wodurch es für die anderen Anwender und Anwendungen in der PKI abrufbar wird. Genau wie die Publikation der Zertifikate erfolgt auch die Publikation von Sperrlisten für zurückgerufene Zertifikate *(Certificate Revocation List*, CRL, siehe Kapitel 9) über den Verzeichnisdienst – alternativ hierzu können auch Verfahren zur Online-Sperrprüfung (z. B. OCSP, siehe Kapitel 9) implementiert werden. Das gängige Protokoll zum Zugriff auf Verzeichnisdienste ist LDAP (*Lightweight Directory Access Protocol*). Es gibt aber auch Implementierungen, die den Zugriff auf Zertifikate in einem Verzeichnis über HTTP gestatten.

Der Verzeichnisdienst der Public Key-Infrastruktur kann als Bestandteil des Trust Centers realisiert werden. Es ist jedoch ebenso möglich, die Zertifikate auf einem Verzeichnisdienst außerhalb des Trust Centers zu veröffentlichen.

8.3 Der SAP Trust Center Service

Vertrauensgemeinschaft

Wenn mehrere Unternehmen einer gemeinsamen Zertifizierungsbehörde vertrauen, sind die Zertifikate nicht nur innerhalb des Unternehmens anwendbar, sondern auch für die Beziehungen zwischen den einzelnen Unternehmen. So entwickelt sich eine Vertrauensgemeinschaft, in der effiziente Geschäfte über Unternehmensgrenzen hinweg getätigt werden. Es ist einfacher, in einer Vertrauensgemeinschaft Informationen auszutauschen und Geschäftsbeziehungen zu pflegen.

Zertifikate sind die wirkungsvollste verfügbare Authentifizierungstechnologie und werden von vielen Standard-Sicherheitsprotokollen und Anwendungen unterstützt. Idealerweise wird eine Vertrauensgemeinschaft auf einer bestehenden Infrastruktur aufgebaut. Mit über 15000 Kunden weltweit ist SAP in einer Position, eine solche Vertrauensgemeinschaft bilden zu können. Der *SAP Trust Center Service* (SAP TCS) erstellt kostenlos digitale Zertifikate für Angestellte und Systeme von SAP-Kunden und schafft damit ein vertrauenswürdiges Netzwerk von Beziehungen zwischen den angeschlossenen Unternehmen.

Der Vorteil liegt auf der Hand: Alle Mitglieder der Vertrauensgemeinschaft können sich auf die zertifizierte Identität der Systeme und Benutzer verlassen, die zu Authentisierungszwecken über ein Zertifikat verfügen.

TCS: günstige und sichere Lösung

Der SAP Trust Center Service stellt folglich eine ideale Lösung für all diejenigen Unternehmen dar, die eine kostengünstige und sichere PKI-Lösung bei ihrem Unternehmensportalprojekt suchen und keine teure, hochsichere eigene PKI aufbauen oder sich nicht in eine hochsichere PKI »einkaufen« wollen. Zielsetzung des TCS der SAP ist es, Geschäftsabschlüsse rechtssicher zu machen und zu fördern. Der Schwerpunkt der Positionierung des SAP TCS liegt eindeutig im Bereich »Business Enabling«: Die Kunden sollen mit der von der SAP zur Verfügung gestellten Technologie in der Lage versetzt werden, mehr und kostengünstiger Geschäfte zu machen, schneller neue Partner zu gewinnen und mit diesen sicher zu kommunizieren.

Der SAP Trust Center Service stellt die Zertifikate zentral aus, das Registrierungsverfahren der Anwender basiert hierbei jedoch auf den dezentralen Portalen. Die Software der Registrierungsinstanz für Server ist im SAP Service-Marktplatz angesiedelt, so dass man für seine Server ein Zertifikat beantragen kann, indem man sich in den SAP Service-Marktplatz einloggt.

Ungültige Zertifikate – z. B. im Falle eines Mitarbeiters, der das Unternehmen verlässt – werden im SAP Service-Marktplatz aufgehoben. Der SAP Service-Marktplatz sendet an die SAP-Vertrauensgemeinschaft eine Zertifikats-Rückrufliste mit den Seriennummern aller zurückgerufenen Zertifikate. Die Mitglieder der SAP-Vertrauensgemeinschaft können wählen, wie oft sie eine Aktualisierung dieser Liste erhalten möchten.

Durch den automatisierten Verteilungsprozess der Zertifikate des SAP TCSs an die Anwender zum Zugriff auf das Portal kann der Rollout der PKI beschleunigt und vereinfacht werden. Wie dieser Vorgang technisch abläuft, wird in Kapitel 9 näher beschrieben.

Die SAP benutzt den SAP Trust Center Service auch intern. Es sind bereits für weltweit 24000 Angestellte Zertifikate ausgestellt worden, die ihnen einen SSO-Zugriff zu mehr als 1000 relevanten internen SAP-Systemen erlauben. Kunden und Partner sind ebenfalls in der Lage, sich auf den SAP Service-Marktplatz einzuloggen, indem sie ihren SAP-Passport benutzen und von den Vorteilen der zertifikatsbasierten SSO-Mechanismen profitieren. Die SAP-Kunden müssen nicht länger ihren Benutzernamen und ihr Passwort wiederholt auf den verschiedenen Webservern des SAP Service-Marktplatzes eingeben, weil der Browser und der Webserver automatisch die Authentifizierung über die SSL-Verbindung durchführen.

Ausblick In der nahen Zukunft ist geplant, eine zweite Version des Trust Center Services zu schaffen. Hierbei soll ein Rückzugsprozess implementiert und OCSP (siehe Kapitel 9) als Anfrageprotokoll unterstützt werden, um qualifizierte Zertifikate im Sinne der Signaturrichtlinie ausstellen zu können. Zusammenfassend lässt sich also festhalten, dass es für die Wahl der richtigen Sicherheitslösung für Ihr Unternehmensportal aus rechtlicher Sicht auch auf den Business Case ankommt. Die unterschiedlichsten Anforderungen fließen in die richtige Wahl der Sicherheitslösung mit ein. Dies sollte man nicht aus den Augen verlieren.

In Kapitel 13 wird der praktische Einsatz des SAP TCS anhand eines Lösungsbeispiels erläutert.

9 Technische Aspekte von Public Key-Infrastrukturen

Bei der Einführung einer Public Key-Infrastruktur sind diverse technische Aspekte zu berücksichtigen, die das Sicherheitsniveau und die Vertrauenswürdigkeit des Trust Centers beeinflussen.

Unterschiedliche Anforderungen von Unternehmen, was das benötigte Sicherheitsniveau einer Public Key-Infrastruktur angeht, bestimmen das Erscheinungsbild der Lösung genauso wie die in die PKI zu integrierenden Anwendungen oder die Kostenaspekte. Zu den technischen Aspekten von Public Key-Infrastrukturen zählt insbesondere, wie die Schlüsselpaare erzeugt und gespeichert werden. Bei der Schlüsselerzeugung (Abschnitt 9.1) ist zwischen einem zentralen und einem dezentralen Ansatz zu unterscheiden. Die Speicherung der Schlüsselpaare (Abschnitt 9.2) kann entweder auf dem Rechner des Anwenders in einem Software-Tresor erfolgen, oder es kommen spezielle Hardware-Lösungen wie Smart Cards zum Einsatz.

Von der Realisierung der Schlüsselerzeugung und Schlüsselspeicherung hängt es auch maßgeblich ab, wie der Rollout, also die Verteilung der erforderlichen PKI-Software und -Hardware an die Anwender, erfolgen kann. Verschiedene Vorgehensweisen beim Rollout werden in Abschnitt 9.3 vorgestellt.

Scheidet ein Mitarbeiter aus dem Unternehmen aus oder verliert ein Anwender seine Smart Card, sollte sein Zertifikat gesperrt werden, um eine weitere Nutzung zu unterbinden. Anwender und Anwendungen in der PKI müssen zudem die Möglichkeit haben, den Sperrstatus anderer Zertifikate zu überprüfen. Die Verfahren zur Sperrprüfung von digitalen Zertifikaten sind in Abschnitt 9.4 beschrieben.

Werden die Schlüsselpaare in der PKI auch zur Datei und E-Mail-Verschlüsselung eingesetzt, können Message Recovery-Konzepte (Abschnitt 9.5) eingesetzt werden, um verschlüsselte Daten auch im Falle der Zerstörung eines privaten Schlüssels wiederherstellen zu können.

All diese Regelungen und Vorgaben zur Erstellung und Verwendung der Schlüssel in der Public Key-Infrastruktur müssen dokumentiert und für Dritte zugänglich sein, damit es Außenstehenden möglich ist, das Sicherheitsniveau eines Trust Centers einzuschätzen. Hierzu fertigt der Trust Center-Betreiber die »Policy« an, die für alle Teilnehmer die Regeln in der PKI festlegt. Dies wird in Abschnitt 9.6 näher erläutert.

9.1 Erzeugung der Schlüssel

Die Nutzung der Public Key-Technologie in einem Unternehmensportal erfordert die Generierung und Verteilung der Schlüsselpaare an die Anwender. Die Zertifizierungsinstanz der Public Key-Infrastruktur hat hierbei lediglich die Aufgabe, Zertifikate auszustellen, indem sie die öffentlichen Schlüssel der Teilnehmer signiert. Es bleibt demnach zu klären, wo die Schlüsselpaare erzeugt werden. Bei der Erzeugung der Schlüssel können zwei unterschiedliche Ansätze verfolgt werden: die dezentrale und die zentrale Schlüsselerzeugung.

Dezentrale Erzeugung der Schlüssel auf den Clients

Bei der dezentralen Schlüsselerzeugung wird die Generierung eines Schlüsselpaares durch den Anwender selbst initiiert, und zwar in drei Arbeitsschritten (Abbildung 9.1):

1. Der Anwender lässt zunächst von einer Software auf seinem Rechner ein Schlüsselpaar generieren.
2. Anschließend sendet er einen Certificate Request mit dem öffentlichen Schlüssel seines Schlüsselpaares zur Zertifizierung an das Trust Center.
3. Nach der Ausstellung des Zertifikates erhält der Anwender das Zertifikat zurück und importiert es in das Sicherheitsprodukt zu seinem Schlüsselpaar.

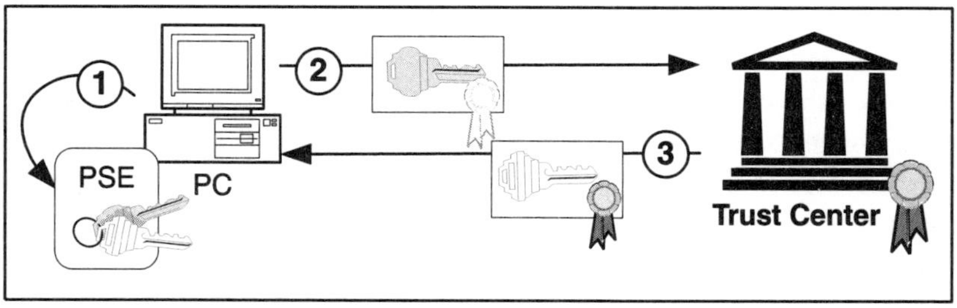

Abbildung 9.1 Dezentrale Schlüsselerzeugung

Eine Schlüsselerzeugung durch die Anwender setzt jedoch ein grundlegendes Verständnis der asymmetrischen Kryptomechanismen beim Anwender voraus. Zudem sind bei der Schlüsselerzeugung in der Regel Parameter wie Schlüsselart (Diffie-Hellman oder RSA) und Schlüssellänge zu konfigurieren. Bei einer clientseitigen Erzeugung der Schlüssel sollte deshalb sichergestellt werden, dass der Schlüsselerzeugungsprozess weitestgehend automatisch erfolgt, um dem Anwender mögliche Fehlerquellen zu ersparen.

Ein weiteres Problem clientseitig erzeugter Schlüssel taucht auf, wenn die Schlüssel zur Datei- und E-Mail-Verschlüsselung verwendet werden. Es ist hier im Regelfall allein dem Anwender überlassen, eine Kopie seines Schlüssels aufzubewahren. Falls er seinen privaten Schlüssel löscht oder auf andere Weise zerstört, ist es in der Regel nicht mehr möglich, die für ihn verschlüsselten Daten wiederherzustellen.

Eine clientseitige Schlüsselerzeugung setzt in der Regel einen wohldefinierten Zustand der Clients voraus. Bei der Schlüsselerzeugung im Internet Explorer muss beispielsweise sichergestellt sein, dass auf den Clients die Verwendung von ActiveX-Controls möglich ist. Kann dies gewährleistet werden, lässt sich der dezentrale Ansatz gut in Verbindungen mit einer virtuellen Registrierungsinstanz anwenden. Im Rahmen einer Single Sign-On-Lösung für ein Unternehmensportal könnte beim Zugriff auf das Portal überprüft werden, ob der Anwender über ein gültiges Zertifikat zur Anmeldung verfügt. Ist dies nicht der Fall, wird er zur Eingabe von Benutzernamen und Passwort aufgefordert und ihm wird nach der Authentifizierung das zum Zugriff auf das Portal notwendige Zertifikat ausgestellt. Um zu vermeiden, dass hierbei der private Schlüssel des Anwenders über das Netz übertragen wird, erfolgt die Generierung des Schlüsselpaares clientseitig auf dem Rechner des Anwenders.

Zentrale Erzeugung der Schlüssel im Trust Center

Anstelle einer clientseitigen Erzeugung der Schlüsselpaare ist auch eine zentrale und automatische Erzeugung möglich. Hierdurch können Schlüsselpaare in größerem Umfang erzeugt werden, die dann nur noch an die Anwender verteilt werden müssen. Darüber hinaus kann der Trust Center-Betreiber damit sicherstellen, dass die Generierung der Schlüssel in einer sicheren Umgebung stattfindet, während bei einer clientseitigen Erzeugung zunächst einmal sichergestellt werden muss, dass die Client-Rechner an sich als sicher eingestuft werden können. Der Nachteil einer zentralen Schlüsselerzeugung begründet sich vor allem durch den höheren Aufwand und die höheren Kosten im Vergleich zu einer clientseitigen Schlüsselerzeugung.

9.2 Speicherung der Schlüssel

Eine Frage, die eng mit der Problematik der Schlüsselerzeugung zusammenhängt, ist die Frage, wie die Anwender ihren privaten Schlüssel speichern sollen. Hierzu sind sowohl Software- als auch spezielle Hardware-Lösungen verfügbar.

9.2.1 Software-Lösungen

Speicherung im Browser

Die einfachste Lösung besteht zweifelsohne darin, das Schlüsselpaar des Anwenders im Webbrowser auf seinem Rechner zu speichern. Alle gängigen Browser bieten an, digitale Zertifikate zu verwalten und zur Authentifizierung über das SSL-Protokoll zu verwenden. Der Browser speichert die Schlüssel hierzu entweder in einer Datei oder bei Microsoft-Betriebssystemen in der Registry. Neben der Einfachheit der Lösung bietet dieser Ansatz aber leider keine weiteren Vorteile, weist jedoch einige gravierende Sicherheitsmängel auf. Die Microsoft-Betriebssysteme Windows 95, 98 und ME beispielsweise führen keine wirksame Trennung der Anwender durch. Der Anwender, der gerade angemeldet ist, hat Zugriff auf das gesamte System und damit auch auf die Schlüssel der anderen Anwender, die auf der Workstation verfügbar sind. Häufig ist es dem Anwender beim Installieren seines Schlüsselpaares im Browser zwar möglich, ein Passwort zu vergeben. Dies auch zu tun bleibt ihm jedoch ganz allein überlassen. Man kann nicht sicherstellen, dass der Anwender ein Passwort für sein Schlüsselpaar vergibt, geschweige denn kann man bestimmen, dass dieses Passwort bestimmten Mindestanforderungen genügt. Es muss deshalb damit gerechnet werden, dass der Anwender seinen privaten Schlüssel unter Umständen aus Bequemlichkeit nicht explizit mit einem Passwort schützen wird.

Spezielle Software-Lösungen zur Aufbewahrung des Schlüsselpaares

Eine softwarebasierte Alternative zur Speicherung des Schlüsselpaares im Browser ist die Verwendung einer speziellen Client-Software zur Aufbewahrung der Schlüssel. Hierzu wird eine spezielle Sicherheitsumgebung (*Personal Security Environment*, PSE) auf dem Client installiert und das Schlüsselpaar darin abgelegt. Die PSE-Software stellt diese Schlüssel wiederum anderen Anwendungen wie dem Browser zur Verfügung. Wenn der Anwender auf sein Schlüsselpaar zugreifen will, muss er sich zunächst mit einem Passwort bei der PSE-Software authentifizieren, so dass der Anwender den Passwortschutz nicht umgehen kann, und es ist – je nach Anwendung – zudem möglich, die Komplexität des Passwortes zu bestimmen.

Beiden Software-Lösungen ist gemeinsam, dass das Schlüsselpaar in Dateiform auf dem Datenträger gespeichert ist. Diese Datei kann zunächst einmal kopiert werden. Falls es einem Angreifer gelingt, in den Besitz einer Kopie zu kommen, ist diese auch im besten Fall lediglich mit einem Passwort geschützt. Es ist jetzt nur noch eine Frage der Qualität des gewählten Passwortes, wie lange es dauert, bis auch der private Schlüssel bekannt ist.

9.2.2 Hardware-Lösungen

Ein deutlich höheres Sicherheitsniveau als jenes, das durch den Einsatz von Software-Lösungen erreichbar ist, kann durch den Einsatz von Hardware-Lösungen erreicht werden. Die drei gängigsten Hardware-Lösungen zum Schutz von Schlüsselpaaren in Public Key-Infrastrukturen sind die Folgenden:

- Smart Cards
- USB-Krypto-Tokens
- PC-Cards mit Kryptofunktionen

Smard Cards

Die bekannteste Lösung im Bereich der Hardware sind Smart Cards. Diese Prozessorkarten in Scheckkartengröße sehen aus wie eine Telefonkarte und speichern das Schlüsselpaar des Anwenders. Der Anwender hat somit die Möglichkeit, von jedem Arbeitsplatz aus – ein entsprechendes Smart Card-Lesegerät vorausgesetzt – PKI-basierte Anwendungen zu nutzen. Hierzu braucht er nur seine Karte in das Lesegerät zu stecken. Um den Zugriff auf die Smart Card durch Unbefugte zu verhindern, ist sie zusätzlich mit einer PIN geschützt. Es findet hierbei also eine echte 2-Faktor-Authentifizierung statt, da es erforderlich ist, sowohl im Besitz der Smart Card zu sein, als auch die dazugehörende PIN zu kennen. Nach einer definierbaren Anzahl von Falscheingaben der PIN sperrt sich die Karte automatisch und kann erst nach der Entsperrung durch eine spezielle Entsperrungsnummer (*PIN Unblocking Key*, PUK) wieder verwendet werden.

Speicherkarten

Es gibt verschiedene Arten von Smart Cards. Reine Speicherkarten dienen lediglich zur Aufbewahrung des Schlüsselpaares, stellen jedoch keine Kryptofunktionen zur Verfügung. Stattdessen wird bei diesen Karten das Schlüsselpaar von der Karte auf den Rechner kopiert, und die Kryptooperationen werden auf dem Rechner durchgeführt. Diese Lösung ist im Grunde vergleichbar mit einer Software-PSE, die der Anwender auf einer Diskette gespeichert hat. Der Hauptvorteil besteht darin, dass das Schlüsselpaar ohne Probleme mitgenommen und auf einem anderen Rechner verwendet werden kann.

Kryptokarten

Von den Speicherkarten zu unterscheiden sind Kryptokarten, die sämtliche Kryptooperationen, die den privaten Schlüssel erfordern, in dem Prozessor auf der Karte durchführen. Eine einmal erstellte Karte gibt den privaten Schlüssel nie wieder nach außen. Damit ist sichergestellt, dass von einer Karte keine weiteren Kopien des Schlüsselpaares angefertigt werden können. Die zwei Arten von Kryptokarten unterscheiden sich hauptsächlich in der Erstellung des Schlüsselpaares.

Die einfacheren Ausführungen sind nicht in der Lage, das Schlüsselpaar auf der Karte zu generieren. Das Schlüsselpaar muss hier zunächst außerhalb der Karte erzeugt werden und wird dann auf die Karte geschrieben. Wie bei den Speicherkarten ist es bei dieser Lösung möglich, für zwei Karten ein identisches Schlüsselpaar zu erzeugen, solange man über das außerhalb der Karte erzeugte Schlüsselpaar verfügt. Bei diesen Karten kann also für eine defekte Karte eine identische Ersatzkarte erzeugt werden. Zudem kann das Schlüsselpaar auf einem Message Recovery-System (siehe Abschnitt 9.5) abgelegt werden. Allerdings ist es nicht möglich, eine Karte auf eine andere Karte zu duplizieren.

Aufwändigere Kryptokarten verfügen über leistungsfähigere Prozessoren und können das Schlüsselpaar selbst auf der Karte erzeugen. In diesem Fall existiert das Schlüsselpaar nie außerhalb der Karte, wodurch es annährend unmöglich ist, eine Karte zu duplizieren.

USB-Krypto-Tokens

Im Gegensatz zu Smart Cards, die an jedem Rechner, an dem man sie einsetzen will, ein entsprechendes Lesegerät erforderlich machen, sind Krypto-Tokens für den USB-Anschluss (siehe Abbildung 9.2) universell einsetzbar. Die Tokens haben etwa die Größe eines normalen Schlüssels und können an einem Schlüsselbund befestigt werden. Die in den Tokens eingesetzten Prozessoren sind weitestgehend mit denen der Smart Cards identisch, und an einem Rechner werden die Tokens auch wie solche behandelt. Lediglich die Notwendigkeit eines speziellen Lesegerätes an jedem Rechner entfällt, da der Token einfach auf den USB-Anschluss des Rechners gesteckt wird. Für den Anwender bietet sich hierdurch der Vorteil, dass die Installation und Inbetriebnahme eines Tokens im Vergleich zu einer Smart Card einfacher ist, da nur eine Komponente und ein Treiber in das System integriert werden müssen.

Auch das in Unternehmen noch verbreitete Betriebssystem Windows NT 4.0, das nicht über eine USB-Unterstützung verfügt, kann mit Token benutzt werden. Die Hersteller stellen entsprechende Treiber zur Verfügung.

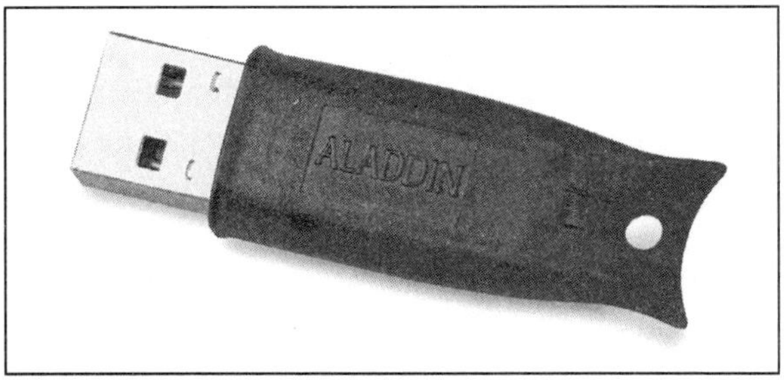

Abbildung 9.2 USB-Token

PC-Cards mit Kryptofunktionen

Als dritte Hardware-Lösung seien PC-Cards zur Speicherung des Schlüsselpaares genannt. Diese Kryptokarten haben die Größe der bei Notebooks verbreiteten PCMCIA-Karten und verfügen ebenfalls über einen eingebauten Kryptoprozessor. Diese Lösung dient jedoch eher in stationären Systemen wie PKI-basierten VPN-Gateways oder CA-Servern zur Aufbewahrung des Schlüsselpaares. Aufgrund der relativ hohen Kosten und der unhandlichen Größe im Vergleich zu Smart Cards oder USB-Tokens ist diese Lösung jedoch weniger für den Einsatz auf Anwenderseite geeignet. Vorteile bieten diese Karten besonders dann, wenn eine hohe Leistung zum Verschlüsseln und Signieren erforderlich ist. In diesem Fall können die Karten von der schnellen PC-Card-Busanbindung und den leistungsfähigen Kryptoprozessoren auf der Karte profitieren.

9.3 Rollout

Unter *Rollout* versteht man die Verteilung der Schlüssel und der notwendigen Software an die Anwender in der PKI. Diese Verteilung muss sorgfältig geplant werden, um die Versorgung aller Anwender mit ihrem persönlichen Zertifikat sicherzustellen und Verzögerungen zu vermeiden.

Wie ein solcher Pollout umgesetzt werden kann, hängt stark von anderen Faktoren wie der Schlüsselerzeugung, der Schlüsselspeicherung oder dem Registrierungsprozess ab. Deshalb können an dieser Stelle auch nur Lösungsansätze vorgestellt werden. Relevante Fragen, die bei der Planung berücksichtigt werden müssen, sind insbesondere die Folgenden:

Relevante Fragen für den Rollout

- Wo werden die Schlüsselpaare erzeugt? Zentral im Trust Center oder dezentral auf den Clients?
- Wie werden die Schlüsselpaare gespeichert? Hardware- oder Software-PSE?
- Wie wird der Registrierungsprozess der Anwender realisiert? Virtuelle Registrierungsinstanz oder Registrierungsbüro?

Je nachdem wie diese Punkte umgesetzt werden, sind jeweils unterschiedliche Rollout-Konzepte erforderlich. Im Folgenden soll dies anhand von drei Beispielen exemplarisch dargestellt werden:

1. SAP Trust Center Services
2. Einsatz spezieller PSE-Software
3. Erstellung der Smart Cards im Trust Center

SAP Trust Center Services

Das erste Beispiel beschreibt den Ablauf der Zertifikatserstellung bei Verwendung der SAP Trust Center Services. Bei dieser Lösung können sich

Anwender, die noch nicht über ein Schlüsselpaar zur Authentifizierung am Portal verfügen, mit Benutzernamen und Passwort anmelden. Auf der Portalseite können sie dann ein Schlüsselpaar erzeugen und ein Zertifikat von einem Trust Center ausstellen lassen. Das Portal dient hierbei als virtuelle Registrierungsinstanz. Die Speicherung des Schlüsselpaares erfolgt im Webbrowser.

Die Schlüsselerzeugung bei der Nutzung der SAP Trust Center Services läuft in sechs Schritten ab (siehe auch Abbildung 9.3):

1. Der Anwender authentifiziert sich mit seinem Benutzernamen und Passwort am Portal und startet die Anwendung zur Beantragung eines SAP Trust Center-Zertifikates.
2. Der Portal-Server initiiert die Schlüsselerzeugung auf dem Client.
3. Der Client erzeugt ein Schlüsselpaar und einen Certificate Request und sendet den Request mit dem öffentlichen Schlüssel an den Portal-Server.
4. Der Portal-Server überprüft den Certificate Request und signiert ihn, wenn er den Bestimmungen des Portal-Servers entspricht. Der signierte Certificate Request geht dann zurück an den Client und von dort an den SAP Trust Center Service.
5. Der TCS überprüft den Namen und die Signatur des Portal-Servers. Ist beides gültig, wird ein Zertifikat ausgestellt. Wenn das SAP Trust Center das Zertifikat erstellt, wird die Identität des Benutzers oder des Systems mit der digitalen Identität verbunden.
6. Beim nächsten Zugriff auf das Portal kann das Schlüsselpaar direkt zum Single Sign-On verwendet werden.

Rollout beim Einsatz spezieller PSE-Software

Das zweite Beispiel beschreibt den Einsatz spezieller PSE-Software. Statt die Schlüsselpaare im Browser zu speichern, ist es auch möglich, die Schlüsselpaare in einer speziellen PSE-Software auf dem Client abzulegen. Diese Software stellt dann dem Betriebssystem oder bestimmtem Anwendungen wie dem Internet Browser das Zertifikat zur Verfügung und erfordert zumeist eine separate Anmeldung zum Zugriff auf das Schlüsselpaar. In diesem Fall muss zunächst einmal die PSE-Software auf dem Client installiert werden. Dies kann in der Regel in Unternehmensnetzen über automatische Verfahren zur Software-Verteilung realisiert werden. Der Anwender kann sich dann sein Schlüsselpaar selbst erzeugen und von der Zertifizierungsinstanz sein Zertifikat ausstellen lassen, oder er erhält sein Schlüsselpaar direkt inklusive Zertifikat von der Zertifizierungsinstanz.

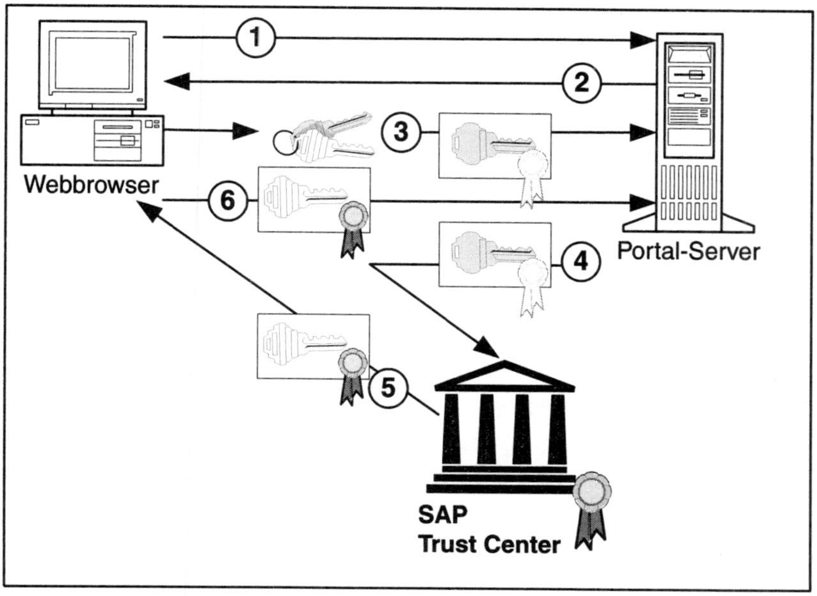

Abbildung 9.3 Automatische Ausstellung von Zertifikaten durch den SAP Trust Center Service

Rollout einer Hardware-PSE

Das dritte Beispiel beschreibt ein mögliches Vorgehen bei der Verwendung von Smart Cards. Die Erzeugung der Schlüsselpaare könnte hierbei zentral im Trust Center durchgeführt werden. Anschließend muss die Hardware-PSE und das dazugehörige Passwort dem Anwender übergeben werden. Hierbei sollten PSE und Passwort auf unterschiedlichen Wegen zum Anwender gelangen, um zu vermeiden, dass ein Angreifer beides gleichzeitig in seinen Besitz bringen kann. Sinnvoll ist es hier z.B., wenn der Anwender die Smart Card persönlich beim Registrierungsbüro im Unternehmen abholt und das Passwort ihm anschließend per Post zugeschickt wird. Eine Übermittlung des Passwortes per E-Mail ist nicht anzuraten, da eine unverschlüsselte E-Mail nicht sicher ist.

Neben der Verteilung von PSE und Passwort muss bei der Verwendung von Hardware-PSEs zudem berücksichtigt werden, dass die Anwender rechtzeitig mit der entsprechenden Hardware wie Smart Card-Lesegeräten ausgestattet werden.

Unabhängig davon, welche Form der Schlüsselerzeugung und Schlüsselspeicherung gewählt wird, muss den Anwendern ausreichend Zeit eingeräumt werden, um sich mit der neuen Technik vertraut zu machen. Nur so kann eine breite Akzeptanz der Public Key-Infrastruktur beim Endanwender erreicht werden.

9.4 Zertifikatssperrung

Beim Betrieb einer Public Key-Infrastruktur muss sichergestellt werden, dass Zertifikate, die nicht länger als vertrauenswürdig gelten, nicht mehr verwendet werden können. Der Verlust der Vertrauenswürdigkeit eines Zertifikates kann beispielweise dadurch eintreten, dass ein Anwender seine Smart Card mit dem Schlüsselpaar verliert oder es einem Unbefugten möglich wird, auf die auf einem PC installierte Software-PSE zuzugreifen und sie auf eine Diskette zu exportieren. Des Weiteren sollte das Zertifikat eines Mitarbeiters in einer Unternehmens-PKI gesperrt werden, wenn der Mitarbeiter das Unternehmen verlässt.

Es muss sichergestellt werden, dass ein gesperrtes Zertifikat nicht mehr zur Authentifizierung am Unternehmensportal verwendet werden kann. Public Key-Infrastrukturen bieten die Möglichkeit, ausgestellte Zertifikate zu sperren. Mit diesen Sperrinformationen wiederum können Anwender und Systeme in der PKI Zertifikate auf ihre Gültigkeit hin überprüfen. Zur Überprüfung, ob ein Zertifikat gesperrt ist, dienen diverse Verfahren, wobei zwischen Online- und Offline-Verfahren unterschieden werden kann.

9.4.1 Online-Sperrprüfung

Ein auf den ersten Blick naheliegendes Verfahren zur Überprüfung von Zertifikaten ist die Online-Sperrprüfung. Hierbei sendet der Anwender oder eine Anwendung online eine Nachricht an den Zertifikats-Server, um zu erfahren, ob ein bestimmtes Zertifikat gesperrt ist. Um die Authentizität der Antwort zu gewährleisten, sollte der Zertifikats-Server die Nachricht digital signieren.

Online Certificate Status Protocol

Für die Online-Überprüfung hat die Internet Engineering Task Force (IETF) das *Online Certificate Status Protocol* (OCSP) entwickelt und in RFC 2560 veröffentlicht. OCSP ermöglicht es, eine Liste von Zertifikatsseriennummern an einen Server (OCSP-Responder) zu senden, der diese mit einer signierten Nachricht im Hinblick auf die Gültigkeit der Zertifikate beantwortet. Zudem kann auch ein Grund für die Zertifikatssperrung in der Nachricht übermittelt werden.

Simple Certificate Validation Protocol

OCSP kann ausschließlich den Sperrstatus von Zertifikaten überprüfen, weitere Funktionen sind nicht vorgesehen. Diese sind aber Bestandteil eines zweiten, ebenfalls vom IETF entwickelten Protokolls zur Sperrprüfung. Das *Simple Certificate Validation Protocol* (SCVP) ist nicht, wie der Name nahe legen würde, die einfachere Version von OCSP, sondern bietet weitere, darüber hinausgehende Funktionen.

Insbesondere gestattet es SCVP, über den Funktionsumfang von OCSP hinaus, die Aufgabe zur Überprüfung eines Zertifikates an einen Server zu übertragen. Eine Client-Anwendung kann hierdurch ein Zertifikat an einen Server senden, der dann den Sperrstatus bei dem entsprechenden Zertifikats-Server ermittelt und dem Client das Ergebnis mitteilt. Der Client kann sich demnach immer an den gleichen Server wenden und muss nicht mit verschiedenen Servern, die für verschiedene Zertifikate zuständig sind, kommunizieren. Zusätzlich kann das SCVP verwendet werden, um Sperrlisten für Anwendungen, die eine Offline-Sperrprüfung durchführen, zu erzeugen. Als dritte Möglichkeit ist vorgesehen, über SVCP CA-Zertifikate innerhalb einer Hierarchie anzufordern, wenn diese auf dem Client nicht vorhanden sind.

9.4.2 Offline-Sperrprüfung

Certificate Revocation Lists

Im Gegensatz zur Sperrprüfung mittels Online-Verfahren, die bei jeder Verwendung eines Zertifikates eine Online-Verbindung zum Zertifikats-Server erfordern, kommen Offline-Verfahren ohne eine Verbindung zum Zertifikats-Server aus. Hierbei werden Informationen über gesperrte Zertifikate auf Vorrat in Form einer Liste heruntergeladen. Diese Sperrlisten – sie werden als *Certificate Revocation Lists* (CRL) bezeichnet – werden von der Zertifizierungsinstanz in regelmäßigen Abständen, beispielsweise täglich, veröffentlicht. Anwender und Anwendungen in der Public Key-Infrastruktur müssen diese CRLs regelmäßig aktualisieren, um zu erfahren, welche Zertifikate nicht mehr verwendet werden dürfen.

Nachteile

Der Nachteil von CRLs besteht darin, dass sich Sperrungen nicht so schnell durchsetzen lassen, da sie erst mit der nächsten Veröffentlichung einer Sperrliste bekannt werden. Zudem ist es Aufgabe der Systeme innerhalb der PKI, sich eine aktuelle Sperrliste zu beschaffen. Dies sollte weitestgehend automatisiert erfolgen, um den administrativen Aufwand zu reduzieren.

Vollständige Sperrlisten

Die gängigsten Formen von Sperrlisten sind die so genannten *vollständigen Sperrlisten*, die sämtliche Seriennummern der gesperrten Zertifikaten einer Zertifizierungsinstanz enthalten, und die Delta-Sperrlisten, die nur die neu gesperrten Zertifikate ab einem bestimmten Zeitpunkt enthalten. In der Praxis haben CRLs noch einen höheren Verbreitungsgrad als Online-Verfahren, da sie schon länger verfügbar sind.

9.4.3 Sperrprüfung im Unternehmensportal

Webserver verwenden CRLs

Bei der Browser-Server-Kommunikation in einem Unternehmensportal kommen in der Regel Offline-Verfahren zur Verifikation der zur Authentifizierung über das SSL-Protokoll eingesetzten Zertifikate zum Einsatz. Die meisten Webserver verfügen hierzu über Verfahren zur Überprüfung der Zertifikate anhand von Sperrlisten. Es ist in diesem Fall also erforderlich, regelmäßig die gültigen Sperrlisten auf den Systemen zu aktualisieren. Durch den Einsatz von Zusatz-Software auf dem Webserver ist es jedoch möglich, direkt eine Online-Sperrprüfung für ein Zertifikat vorzunehmen, beispielsweise durch den Zugriff auf einen OCSP-Responder.

Andere, ebenfalls in die PKI integrierte Anwendungen innerhalb des Unternehmensportals können jedoch unabhängig hiervon Offline- oder Online-Verfahren einsetzen, um die Zertifikate zu überprüfen.

9.5 Message Recovery

Wiederherstellung von Schlüsselpaaren

Message Recovery-Konzepte gestatten es, in Public Key-Infrastrukturen verschlüsselt gespeicherte Daten selbst dann zu entschlüsseln, wenn das zur Verschlüsselung verwendete Schlüsselpaar nicht mehr verfügbar ist. Dies kann zum Beispiel eintreten, wenn ein Anwender seine Smart Card mit dem Schlüsselpaar verliert, oder wenn ein in einer Software-PSE gespeichertes Schlüsselpaar versehentlich gelöscht wird. Ohne sich frühzeitig Gedanken über die Wiederherstellung der Daten in diesen Fällen zu machen, wären die Daten verloren.

Erforderlich ist eine Message Recovery-Lösung meist dann, wenn Dokumente oder Dateien in verschlüsselter Form verschickt oder archiviert werden. Diese Dateien sind zwar einerseits streng vertraulich, und deshalb entscheidet man sich, sie verschlüsselt abzulegen, andererseits muss jedoch – häufig aufgrund gesetzlicher Bestimmungen – sichergestellt sein, dass man auch noch nach Jahren Zugriff darauf hat.

Werden die Schlüssel der Public Key-Infrastruktur vorwiegend zur Benutzerauthentifizierung verwendet, um beispielsweise ein Single Sign-On mittels Smart Card am Betriebssystem und anschließend automatisch am Unternehmensportal durchzuführen, ist eine Message Recovery-Lösung nicht erforderlich. Im Falle des Verlustes oder der Zerstörung des Schlüsselpaares durch den Anwender stellt die Zertifizierungsinstanz ein neues Zertifikat aus und sperrt das alte. Sobald das neue Zertifikat dem Benutzer auf dem Verzeichnisdienst beziehungsweise in der Anwendung zugeordnet wird, kann er sein neues Schlüsselpaar zur Authentifizierung verwenden. Daten gehen hierbei nicht verloren.

Von der Authentifizierung zu unterscheiden ist die digitale Signatur von Daten. Die Hauptanforderung, der eine digitale Signatur genügen muss, besteht darin, dass sie fälschungssicher ist und nicht von einem Dritten imitiert werden kann. Dies kann nur dann wirklich sichergestellt werden, wenn keine weiteren Kopien des Schlüssels existieren.

Getrennte Zertifizierungsinstanzen

In Unternehmensportalen treffen jedoch häufig alle drei oben genannten Arten der Public Key-Infrastruktur aufeinander und sollen gleichzeitig genutzt werden. Der Anwender soll sich zunächst mit seinem Schlüsselpaar am Portal authentifizieren, später hat er im Portal Zugriff auf Anwendungen, die ihm Dokumentenverschlüsselung und Signatur erlauben. In der Regel kommen in diesem Fall deshalb zwei getrennte Zertifizierungsinstanzen zum Einsatz, wobei die eine CA Zertifikate ausstellt, die nur zur Authentifizierung und Signatur verwendet werden, während die andere CA die Zertifikate erzeugt, die zur Verschlüsselung eingesetzt werden. Für den Anwender bleibt dies transparent, da er beide Zertifikate auf seine Smart Card oder Software-PSE verfügbar hat. Von dem zur Verschlüsselung eingesetzten Schlüssel kann dann eine Kopie auf einem Message Recovery-System gespeichert werden.

Ersatzschlüssel

Der Ersatzschlüssel muss natürlich ausreichend abgesichert sein, und es muss gewährleistet sein, dass eine einzelne Person nicht in der Lage ist, einen Schlüssel wiederherzustellen und zu nutzen. Hierzu kommen die Message Recovery-Konzepte zum Einsatz, die sicherstellen, dass grundsätzlich mindestens zwei voneinander unabhängige Instanzen der Wiederherstellung eines Schlüssels zustimmen müssen.

Technisch wird dies so gelöst, dass der Schlüssel in zwei gleichgroße Teile zerlegt wird, die unabhängig voneinander auf verschiedenen Systemen gespeichert werden. Alternativ werden auch Verfahren eingesetzt werden, bei denen das ganze Schlüsselpaar mit einem symmetrischen Schlüssel verschlüsselt wird. Das verschlüsselte Schlüsselpaar und der korrespondierende symmetrische Schlüssel werden wiederum auf unabhängigen Systemen gespeichert.

Aufbewahrung der Schlüssel

Die Systeme zur Aufbewahrung der Schlüssel sollten zudem räumlich voneinander getrennt, zum Beispiel in unterschiedlichen Niederlassungen, betrieben werden und verschiedenen Zuständigkeiten zugeordnet sein. Einer der Server kann beispielsweise von der Zertifizierungsinstanz betrieben werden, und der andere Server befindet sich in der Zuständigkeit der Personalabteilung eines Unternehmens. Sollte es notwendig werden, ein Schlüsselpaar wiederherzustellen, müssen beide Instanzen unabhängig voneinander zustimmen, den Wiederherstellungsprozess für einen speziellen Schlüssel einzuleiten.

9.6 Policy einer PKI

Wie bereits erwähnt, umfasst eine Public Key-Infrastruktur nicht nur technische Komponenten in Form von Hard- und Software, sondern auch Regelungen und Vorgaben zur Erstellung und Verwendung der Zertifikate. Deshalb ist es zunächst beim Aufbau einer PKI erforderlich, einige organisatorische Rahmenbedingungen zu fixieren, die für die PKI gelten sollen. Dies dient einerseits zur Erstellung interner Dokumentationen für die Mitarbeiter des Trust Centers, andererseits soll ein Teil der Regelungen auch veröffentlicht werden, damit es Außenstehenden möglich ist, ein Trust Center zu beurteilen. Diesem Zweck dienen zwei Arten von Dokumenten, die in RFC 2527 beschrieben sind: die *Certificate Policy* und das *Certification Practice Statement*.

Certificate Policy und Certification Practice Statement

Eine Certificate Policy gilt für einen bestimmten Zertifikatstyp und legt die Richtlinien fest, die für diesen Zertifikatstyp gelten. Die Certificate Policy wird von einem Trust Center veröffentlicht, damit es Außenstehenden möglich ist einzuschätzen, wie vertrauenswürdig ein bestimmtes Zertifikat ist. Das Certification Practice Statement hingegen bezieht sich auf das gesamte Trust Center und regelt die Prozesse und Verfahren innerhalb der PKI. In diesem Dokument werden die technische und organisatorische Systemstruktur sowie Rechte und Pflichten aller Teilnehmer am System beschrieben. Die verschiedenen Certificate Policies sind in der Regel Bestandteil des Certification Practice Statements.

Technische Vorgaben

Der Aufbau und Inhalt von Certificate Policy und Certificate Practice Statement bleibt jedem Trust Center selbst überlassen. RFC 2527 gibt keine feste Struktur vor. Es handelt sich vielmehr um eine Empfehlung, welche Inhalte in die Dokumente aufgenommen werden sollten. Unabdingbar sind dabei Hinweise darauf, wie die Anwender identifiziert, welche Formate für Zertifikate und Sperrlisten verwendet sowie welche technischen und allgemeinen Sicherheitsmaßnahmen ergriffen werden.

Zur Identifizierung der Anwender muss festgelegt werden, wie ein Anwender bei der Beantragung oder Verlängerung eines Zertifikates zu identifizieren ist. Dies kann zum Beispiel durch Vorlage des Personalausweises oder des Firmenausweises im Registrierungsbüro oder durch eine Passwortauthentifizierung beim Betrieb einer virtuellen Registrierungsinstanz erfolgen.

Formate

Bezüglich des Formats der ausgestellten Zertifikate und Sperrlisten müssen ebenfalls Standards für das Trust Center definiert werden. Es existieren unterschiedliche Formate für Zertifikate, die meist für bestimmte

Anwendungsbereiche entwickelt wurden. Die beiden gängigsten Formate für digitale Zertifikate sind X.509v3, das in hierarchischen CA-Strukturen für eine Vielzahl von Anwendungen eingesetzt werden kann, und PGP-Zertifikate, die für den Einsatz in Web of Trust-Strukturen zur E-Mail-Verschlüsselung entwickelt wurden. Für Unternehmensportale sind Zertifikate nach dem X.509v3-Standard erforderlich, die sowohl zur Authentifizierung der Anwender am Portal über das SSL-Protokoll als auch zur Sicherung der Kommunikation der Backend-Systeme untereinander über Secure Network Communication (SNC) eingesetzt werden können. Zusätzlich zu Aussagen über das Format der ausgestellten Zertifikate können auch Informationen über Anforderungen an bestimmte zu verwendende Algorithmen (Diffie-Hellman oder RSA) oder an Schlüssellängen in die Policy in das Dokument aufgenommen werden.

Allgemeine Regelungen

In dem Teil, der über die allgemeinen und technischen Sicherheitsmaßnahmen Auskunft gibt, werden im Certificate Practice Statement Aussagen zum Schutz des Trust Centers gemacht. Der allgemeine Teil behandelt hierbei nicht-technische Bestimmungen wie Zutrittskontrolle, personelle Zuständigkeiten für bestimmte Bereiche, Brandschutz und Stromversorgung des Rechenzentrums, während der technische Teil speziell die Maßnahmen festlegt, die zur Sicherung der Systeme des Trust Centers auf Netzwerk- und Anwendungsebene eingeleitet wurden.

10 Einsatz von Public Key-Infrastrukturen

Um eine grundsätzliche Entscheidung über die Einführung einer PKI treffen zu können, gilt es, die Rahmenbedingungen für diese Infrastruktur genau zu kennen. Dabei sollten nicht nur technische Aspekte sowie deren mögliche Auswirkungen beachtet, sondern auch rechtliche Hintergründe berücksichtigt werden.

Neben den technischen Aspekten von Public Key-Infrastrukturen, die in Kapitel 9 behandelt wurden, gibt es weitere Rahmenbedingungen, die bei der Nutzung der Public Key-Technologie berücksichtigt werden sollten.

Abschnitt 10.1 zeigt die Einsatzmöglichkeiten der Public Key-Technologie in den Bereichen Verschlüsselung, Authentifizierung und Signatur auf. In Abschnitt 10.2 wird auf die Einführung einer PKI in einem Unternehmen eingegangen. Diese Einführung erfolgt in der Regel schrittweise mit einem kontinuierlichen Ausbau des Benutzerkreises.

Zudem müssen beim Betrieb einer Public Key-Infrastruktur auch rechtliche Aspekte berücksichtigt werden. Auf diese und auf die Bedeutung der digitalen Signatur wird in Abschnitt 10.3 eingegangen.

10.1 Einsatzgebiete von Public Key-Infrastrukturen

In jedem Portalprojekt entscheiden die konkreten Anforderungen über die Notwendigkeit und den Umfang der Nutzung von PKI-Technologien. Nicht jedes Portal erfordert zwangsläufig die Einführung einer Public Key-Infrastruktur. Andererseits kann durchaus die Einführung einer PKI unabhängig von einem Portal sinnvoll sein. Immer entscheidet der konkrete Geschäftsfall, ob und in welchem Umfang eine Public Key-Infrastruktur erforderlich ist.

Die Einsatzmöglichkeiten der PKI-Technologie sind sehr vielseitig. Fast überall, wo Verfahren zur Authentifizierung, Verschlüsselung oder digitalen Unterschrift zum Einsatz kommen, können diese auch über eine Public Key-Infrastruktur und digitale Zertifikate abgebildet werden. Ein großer Vorteil der PKI-Technologie offenbart sich bei der unternehmensübergreifenden Kommunikation. Besteht zwischen den Public Key-Infrastrukturen kooperierender Unternehmen eine Vertrauensbeziehung in Form einer Cross-Zertifizierung oder einer übergeordneten Wurzel-Zertifizierungsinstanz (vgl. Kapitel 8), können Authentifizierung, Verschlüsselung und digitale Signatur auch unternehmensübergreifend eingesetzt werden.

X.509 und Single Sign-On

Der Betrieb eines Unternehmensportals in einer Public Key-Infrastruktur stellt eine ideale Lösung dar, weil damit eine starke Authentifizierung am Portal selbst und ein Single Sign-On beim Zugriff auf externe Anwendungen realisiert werden kann. Durch die Standardisierung digitaler Zertifikate im X.509-Standard und die Verwendung dieses Standards im SSL-Protokoll kann leicht ein Single Sign-On an allen web-basierten Anwendungen erreicht werden, die eine Anmeldung über digitale Zertifikate anbieten. Da es sich bei SSL ebenfalls um einen Standard handelt, der von nahezu jeder Middleware unterstützt wird, ist es meist auch möglich, existierende Anwendungen relativ problemlos auf eine SSL-Authentifizierung umzustellen, um sie in das Portal zu integrieren.

Signatur

Eine in Portalen ebenfalls nicht uninteressante Anwendung ist die elektronische Signatur. So ist es in B2B-Portalen beispielsweise sinnvoll, dass der Kunde eine im Portal durchgeführte Transaktion, wie z. B. einen Auftrag, digital unterschreibt. Weitere Anwendungsmöglichkeiten in Unternehmen könnten Workflows, Urlaubsanträge oder Bedarfsanforderungen sein, die elektronisch unterschrieben werden.

Verschlüsselung

Der dritte große Einsatzbereich von Public Key-Infrastrukturen ist die Verschlüsselung. Die digitalen Zertifikate können zum verschlüsselten Datenaustausch per E-Mail oder zur verschlüsselten Datenarchivierung eingesetzt werden.

Diese Szenarien zur Authentifizierung, Signatur oder Verschlüsselung betreffen immer die Client-Server-Kommunikation in Unternehmensportalen. Die Public Key-Infrastruktur kann jedoch auch im Backend eingesetzt werden, um die Kommunikation zwischen Servern abzusichern. Beispiele hierfür sind die gesichert Kommunikation zwischen dem Portal-Server und Komponentensystemen über Secure Network Communication (SNC, siehe Abschnitt 5.4) oder Secure Socket Layer (SSL, siehe Abschnitt 5.3).

10.2 Einführung einer Unternehmens-PKI

Die Einführung einer Public Key-Infrastruktur in einem Unternehmen bedeutet auch, dass eine Entscheidung für ein bestimmtes Vertrauensmodell gefällt werden muss, das in der PKI Anwendung finden soll. Wie bereits in Kapitel 8 beschrieben, eignen sich Direct Trust- und Web Of Trust-Modelle nicht sonderlich für den Einsatz im Unternehmen – genau genommen zählen sie noch nicht einmal zu den »richtigen« Public Key-Infrastrukturen. Bei der Einführung der Unternehmens-PKI wird also ein hierarchisches Modell oder eine Variante davon zum Einsatz kommen. Es zeigt sich, dass eine hierarchische CA-Struktur zunächst ausreichend ist, weil diese schrittweise ausgebaut und in andere Modelle überführt werden kann.

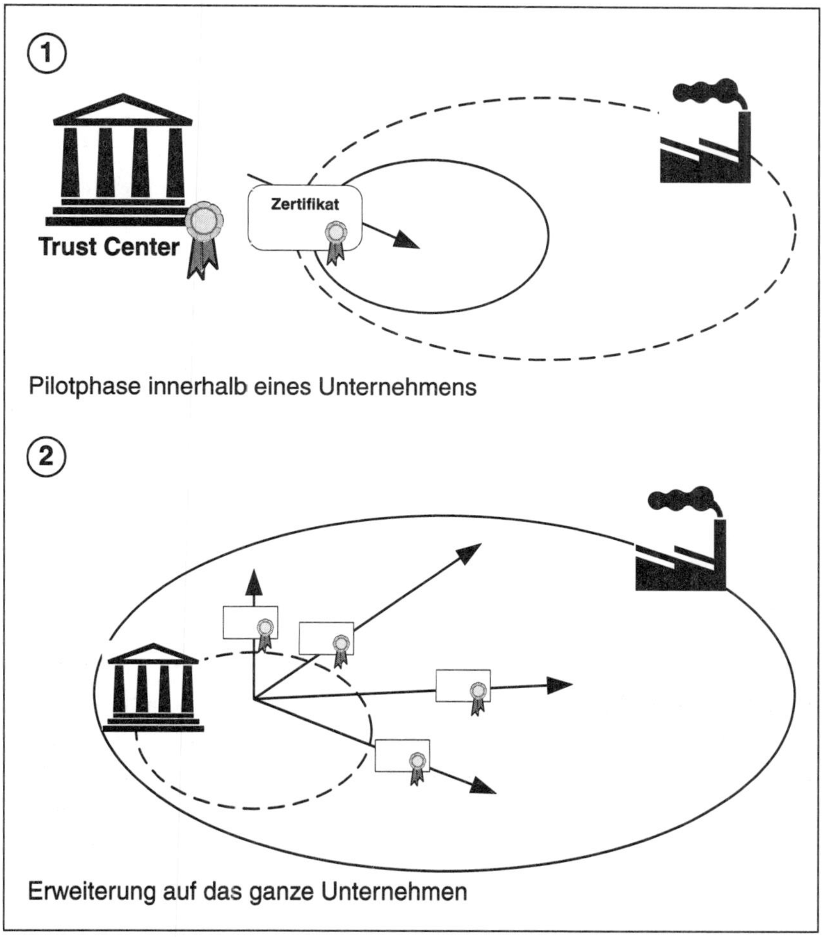

Abbildung 10.1 Phasen einer PKI-Einführung – 1. Teil

Phasen des Ausbaus der CA-Struktur

Zunächst wird man bei der Einführung mit einem Pilotbetrieb beginnen, an dem nur ein geringer Teil der Anwender teilnimmt. In dieser Phase sollen zunächst einmal grundsätzliche Erfahrungen mit der Technologie der

Public Key-Infrastruktur gesammelt werden. Zudem stehen meist auch Tests und Vergleiche verschiedener konkurrierender Software-Lösungen bevor. In der Pilotphase kann es durchaus sinnvoll sein, die Dienste eines externen Trust Centers zur Ausstellung der Zertifikate in Anspruch zu nehmen (siehe Abbildung 10.1. – Punkt 1). Hierdurch ist ein einfacher und wirtschaftlicher Einstieg in die PKI-Technologie möglich, die Einführungszeit kann verkürzt und Kosten für Softwarelizenzen können eingespart werden. Bei einer späteren unternehmensweiten Einführung einer Public Key-Infrastruktur können die zuvor in der Pilotphase von den Anwendern verwendeten Schlüsselpaare weiter benutzt werden (siehe Abbildung 10.1 – Punkt 2). Es ist lediglich erforderlich, von der neuen Zertifizierungsinstanz neue Zertifikate für die öffentlichen Schlüssel auszustellen. Dies hat den Vorteil, dass die Anwender auf bereits verschlüsselte Daten weiterhin mit denselben Schlüsselpaaren zugreifen können und die Daten nicht umgeschlüsselt werden müssen.

Unternehmensinternes Trust Center oder externes Trust Center

Grundsätzlich sollte bei der flächendeckenden Einführung einer Public Key-Infrastruktur für die Mitarbeiter eines Unternehmens klar sein, ob ein Unternehmen selbst ein Trust Center aufbauen und betreiben will oder ob die Dienste eines externen Trust Centers dafür in Anspruch genommen werden sollen. Im zweiten Fall würde man nur eine Registrierungsinstanz im eigenen Unternehmen betreiben, die Zertifizierungen erfolgen aber außerhalb des Unternehmens (siehe Abbildung 10.2).

Die nächste Stufe, nachdem eine PKI unternehmensweit verfügbar gemacht worden ist und für eine Vielzahl von Anwendungen genutzt werden kann, ist in der Regel die Verwendung der Technologie über die Unternehmensgrenzen hinweg zur Kommunikation mit Kunden, Lieferanten und Partnern (siehe Abbildung 10.2 – Punkt 3). Die Anwender außerhalb des eigenen Unternehmens können hierzu entweder mit Zertifikaten aus der eigenen PKI versorgt werden, oder sie verfügen bereits über Zertifikate aus einer anderen (Unternehmens-)PKI. Im zweiten Fall können Cross-Zertifizierungen mit Zertifizierungsinstanzen anderer Unternehmen durchgeführt werden. Cross-Zertifizierungen sind jedoch nur bis zu einem bestimmten Maße überschaubar und praktikabel. Sollten mehrere Zertifizierungsinstanzen zusammengeführt werden, ist die Eingliederung der CA in einer Hierarchie unter einer übergeordneten Zertifizierungsinstanz anzustreben (siehe Abbildung 10.2 – Punkt 4).

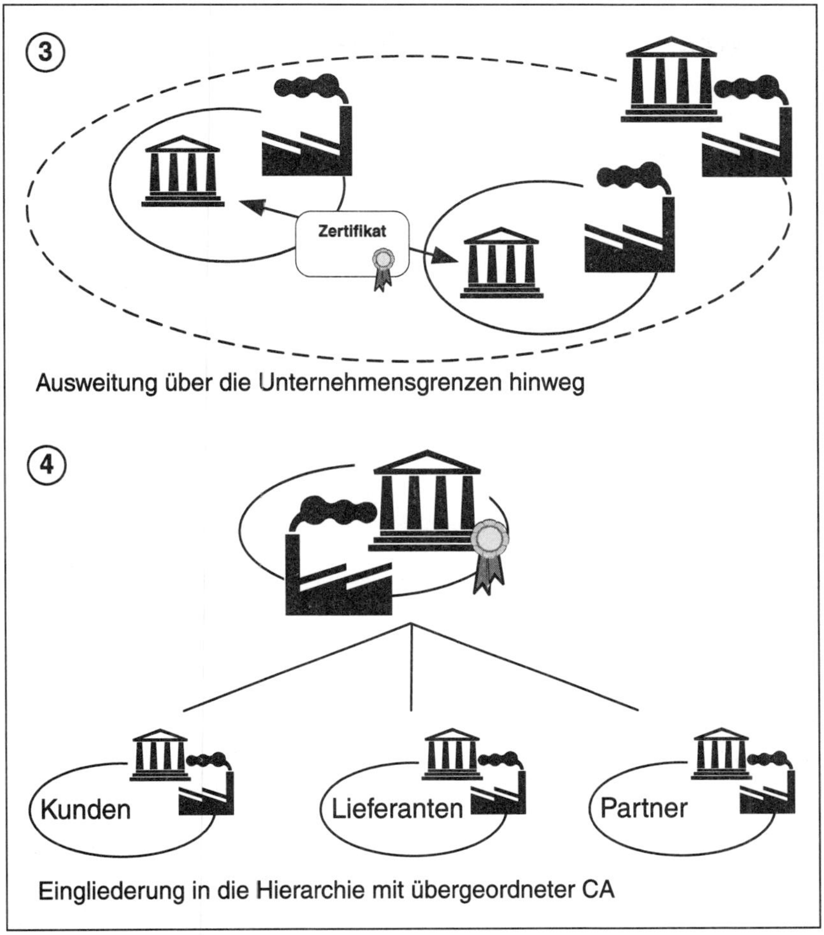

Abbildung 10.2 Phasen einer PKI-Einführung – 2. Teil

Die PKI wächst

Es ist also ein »Wachstumsprozess« der PKI möglich, angefangen bei einem Pilotbetrieb mit wenigen Benutzern bis hin zu einer unternehmensübergreifenden Nutzung der PKI durch Cross-Zertifizierungen oder CA-Hierarchien. Damit dieses Wachstum nicht ein vorzeitiges Ende hat, muss es bereits bei der Planung der Public Key-Infrastruktur berücksichtigt werden. Hierzu müssen die Sicherheitsrichtlinien des Trust Centers in einer Policy festgelegt werden. Eine Cross-Zertifizierung von CAs oder eine Zertifizierung durch eine übergeordnete CA ist nur dann durchführbar und sinnvoll, wenn die Policies der einzelnen Trust Center ein vergleichbares Sicherheitsniveau festschreiben. Andere CAs mit höheren Sicherheitsanforderungen könnten sonst die Ausstellung eines Cross-Zertifikats oder eines CA-Zertifikats in einer CA-Hierarchie verweigern.

Die Standards der Zertifikate müssen übereinstimmen

Neben den in der Policy festgeschriebenen Sicherheitsrichtlinien des Trust Centers müssen auch die Standards der Zertifikate bei der Zusammenführung von Public Key-Infrastrukturen berücksichtigt werden, da Public Key-Infrastrukturen, die auf unterschiedlichen Zertifikatsstandards aufbauen, nicht zusammengeführt werden können. Hier stellt der Standard *X.509* die erste Wahl für den Betrieb eines Unternehmensportals dar. X.509-Zertifikate sind nicht an einen bestimmten Anwendungsbereich gebunden und damit flexibel einsetzbar, zum Beispiel zur Authentifizierung am Unternehmensportal über das SSL-Protokoll, zur Sicherung der Kommunikation mit SAP R/3-Systemen sowie zum Signieren und Verschlüsseln von Nachrichten und weiteren Anwendungen.

10.3 Rechtliche Aspekte einer PKI

Jedes Portalprojekt stößt meist schon in der Projektplanungsphase auf die Problematik, wie sich der Portalbenutzer eigentlich am Portal authentifiziert und wie der jeweilige Portalbetreiber sicherstellen kann, dass nur befugte Benutzer auf sein Unternehmensportal Zugriff haben.

Digitale Signaturen bilden einen wesentlichen Bestandteil für den Aufbau von Vertrauensbeziehungen. Bei der Wahl, welche Authentifizierungslösung letztlich zum Einsatz kommen wird, ist entscheidend, welcher Grad an Sicherheit dem jeweiligen Szenario entspricht. Fällt die Wahl auf die Einführung einer Public Key-Infrastruktur, ist auch aus rechtlicher Betrachtung entscheidend, welche Fragen man hiermit beantworten möchte. Traditionelle Signaturen auf Papier erfüllten bislang verschiedene Aufgaben, die von der Beweiskraft über die Identifizierung zur Warnung vor tiefgreifenden Verpflichtungen reichten. Abbildung 10.3 soll dies verdeutlichen.

Geht es um den Ersatz der handschriftlichen Signatur, geben Signaturgesetz (SigG) und Signaturverordnung (SigVO) zumindest für den Bereich der Bundesrepublik Deutschland einen rechtlichen Rahmen vor. Geht es darum, zu einem gewissen Grad sicherzustellen, wer der Benutzer ist, bieten sich andere akzeptablere Lösungsmöglichkeiten an. Hierbei soll auch auf die Möglichkeit der Einbindung des SAP Trust Center Services (TCS) aus rechtlicher Sicht eingegangen werden. In Kapitel 13 wird die Nutzung des SAP TCS anhand eines Beispielfalles aufgezeigt.

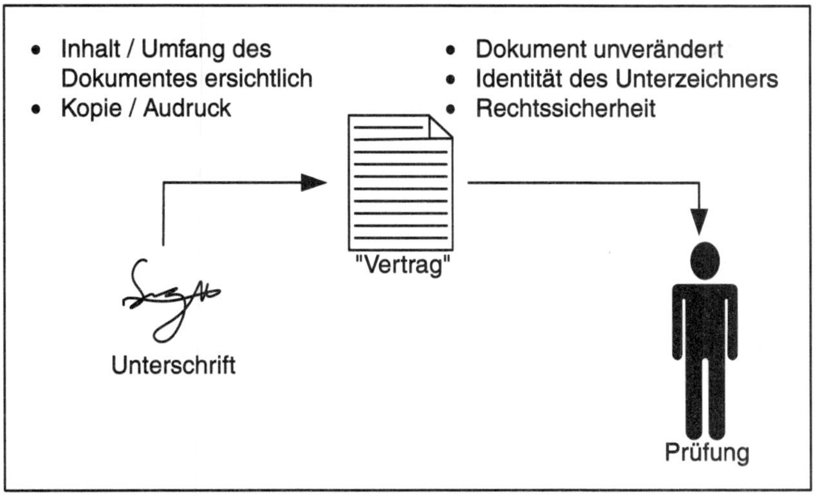

Abbildung 10.3 Handschriftliche Signaturen

Herkunftslandsprinzip

Es ist eine europaweite rechtliche Anpassung und Angleichung der gesetzlichen Regelungen zur PKI und zum Einsatz elektronischer Unterschriften zu erwarten. Das überarbeitete SigG und die neue SigVO gelten nur für den Bereich der Bundesrepublik, was auch mit dem so genannten »Herkunftslandsprinzip« einhergeht. Das Herkunftslandsprinzip, das letztlich auf die E-Commerce-Richtlinie (ECRL) zurückzuführen ist, besagt, dass Anbieter von Diensten der Informationsgesellschaft künftig nur mehr die Vorschriften zu beachten haben, die in dem Staat gelten, in dem sie niedergelassen sind.

Der Einsatz von elektronischen Unterschriften und der Aufbau einer Public Key-Infrastruktur bringt nicht zwangsläufig in jedem Anwendungsszenario einen Mehrwert, und der damit verbundene Aufwand ist nicht in jedem Portalprojekt gerechtfertigt. Trotz alledem sollte sich die Frage nach der Bedeutung elektronischer Unterschriften in jedem Portalprojekt stellen, da, wie schon ausgeführt, die Identifizierung der Portalbenutzer und ihre Identität maßgeblich für den Erfolg von Portalprojekten sind.

10.3.1 Bedeutung elektronischer Unterschriften

Elektronische Unterschriften stellen im äußersten Fall einen 100%igen Ersatz der handschriftlichen Signatur dar. Diese Gleichstellung zwischen handschriftlicher und elektronischer Unterschrift ist eine der wesentlichen Zielsetzungen der Richtlinie der Europäischen Union über den Einsatz elektronischer Unterschriften im Geschäftsverkehr und deren Umsetzung in deutsches Recht. Der Frage, welche Public Key-Infrastruktur in einem Portalprojekt zum Einsatz kommen soll, geht im Regelfall eine detaillierte Risiko- und Zielanalyse voraus.

Detaillierte Risiko- und Kostenanalyse

Will der Kunde die handschriftliche Unterschrift auf elektronischen Dokumenten über sein Portal ersetzt wissen, erfordert dies die strikte Einhaltung der gesetzlichen Rahmenvorschriften, die durch das Signaturgesetz und die Signaturverordnung vom deutschen Gesetzgeber vorgegeben worden sind.

Bestmögliche Authentifizierung

Geht es hingegen nur um die bestmögliche Authentifizierung der Portalbenutzer, sind einfachere Lösungen völlig ausreichend. Der Frage, wann es einer handschriftlichen Unterschrift bedarf, gehen die Fragen nach dem Ersatz der Schriftform und nach der Beweisbarkeit von rechtlich relevanten Transaktionen vorweg. In den nachfolgenden Abschnitten soll auf diese Erfordernisse näher eingegangen werden, die ganz entscheidend für die Wahl der für den Kunden geeigneten PKI-Lösung sind.

Elektronische Unterschriften

Elektronische Unterschriften verknüpfen den Inhalt eines Dokumentes oder einer Datei mit der Identität des jeweiligen Urhebers. Hierdurch wird sowohl die Integrität der übermittelten Daten als auch die Authentizität des Unterschreibenden gewährleistet. Die neuen gesetzlichen Regelungen haben unterschiedliche Arten elektronischer Unterschriften eingeführt. Auf diese wird in Abschnitt 10.3.3 näher eingegangen.

10.3.2 Rechtliche Problemstellung

Bei der Frage nach dem Einsatzbereich einer Public Key-Infrastruktur sind aus rechtlicher Sicht folgende Fragen von Relevanz:

1. Handelt es sich bei den auf der einen Seite abgesendeten Daten um diejenigen, die auf der anderen Seite angekommen sind?
2. Ist derjenige, mit dem Daten ausgetauscht werden, wirklich derjenige, für den er sich ausgibt?
3. Wie sieht es mit der Beweisbarkeit von elektronischen Transaktionen in einer zunehmend virtuellen Welt aus?
4. Ist es möglich, einen vollständigen Ersatz für herkömmliche Dokumente zu schaffen, und wenn ja, welche Vorschriften gilt es hier zu beachten?

Nachfolgend soll auf diese Fragen eine Antwort gefunden werden. Erst wenn all diese Fragen in Portalprojekten geklärt sind und die Risiken bewertet wurden, ist es möglich, kundenspezifisch die geeignete Lösung zu wählen. Die unterschiedlichen Arten elektronischer Unterschriften, wie sie das deutsche Signaturgesetz in seiner Neufassung vorsieht, sollen im nächsten Abschnitt dargestellt werden. Es ist davon auszugehen, dass sehr bald entsprechende Regeln europaweit Geltung haben werden, da hinsichtlich der Signaturrichtlinie für die Mitgliedstaaten der Europäischen Union eine Umsetzungspflicht in nationales Recht gilt.

10.3.3 Die unterschiedlichen Arten elektronischer Unterschriften

Am 13. Dezember 1999 wurde die Richtlinie 1999/93/EG des Europäischen Parlaments und des Rates über gemeinschaftliche Rahmenbedingungen für elektronische Signaturen (kurz: »Signaturrichtlinie«) verabschiedet und am 19. Januar 2000 in Kraft gesetzt.

Signaturrichtlinie und altes Signaturgesetz

Die Signaturrichtlinie ist das erste Regelwerk seiner Art, das für den Bereich des europäischen Binnenmarktes eine Regelung zur Förderung des Geschäftsverkehrs über das Internet vornimmt. Dabei werden nicht nur klassische digitale Signaturen erfasst, sondern es sollen alle Arten der elektronischen Signatur, also auch diejenigen, die nicht auf asymmetrischen Verschlüsselungsverfahren basieren, umfasst werden. Man wollte sich explizit nicht auf eine Technologie festlegen, wie es beispielsweise das Signaturgesetz in der Fassung vom 1. August 1997 in der Bundesrepublik Deutschland vorgesehen hatte.

Neues Signaturgesetz

»Elektronische Unterschriften« nach der neugefassten Definition des Signaturgesetzes sind »Daten in elektronischer Form, die anderen Daten beigefügt oder logisch mit ihnen verknüpft sind und die zur Authentifizierung dienen«.

Damit verfolgt der Gesetzgeber im Vergleich zur alten Fassung einen technikoffenen Ansatz zur Umsetzung der Signaturrichtlinie in deutsches Recht. Zwar ist die überarbeitete Definition und das damit verbundene Verständnis von elektronischen Unterschriften wesentlich offener, de facto haben sich allerdings asymmetrische Verschlüsselungsverfahren als Standard durchgesetzt. Ferner werden durch die Richtlinie umfassende Haftungsregelungen für Anbieter von Zertifizierungsdiensten gefordert, und es wird auch darauf geachtet, dass jede Zertifizierungsstelle, die diesem hohen Grad an Sicherheit entsprechen möchte, über ausreichende finanzielle Mittel verfügt. Das Signaturgesetz in der Bundesrepublik Deutschland, das am 22. Mai 2001 in Kraft getreten ist, sieht für den Geltungsbereich vier verschiedene Arten von elektronischen Unterschriften vor:

Unterschiedliche Signaturarten

- **Einfache elektronische Unterschriften** (§ 2 Nr. 1 SigG) sind Daten in elektronischer Form, die anderen elektronischen Daten beigefügt sind und zur Authentifizierung dienen.
- **Fortgeschrittene elektronische Unterschriften** (§ 2 Nr. 2 SigG) sind elektronische Signaturen, die einem Signaturschlüssel-Inhaber zugeordnet sind und seine Identifizierung ermöglichen. Sie müssen mit den Daten, auf die sie sich beziehen, so verknüpft sein, dass eine nachträgliche Veränderung der Daten erkannt werden kann.
- **Qualifizierte elektronische Unterschriften** (§ 2 Nr. 3 SigG) sind fortgeschrittene elektronische Signaturen, die mittels eines gültigen qualifizierten Zertifikats und mit einer sicheren Signaturerstellungseinheit erzeugt wurden.
- **Qualifizierte elektronische Unterschriften mit Anbieterakkreditierung** (§ 15 Abs. 1 Satz 4 SigG) sind qualifizierte elektronische Unterschriften, die von akkreditierten Zertifizierungsdiensten stammen. Akkreditierte Anbieter von Zertifizierungsdiensten dürfen sich im Rechts- und Geschäftsverkehr auf die nachgewiesene Sicherheit berufen.

Substitut zur handschriftlichen Unterschrift

Die beiden erstgenannten Arten der elektronischen Unterschrift werden hierbei jedoch nur definiert. Rechtlich bedeutsame Auswirkungen als Substitut zur handschriftlichen Unterschrift haben nur die letzten beiden Arten von qualifizierten elektronischen Unterschriften.

Elektronische Unterschriften

Qualifizierte elektronische Unterschriften gem. § 2 Nr.3 SigG beruhen auf einem zum Zeitpunkt ihrer Erzeugung gültigen qualifizierten Zertifikat und werden mit einer sicheren Signaturerstellungseinheit erzeugt. Qualifizierte Zertifikate müssen nach § 7 SigG folgenden Inhalt aufweisen:

Inhalt qualifizierter Zertifikate

- den Namen des Signaturschlüssel-Inhabers, der im Falle einer Verwechslungsmöglichkeit mit einem Zusatz zu versehen ist, oder ein dem Signaturschlüssel-Inhaber zugeordnetes unverwechselbares Pseudonym, das als solches kenntlich sein muss,
- den zugeordneten Signaturprüfschlüssel,
- die Bezeichnung der Algorithmen, mit denen der Signaturschlüssel des Signaturschlüssel-Inhabers sowie der Signaturprüfschlüssel des Zeritifizierungsdienste-Anbieters benutzt werden kann,
- die laufende Nummer des Zertifikats,
- den Beginn und die Gültigkeit des Zertifikats,
- den Namen des Zertifizierungsdienste-Anbieters und des Staates, in dem er niedergelassen ist,

- Angaben darüber, ob die Nutzung des Signaturschlüssels auf bestimmte Anwendungen nach Art oder Umfang beschränkt ist,
- Angaben, dass es sich um ein qualifiziertes Zertifikat handelt,
- je nach Bedarf Attribute des Signaturschlüssel-Inhabers, die aber auch in ein gesondertes qualifiziertes Zertifikat (ein so genanntes »qualifiziertes Attribut-Zertifikat«) aufgenommen werden können.

Nur die qualifizierten elektronischen Unterschriften stellen ein Substitut zur eigenhändigen Unterschrift dar. Bei qualifizierten elektronischen Unterschriften mit Anbieterakkreditierung wird die Sicherheit durch gesetzlich anerkannte Dritte wie beispielsweise den Technischen Überwachungsverein (TÜV) nachgewiesen und damit eine dauerhafte Überprüfbarkeit – das Gesetz sieht mindestens 30 Jahre vor – garantiert.

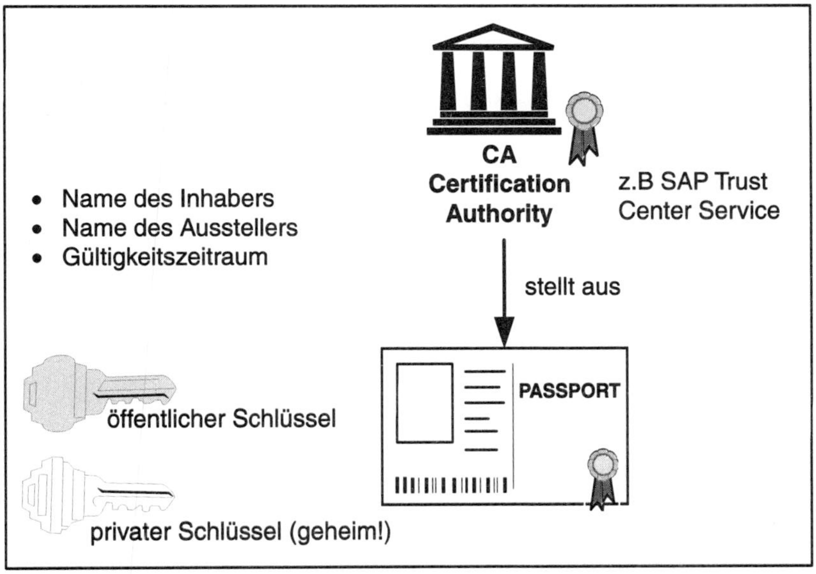

Abbildung 10.4 Zertifikate – digitale Ausweise

Das überarbeitete Signaturgesetz definiert Zertifikate als »elektronische Bescheinigungen«, mit denen Signaturprüfschlüssel einer Person zugeordnet werden und die Identität dieser Person bestätigt wird. Die Bedeutung der Zertifizierungsstellen ist groß, da von ihnen die Identität des Signierenden garantiert wird. Die spezifischen Voraussetzungen für das Betreiben eines eigenen signaturgesetzkonformen Zertifizierungsdienstes sind umfassend.

10.3.4 Schriftformerfordernisse

Die gesetzlichen Schriftformerfordernisse und die Unterschriften dienen im Wesentlichen vier Zwecken:

- Die Schriftform soll denjenigen, der die Unterschrift leistet, an die Tragweite seines Handelns erinnern (so genannte **Warnfunktion**).
- Die Unterschrift dokumentiert, dass diese Erklärung auch vom Unterzeichner stammt (so genannte **Echtheitsfunktion**).
- Die Unterschrift stellt eine untrennbare Verknüpfung zwischen Dokument und Person her (so genannte **Identifikationsfunktion**).
- Die Schriftform ermöglicht es, im Rechtsverkehr Tatsachen zu beweisen (so genannte **Beweisfunktion**).

Der Einsatz elektronischer Signaturen zum Ersatz der handschriftlichen Unterschrift macht daher nur dann Sinn, wenn all diese Funktionen auch von der digitalen Signatur garantiert werden können. Dies sollte bei den nachfolgenden Erläuterungen stets im Auge behalten werden.

Formfreiheit

Zumindest für den Bereich des Privatrechts gilt der Grundsatz der Formfreiheit. Dies bedeutet, dass beispielsweise Verträge im Regelfall keinerlei Formvorschriften unterliegen, es sei denn, die Einhaltung einer bestimmten Form ist gesetzlich normiert oder durch die Vertragsparteien festgelegt worden.

Gesetzliche Schriftform

Ist die Schriftform gesetzlich vorgeschrieben, bedeutet dies, dass der Aussteller die Urkunde eigenhändig mit seinem Namen unterschreiben muss (vgl. § 126 Abs. 1 BGB).

Gewillkürte Schriftform

Den Geschäftspartnern steht es allerdings bei nicht formgebundenen Vertragsabschlüssen frei, die Schriftform auch dann zu wählen, wenn es das Gesetz nicht vorschreibt (so genannte »gewillkürte Schriftform«). Der Hauptgrund für die Wahl der gewillkürten Schriftform ist der erhöhte Beweiswert eines schriftlichen Dokumentes, das dem so genannten »Urkundenbeweis« (vgl. § 416 ZPO) unterliegt. Ganz grundlegend sollte darauf hingewiesen werden, dass in einem gerichtlichen Verfahren jede Partei die Beweislast der für sie günstigen Rechtsnormen trägt.

Die neue Fassung des Signaturgesetzes, die am 22. Mai 2001 in Kraft getreten ist und durch die am 16. November 2001 in Kraft getretene neue Signaturverordnung ergänzt wird, regelt detailliert die Anforderungen an elektronische Unterschriften, die einen Ersatz für die eigenhändige Unterschrift bieten sollen. Ergänzt werden diese neuen Regelungen durch das am 1. August 2001 in Kraft getretene Gesetz zur Anpassung der Formvorschriften des Privatrechts und anderer Vorschriften an den modernen Geschäftsverkehr (so genanntes »Formanpassungsgesetz«).

Vollständige Umsetzung der EU-Signaturrichtlinie

Hierdurch wurde zumindest für den privaten Bereich eine vollständige Umsetzung der Signaturrichtlinie in bundesdeutsches Recht erreicht. Die qualifizierten elektronischen Unterschriften nach dem neuen Signaturgesetz werden damit in den meisten Fällen der eigenhändigen Unterschrift gleichgestellt. Hierdurch wurde die dritte und letzte Stufe auf dem Weg zur Umsetzung der EU-Richtlinie für digitale Signaturen in deutsches Recht realisiert. Das SigG und die SigVO regeln die Anforderungen an eine elektronische Signatur, das Formanpassungsgesetz regelt, in welchen Fällen die elektronische Unterschrift die eigenhändige im Privatrechtsbereich ersetzen kann. Ziel des SigG ist es, eine Infrastruktur zu schaffen, die maximale Sicherheit gewährleistet (so genannte »Sicherungsinfrastruktur«).

10.3.5 Zertifizierungsstellen nach dem SigG

Der Betrieb eines signaturgesetzkonformen Zertifizierungsdienstes ist gem. § 4 Abs.1 SigG genehmigungsfrei. Einzige Beschränkung hierbei ist, dass ein solcher Zertifizierungsdienst nur von Personen betrieben werden darf, die die hierfür erforderliche Zuverlässigkeit und Fachkunde besitzen.

RegTP

Um hier vor möglichem Missbrauch zu schützen, gibt es ein Kontrollorgan, die Regulierungsbehörde für Telekommunikation und Post (RegTP). Die Neufassung des Signaturgesetzes enthält im Gegensatz zur alten keine Zulassungsbeschränkungen mehr, sondern die RegTP agiert nur mehr als Kontrollinstanz. Damit die unterschiedlichen Anbieter von Zertifizierungsdiensten technisch kompatibel sind, wurden die beiden Interoperabilitäts-Spezifikationen, *Industry Signature Interoperability Specification* (kurz: ISIS) und *MailTrust*, zusammengeführt, wodurch eine Standardisierung geschaffen wurde.[1]

Virtuelle Zertifizierungsstellen

Für Portalprojekte, die signaturgesetzkonforme Lösungen erfordern, bietet sich aus wirtschaftlichen Aspekten und Gründen der Praktikabilität die Nutzung bestehender Zertifizierungsdienste an. Die Einrichtung eines völlig eigenen Zertifizierungsdienstes ist in den meisten Portalprojekten unwirtschaftlich. Der Trend in diesem Bereich geht eindeutig in Richtung »virtueller Zertifizierungsstellen«. Hierbei werden Zertifikate durch den Portalbetreiber ausgegeben, wobei aber online auf die Dienste eines sig-

1 Vgl. *http://www.t7-isis.de*

naturgesetzkonformen Zertifizierungsdienstes zurückgegriffen wird, was das kosten- und personalintensive Betreiben einer eigenen Zertifizierungsstelle überflüssig macht. In Unternehmensportalen bietet es sich an, den Registrierungsprozess selbst vorzunehmen, beispielsweise durch die Personalabteilung, sonst aber die Dienste externer Zertifizierungsstellen in Anspruch zu nehmen.

Akkreditierung entspricht Gütesiegel

Die Akkreditierung von Zertifizierungsdienstanbietern ist mit einem »TÜV-Gütesiegel« vergleichbar. Die §§ 15 ff. SigG gehen von der Möglichkeit aus, einen Zertifizierungsdienst freiwillig zu akkreditieren. Die gesetzgeberische Intention, die hinter dieser Regelung steckt, ist die, das Vertrauen in Trustcenter und elektronische Signaturen zu steigern. Vertrauen ist der Grundbaustein für jeden geschäftlichen Erfolg. Eine Frage, die sehr eng in Zusammenhang mit der Einführung einer Public Key-Infrastruktur liegt, ist die Frage nach dem Beweiswert elektronischer Dokumente.

10.3.6 Der Beweiswert elektronischer Dokumente

Bisher galt, dass elektronische Dokumente, wie beispielsweise ausgedruckte E-Mails, lediglich der so genannten »freien Beweiswürdigung« unterlagen. Elektronische Nachrichten können jedoch verfälscht werden, ohne dass man es ihnen nachher ansehen könnte. E-Mails beispielsweise können mit relativ wenig technischem Aufwand in fremdem Namen erstellt werden.

Erhöhte Beweiskraft mit Signatur

Die einzige Ausnahme, in der eine erhöhte Beweiskraft eintritt, sind Dokumente, die mittels einer qualifizierten elektronischen Unterschrift unterzeichnet wurden. Die Hürde der Beweisbarkeit, die es bei Streitigkeiten zu überwinden gilt, liegt zwischen »Recht haben« und »Recht bekommen«.

Rechtssicherheit

Digital signierte Dokumente tragen erheblich dazu bei, die Rechtssicherheit im elektronischen Geschäftsverkehr zu erhöhen. An die strengen Sicherheitsregeln signaturgesetzkonformer Public Key-Infrastrukturen knüpft das Gesetz einen erhöhten Beweiswert. Die weitaus größere Zahl der über das Internet geschlossenen Verträge erfordert grundsätzlich nicht die Einhaltung einer besonderen Form. Die meisten Verträge können auch konkludent, also durch schlüssiges Handeln, rechtlich verbindlich geschlossen werden. Nur in wenigen, meist in Unternehmensportalen nicht relevanten Szenarien, wird per Gesetz die Schriftform gefordert. Um diese einhalten zu können, ist der Einsatz signaturgesetzkonformer PKI-Lösungen unumgänglich, wenn man keinen Medienbruch in Kauf nehmen möchte.

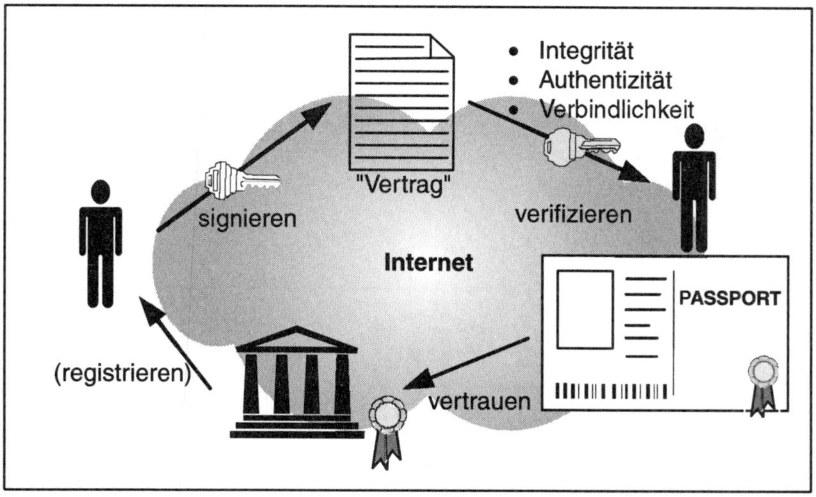

Abbildung 10.5 Digital signierte Dokumente

Die Schriftform ist jedoch meist bei elementaren Verträgen gesetzlich vorgeschrieben, diese werden aber im Regelfall nicht über das grundsätzlich anonyme Medium Internet abgeschlossen. Dies ist mit ein Grund für die fehlende flächendeckende Verbreitung signaturgesetzkonformer PKI-Lösungen. Hier ist vielmehr seitens der Regierung ein Schritt in Richtung »digitaler Personalausweis« gefordert, um die Verbreitung voranzutreiben. Für den zivilen Bereich wird der Beweiswert eines Dokuments mit einer qualifizierten elektronischen Unterschrift nach dem SigG nur dann geschmälert, wenn der jeweilige Signaturschlüssel-Inhaber ernsthafte Zweifel an der Echtheit der elektronischen Unterschrift begründen kann (vgl. § 292 a der Zivilprozessordnung, ZPO).

Anscheinsbeweis

§ 292 a ZPO regelt den Anscheinsbeweis bei qualifizierten elektronischen Unterschriften. Durch qualifizierte elektronische Unterschriften ist für einen Empfänger der Anschein der Echtheit einer vorliegenden Erklärung gegeben. Das Manipulationsrisiko liegt auf Seiten des Signaturinhabers, es sei denn, er kann beweisen, dass es einem anderen möglich war, die Signatur zu fälschen.

Gerade weil die Mehrheit der Portalprojekte den Einsatz einer signaturgesetzkonformen PKI nicht erfordert, betreibt die SAP AG seit 1998 ein eigenes Trust Center, den so genannten »SAP Trust Center Service« (TCS, siehe Abschnitt 8.3), das derzeit zwar nicht dem geltenden Signaturgesetz entspricht, das aber eine den Kundenwünschen entsprechende Lösung darstellt.

Digitale Signaturen, die mit vom SAP TCS zertifizierten digitalen Identitäten durchgeführt wurden, sind nach dem amerikanischen Signaturgesetz gültig und stellen so genannte »fortgeschrittene elektronische Unterschriften« nach dem neuen Signaturgesetz dar. Aufgrund der Internationalität des Internets ist nicht nur die Rechtslage, sondern auch der Einsatzbereich für elektronische Unterschriften immer im Einzelfall zu prüfen.

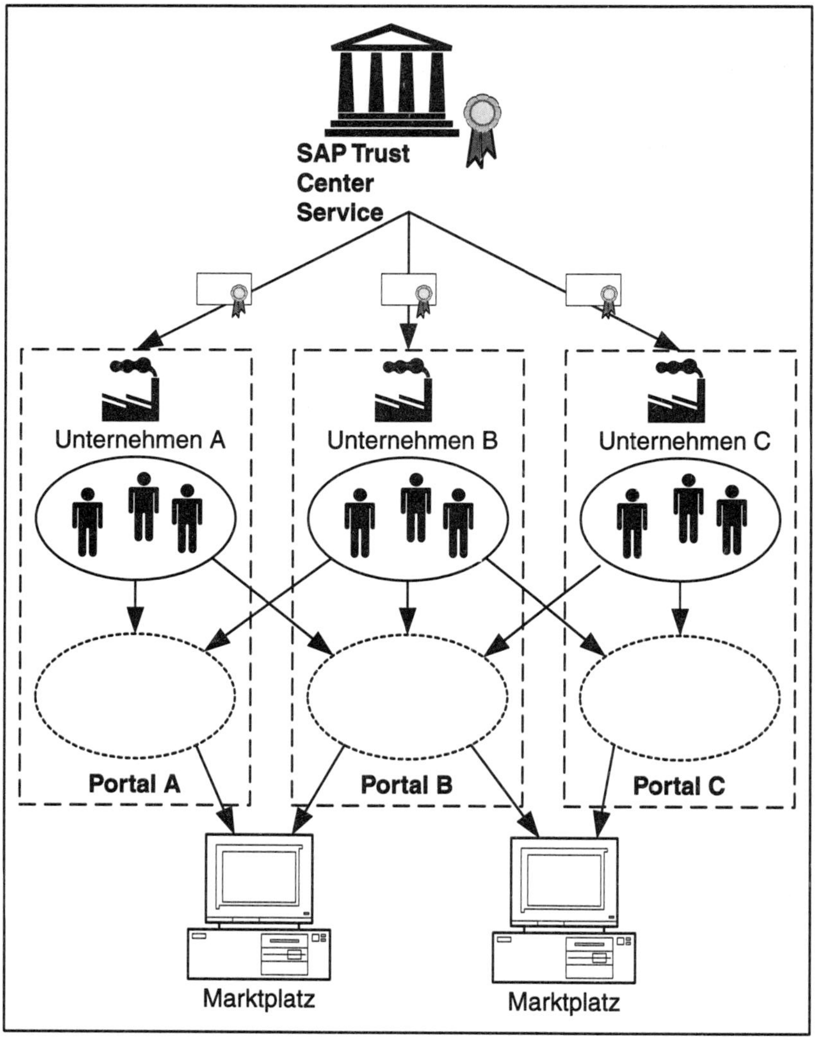

Abbildung 10.6 Vertrauensstruktur des SAP Trust Center Service

»Business Enabling«

Für die meisten Portalprojekte geht es vornehmlich um Beziehungen zwischen Unternehmenspartnern und Mitarbeitern. Dem Ansatz, den die SAP mit ihrem Trust Center Service verfolgt, liegt der Gedanke des »Business Enabling« zugrunde. Geschäftsbeziehungen werden um so intensiver, je stärker Vertrauensbeziehungen aufgebaut werden. Abbildung 10.6 verdeutlicht die Grundgedanken des Trust Center Services.

Der Mitarbeiter der Firma A, der über ein Unternehmensportal Prozesse in Gang setzt, vertraut dem Mitarbeiter der Firma B deshalb, weil sowohl die Firma A, als auch die Firma B registrierte Firmenkunden der SAP sind. Den Registrierungsprozess des entsprechenden Mitarbeiters übernimmt in diesem Fall die jeweilige Personalabteilung. Sie kennt ihre Mitarbeiter und potenziellen Teilnehmer an der PKI am besten.

Teil 4 »Lösungsbeispiele«

Nachdem in den vorangegangenen Teilen des Buches die Grundlagen von Portalen und die notwendigen Sicherheitstechniken vorgestellt worden sind, beschreibt der vierte Teil die Praxis.

Im Einzelnen sind dies drei Beispiele, in denen die folgenden Techniken eingesetzt wurden:

- **Kapitel 11:**
  In einem Novell-Netzwerk soll ein Unternehmensportal zwei unterschiedliche Systemarchitekturen miteinander verbinden. Dabei wurde besonderer Wert auf die Single Sign-On-Lösung gelegt.
- **Kapitel 12:**
  Der Einsatz von Einmal-Passwörtern für die Anmeldung an einem Unternehmensportal ist alles andere als Standard. Das Sicherheitsniveau kann jedoch im Vergleich zu der Verwendung von permanenten Passwörtern zur Authentifizierung erhöht werden.
- **Kapitel 13:**
  Auch ohne hohen Kostenaufwand kann ein Unternehmensportal über eine Public Key-Infrastruktur abgesichert werden. In diesem Beispiel kommen der SAP Trust Center Service und der USB-Token der Firma Aladdin zum Einsatz.

Zunächst wird in den jeweiligen Kapiteln die Ausgangssituation beschrieben, um die Bedingungen für den Einsatz der jeweiligen Technik zu erfassen. Im Anschluss daran folgen die Anforderungen der Unternehmen an die zu erstellende Lösung. Des Weiteren wird die Umsetzung für den konkreten Fall vorgestellt, und es wird begründet, warum und wie welche Techniken zum Einsatz gekommen sind.

11 Lösungsbeispiel: Portal mit SAP- und Mainframe-Integration

»SAP meets mainframe again«: Zwei unterschiedliche Architekturen werden über zwei unterschiedliche Single Sign-On-Lösungen in einem Portal integriert.

In vielen Unternehmen sind auf Grund der gewachsenen Strukturen auch unterschiedliche Anwendungen im Einsatz, die bei der Einführung von neuen Technologien wegen der meist hohen Investitionen nicht übergangslos ersetzt oder ausgetauscht werden.

Dieses Lösungsbeispiel zeigt, dass der Einsatz eines Unternehmensportals einerseits schrittweise erfolgen kann und dass andererseits seine Stärken gerade in der unkomplizierten Einbindung verschiedener Systeme liegen. Darüber hinaus macht es deutlich, dass die Forderung nach Sicherheit bei der Einführung eines Unternehmensportals nicht hinderlich sein muss.

11.1 Ausgangssituation

Bei der Einführung des Portals bei einem SAP-Kunden ging es darum, zwei unterschiedliche Backend-Systeme, einen Mainframe und ein SAP R/3-System, über ein gemeinsames Frontend zu integrieren. Die vorhandene Mainframe-Architektur bestand aus einem 32-Bit-Windows-Frontend, einem Middleware-Server (Terminalemulator) und dem Mainframe selbst (siehe Abbildung 11.1).

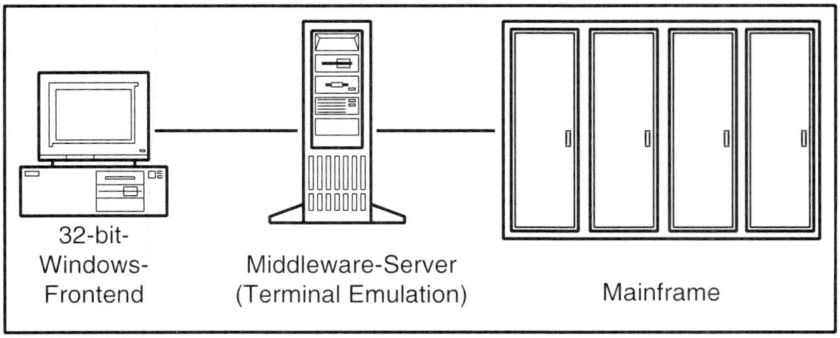

Abbildung 11.1 Mainframe-Architektur

Bei dem SAP-System handelte es sich um eine klassische Drei-Schichten-Architektur: SAPGUI für Windows, SAP-Applikations-Server und Datenbank-Server (siehe Abbildung 11.2).

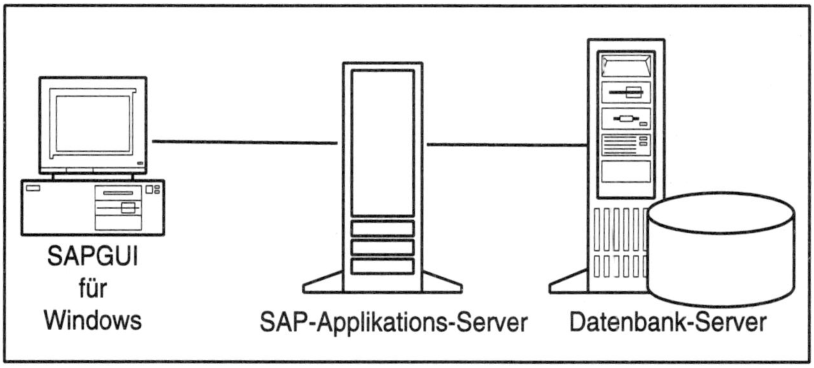

Abbildung 11.2 Drei-Schichten-Architektur

Dabei sollte neben den bereits existierenden SAP R/3-Systemen ein neu einzuführendes SAP-System langfristig das alte Mainframe-System ablösen. Es stand jedoch von Anfang an fest, dass die Übergangslösung – beide Systeme wurden nebeneinander betrieben – eine lange Zeit Bestand haben würde. Beide Backend-Systeme würden ausschließlich im internen Netzwerk betrieben, wobei auch die Arbeitsplätze der rund 8000 Mitarbeiter über keinen Internet-Zugang verfügten. Neben diesen beiden Systemen gab es noch eine Reihe von weiteren Systemen, die ebenfalls zu einem späteren Zeitpunkt über das einheitliche Frontend integriert werden sollten.

Wegen der Mischung verschiedener Backend-Systeme aus dem SAP- und Nicht-SAP-Bereich bot sich der Einsatz einer SAP-Portal-Lösung an. Der Projekt-Auftrag lautete demnach kurz und bündig: Integration zweier unterschiedlicher Backend-Systeme in ein SAP-Portal.

11.2 Anforderungen

Die erste Anforderung an das Portal war die Performance. Es wurden in den Systemen überwiegend Massendaten per Hand erfasst, wobei die Eingabe pro Transaktion nur wenige Sekunden bis maximal eine Minute dauerte. Beide Systeme stellten auch im parallelen Betrieb die »Herzstücke« des Unternehmens dar. Eine Unterbrechung beim Zugang auf diese Systeme würde von daher einen katastrophalen wirtschaftlichen Verlust für das Unternehmen nach sich ziehen. Darüber hinaus sollte es möglich sein, eine Single Sign-On-Lösung zu realisieren, damit sich die Mitarbeiter nur einmal gegenüber dem Portal authentifizieren müssen und eine mehrmalige Anmeldung an den Systemen vermieden wird.

Das Hauptproblem bei der Umsetzung stellte die Benutzerverwaltung dar, da es drei unterschiedliche Verwaltungen gab:

- Die Mainframe-Anwendung hatte ihre eigene Benutzerverwaltung.
- Das SAP-System hatte ebenfalls seine eigene Benutzerverwaltung.
- Es gab zusätzlich noch die Anmeldung am Novell-Netzwerk.

Mit der Einführung des SAP-Portals käme noch eine weitere Benutzerverwaltung dazu, wenn dabei nicht auf eine der vorhandenen Benutzerverwaltungen zurückgegriffen werden könnte.

Auf die Authentifizierung an einem der Systeme durfte aus Sicherheitsgründen (Zugriffberechtigungen) nicht verzichtet werden. Eine Anmeldung musste nach wie vor zwingender Bestandteil der Anwendungen bleiben. Gemäß den Anforderungen und Vorgaben sollte dies nach Möglichkeit ohne Veränderung an Mainframe-System oder -Architektur erfolgen.

11.3 Lösung

Aufgrund der erforderlichen hohen Performance kam nur die Integration der vorhandenen Frontends (SAPGUI für Windows und das Windows-Frontend der Mainframe-Anwendung) in Betracht, die performance-optimiert waren. Das heißt, bei den anwendungseigenen Frontends wurde nur ein sehr geringes Datenvolumen über das Netz übertragen. Zusätzlich war in beiden Frontends eine gewisse System-Logik enthalten, die Rechenleistung auf den Workstations miteinbezog wird. Beide Frontends wurden über ActiveX-Controls in das Portal integiert.

An der Mainframe-Anwendung sollten keinerlei Veränderungen mehr vorgenommen werden, da das System nach und nach durch das neue SAP-System abgelöst werden sollte. Die Anmeldung an den verschiedenen Systemen konnte eleganter gelöst werden, indem das vorhandene *Novell eDirectory* um das Produkt *SecureLogin* von Novell erweitert wurde, das gleich dreimal bei unterschiedlichen Anmeldevorgängen eingesetzt werden konnte. Bei der Anmeldung am Netzwerk (Workstation) musste der Benutzer seinen Benutzernamen und sein Passwort eingeben, diese Anmeldung wurde dann gegen das eDirectory geprüft. Nach dem Zugriff auf das Portal und auf die Mainframe-Anwendung wurden Benutzername und Passwort durch SecureLogin automatisch im Hintergrund übermittelt (siehe hierzu Kapitel 3). Dazu war eine Schemaerweiterung auf dem eDirectory sowie eine Installation des SecureLogin-Clients auf den Arbeitsplätzen der Mitarbeiter notwendig.

Für die Integration des SAP-Systems benutzte man den SSO-Mechanismus mit SAP Logon-Tickets.

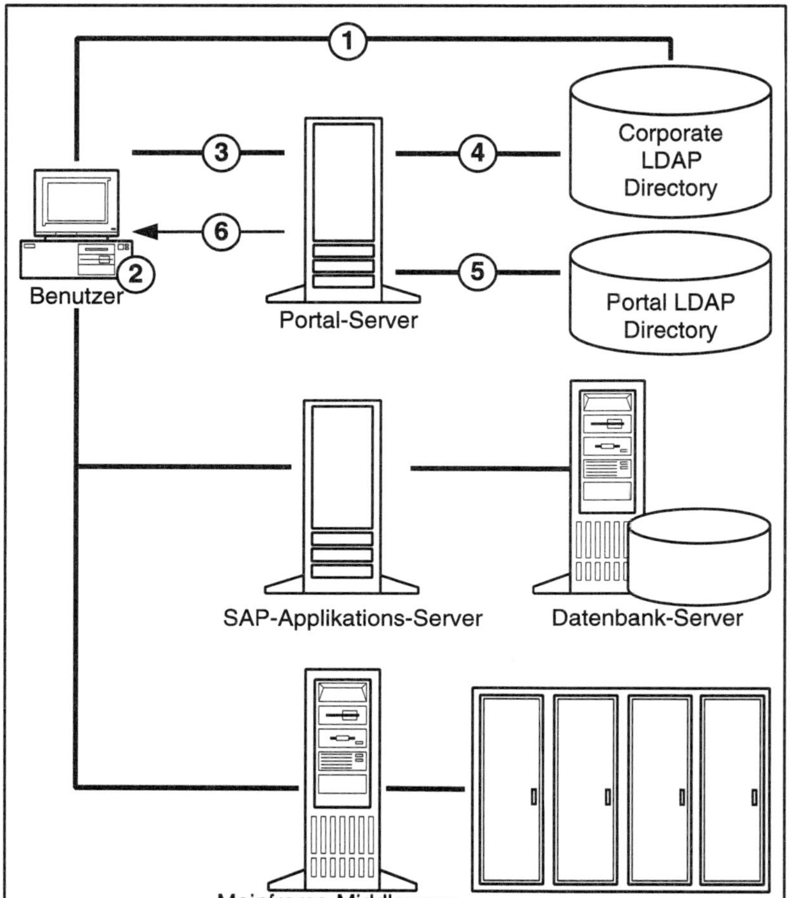

Abbildung 11.3 Anmeldung an der Workstation und am Portal

Die Abbildungen 11.3 bis 11.5 zeigen die Anmeldung am Enterprise Portal mit dem Corporate LDAP Directory, den Zugriff auf das SAP-System mit Hilfe der Logon-Tickets und schließlich den Zugriff auf das Mainframe-System über die SSO-Lösung (SecureLogin) von Novell. Der in Teil 2 dieses Buches beschriebene NTML-Mechanismus konnte für die Anmeldung am

Portal nicht genutzt werden, da dieser Mechanismus in einem Novell-Netzwerk nicht funktioniert.

Die Anmeldung des Benutzers an der Workstation und am SAP-Portal verläuft folgendermaßen:

1. Der Benutzer gibt an seiner Workstation Benutzername und Passwort ein, die dann am eDirectory von Novell (Corporate LDAP Directory) verifiziert werden.
2. Nach erfolgreicher Anmeldung wird auf der Workstation der SSO-Dienst (SecureLogin-Client) gestartet.
3. Der Benutzer startet seinen Internet Explorer und ruft die Portalstartseite auf. Die Anfrage des Portals nach Benutzername und Passwort wird von SecureLogin-Client erkannt und »abgefangen«. Über eine verschlüsselte Verbindung werden der Portalbenutzername und das Passwort aus dem eDirectory geholt und in das Anmeldefenster der Portalstartseite übertragen.

Hinweis Für diesen Ablauf muss sich der Benutzer zuvor einmal am Portal manuell angemelden haben. Der SecureLogin-Client erkennt diesen Anmeldevorgang und speichert Benutzername und Passwort für spätere Zugriffe verschlüsselt im eDirectory ab. Dies gilt auch für die automatische Anmeldung an der Mainframe-Anwendung.

4. Der Portal-Server nimmt nun die Anmeldedaten genauso entgegen, als hätte sie der Benutzer selbst eingegeben, und überprüft diese gegen das Corporate LDAP Directory – in diesem Fall wieder das Novell eDirectory.
5. Im nächsten Schritt lädt der Portal-Server die Informationen für die personalisierte »Welcome page« u.a. aus dem Portal LDAP Directory und generiert das SAP Logon-Ticket.
6. Beides überträgt der Portal-Server im letzten Anmeldeschritt an den Webbrowser.

Auf diese Weise konnte die Anmeldeinformation aus der Anmeldung an der Workstation für die Portalanmeldung genutzt werden. Lediglich bei der ersten Portalanmeldung oder bei einer Passwortänderung im eDirectory muss sich der Benutzer erneut am Portal anmelden.

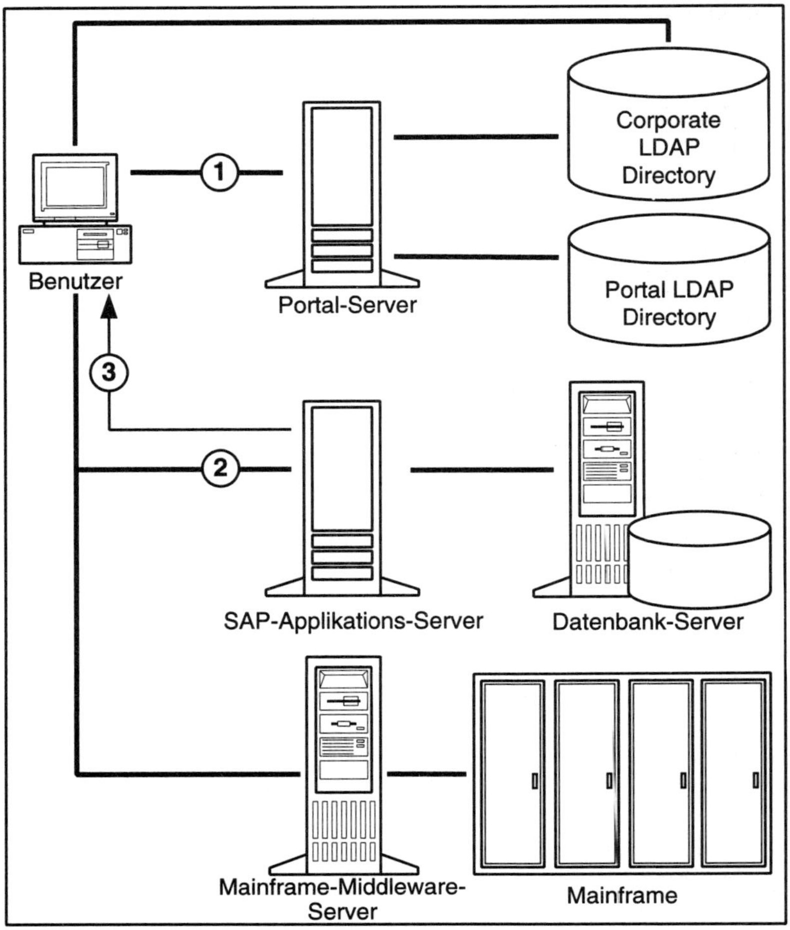

Abbildung 11.4 Anmeldung am SAP-System

Abbildung 11.4 zeigt schematisch den Zugriff auf das SAP-System mit Hilfe des SAP Logon-Tickets:

1. Das Logon-Ticket befindet sich nach der Anmeldung am Portal bereits auf dem Client des Benutzers. In der Navigationsleiste sieht der Benutzer u.a. einen Link zum SAP-System und einen Link zur Mainframe-Anwendung, wenn er über die notwendige Rolle verfügt. Klickt der Benutzer nun auf einen Link zu einer SAP-Transaktion, wird das SAPGUI für Windows im Browser gestartet.
2. Das SAP Logon-Ticket wird an das SAP-System für die Anmeldung übertragen. Das SAP-System verifiziert das Logon-Ticket, meldet den Anwender bei erfolgreicher Überprüfung am System an und führt die Transaktion aus.

3. Das Ergebnis der Transaktion bzw. die Eingabemaske der Transaktion wird an den Client des Benutzers übertragen.

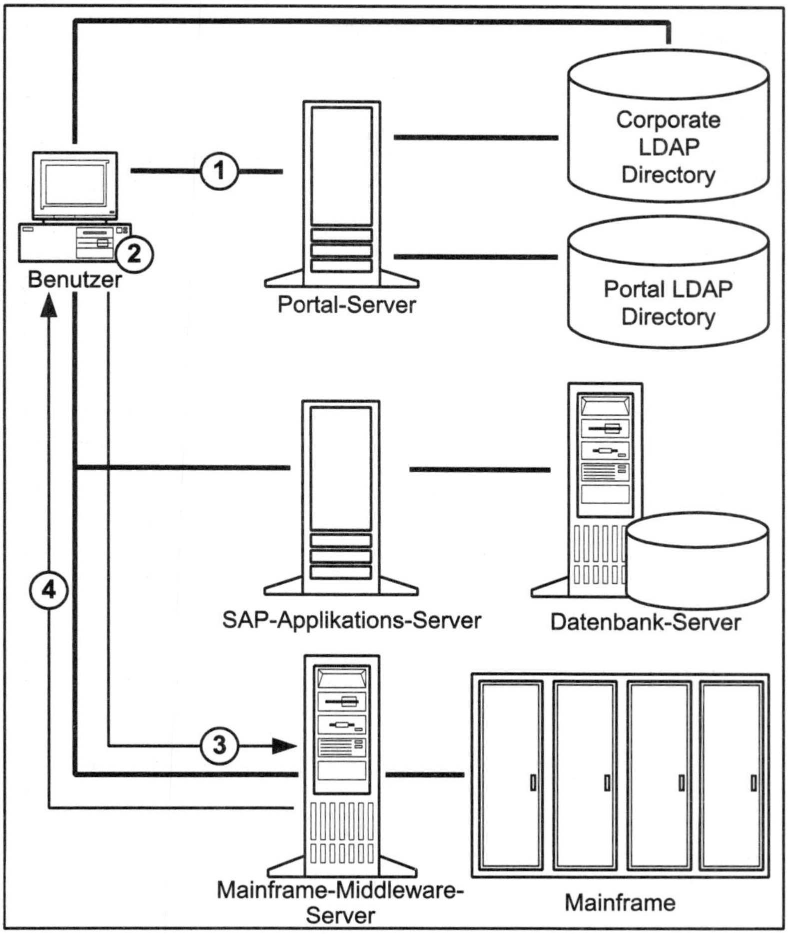

Abbildung 11.5 Anmeldung an der Mainframe-Anwendung

Abbildung 11.5 zeigt den Zugriff auf den Mainframe-Middleware-Server mit Hilfe der Novell Single Sign-On-Lösung.

1. Klickt der Benutzer auf einen Link zu einer Mainframe-Transaktion, erscheint beim ersten Aufruf die Aufforderung, Benutzername und Passwort einzugeben. Nachdem der Benutzer dieselben einmal eingegeben hat, werden die Anmeldedaten vom SecureLogin-Client erkannt und verschlüsselt im eDirectory (Corporate LDAP Directory) gespeichert.

2. Beim nächsten Aufruf einer Mainframe-Transaktion werden Benutzername und Passwort von SecureLogin an den Mainframe-Middleware-Server übertragen.
3. Der Mainframe-Middleware-Server nimmt die Anmeldung von SecureLogin entgegen, und zwar genau so, als ob sie vom Benutzer selbst eingegeben worden wäre. Die eigentliche Anmeldung am Mainframe-System wird dann vom Mainframe-Middleware-Server ausgeführt.
4. Die Mainframe-Anwendung liefert über den Mainframe-Middleware-Server nach erfolgreicher Anmeldung die Daten der aufgerufenen Anwendung an den Client.

11.3.1 Begründung für die eingesetzte Lösung

Die eingesetzte Single Sign-On-Lösung wurde aus drei Gründen gewählt:

- Das Novell-Netzwerk war bei diesem Kunden vorhanden, und SecureLogin von Novell stellte eine ideale Ergänzung der vorhandenen Komponenten dar.
- An der Mainframe-Anwendung mussten keinerlei Veränderungen vorgenommen werden.
- Zusätzlich entfiel für den Benutzer der Anmeldevorgang am Portal selbst, der ja ebenfalls durch die Novell Single Sign-On-Lösung vorgenommen wird.

Da auf das SAP-System bereits über das Portal mittels SAP Logon-Tickets zugegriffen werden konnte, wurde an dieser »Standard-SAP-SSO-Lösung« nichts verändert.

11.3.2 Sicherheitsniveau

Das interne Netzwerk ist gegen Zugriffe von außen abgeschottet, da es keine Verbindung zu anderen Netzen hat. Weder Kunden, Lieferanten noch Partner haben Zugriff auf das Portal. Der Datenfluss erfolgt daher unverschlüsselt. Man hätte zwar auch diese Datenverbindungen verschlüsseln können, was jedoch aus Performancegründen von Seiten des Kunden nicht gewünscht war. Aus der Sicherheitsperspektive war im Ausgangsfall das Risiko einer Kompromittierung als gering einzustufen, da alle am Netzwerk angeschlossenen Workstations weder ein Disketten- noch ein CD-ROM-Laufwerk besaßen. Die Workstations waren betriebsystemseitig soweit eingeschränkt, dass die Mitarbeiter keine Software installieren könnten, auch nicht über das angeschlossene Netzwerk. Daher war das Sicherheitsniveau und die Anforderung an das selbige als hoch einzustufen.

11.3.3 Alternative: SSO nur mit Logon-Tickets

Alternativ zu der gewählten SSO-Lösung wäre es ebenfalls möglich gewesen, das vom Unternehmensportal ausgestellte Logon-Ticket, das zur Anmeldung an den SAP-Komponentensystemen im Portal eingesetzt wird, auch als Authentifizierungsmechanismus für das Mainframe-System einzusetzen. Hierzu wäre es auf dem Middleware-Server der Mainframe-Anwendung erforderlich gewesen, das Logon-Ticket als gültigen Authentifizierungsmechanismus zu implementieren.

Im konkreten Fall wurde dieser Ansatz jedoch nicht weiter verfolgt, da dies Änderungen an der Mainframe-Anwendung erforderlich gemacht hätte. Dennoch soll dieser alternative Lösungsansatz im Folgenden kurz vorgestellt werden.

Bei der Anmeldung am Portal-Server bekommt der Anwender ein Logon-Ticket ausgestellt, das als Single Sign-On-Lösung für die SAP-Komponentensysteme dient. Das Ticket kann auch bei Nicht-SAP-Systemen als Authentifizierungsmechanismus dienen. Zu diesem Zweck stehen Bibliotheken zur Verfügung, die die Verifizierung des Tickets durchführen und in Fremdanwendungen genutzt werden können.

Im beschriebenen Szenario hätte es sich angeboten, die Auswertung des Logon-Tickets auf dem Middleware-Server durchzuführen, da der Anwender sich bei der »Alt-Anwendung« ebenfalls gegenüber dem Middleware-Server authentifiziert. Hierzu wären sowohl Modifikationen an der Client- als auch an der Middleware-Komponente erforderlich gewesen. Das zwischen Client und Server eingesetzte proprietäre Protokoll hätte dahingehend erweitert werden müssen, dass es möglich gewesen wäre, die Logon-Tickets zu übertragen.

Abbildung 11.6 zeigt schematisch die Anmeldung am Mainframe-Middleware-Server über SAP Logon-Tickets.

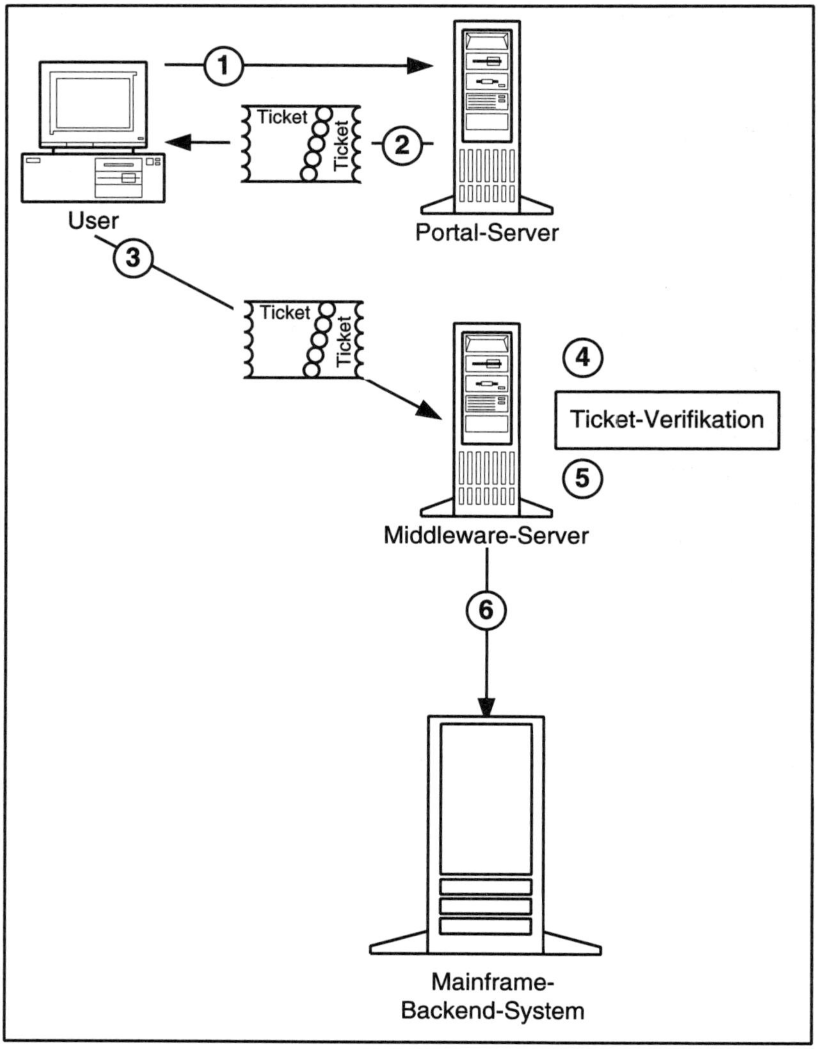

Abbildung 11.6 Verarbeitung des Logon-Tickets

1. Anmeldung am Portal
2. Generierung und Übertragung des Logon-Tickets zum Client
3. Zugriff auf den Mainframe-Middleware-Server mit dem Logon-Ticket
4. Verifizierung des Logon-Tickets durch den Mainframe-Middleware-Server
5. Da das Mainframe-Backend-System zwingend einen Benutzernamen und ein Passwort benötigt, müssen diese vom Middleware-Server aus seiner eigenen lokalen Benutzerdatenbank entnommen werden. Dieser Mechanismus hätte zusätzlich bei der Einrichtung dieser SSO-Lösung programmiert werden müssen.

6. Anmeldung am Mainframe-System mit dem Mainframe-Benutzernamen über den Mainframe-Middleware-Server: Nachdem der Mainframe-Middleware-Server die Bestätigung für die Gültigkeit des Tickets erhalten hat, führt dieser eine Berechtigungsprüfung für die aufgerufene Transaktion und den im Ticket genannten Benutzer durch und startet anschließend die Transaktion im Backend-System.

11.3.4 Schlussbemerkung

Das vorgestellte Lösungsbeispiel zeigt den erfolgreichen Einsatz einer Single Sign-On-Lösung über ein Unternehmensportal. Neben der Performance haben Sicherheitsüberlegungen die Integration der beiden unterschiedlichen Backend-Systeme in das Unternehmensportal der SAP vorangetrieben. Während und nach der Realisierung des Projekts wurden mehr und mehr Anwendungen bzw. deren Verantwortliche auf das Portal aufmerksam und wollten sich ebenfalls integrieren. Ein Prozess, der im vorgestellten Bespiel dezentral ablief. Demnach stellte die Integration der ersten beiden Systeme nur den Anfang vom Aufbau des Unternehmensportals dar. Andere Systeme und Anwendungen folgten und machen das Unternehmensportal somit erst zu dem, was es eigentlich sein sollte: dem Zugangspunkt zu allen Anwendungen und Informationen, die der Mitarbeiter für seine tägliche Arbeit braucht.

12 Lösungsbeispiel: Portalanmeldung über Einmal-Passwort-Token

Durch den Einsatz von Einmal-Passwort-Token anstelle von statischen Passwörtern zur Anmeldung am Portal kann der Authentifizierungsprozess optimiert werden. Die Einbindung von Mechanismen zur Authentifizierung mit Einmal-Passwörtern kann über die Schnittstelle für externe Authentifizierungsmechanismen des Unternehmensportals der SAP realisiert werden.

12.1 Ausgangssituation

Mit diesem Portal möchte unser SAP-Kunde, ein Konzern aus der Pharmaindustrie, eine engere Anbindung der Kunden an seine SAP-Systeme ermöglichen. Den Kunden soll über das Internet ein direkter Zugriff auf die SAP R/3-Systeme des Portalbetreibers eingeräumt werden, um dort Bestellungen oder Bedarfsplanungen direkt in den SAP R/3-Systemen durchführen zu können. Die rund 5000 Anwender der jeweiligen Kunden des Unternehmens sind weltweit verteilt.

12.2 Anforderungen

Die Aufgabenstellung lautet demnach: Aufbau eines sicheren Internet-Portals für eine große, aber dennoch beschränkte Benutzergruppe, und zwar für die Kunden des Portalbetreibers. Die Kunden sollen über das Portal die Möglichkeit haben, Bestellvorgänge abzuwickeln und Planungsdaten zu bearbeiten.

Bei den Bestellvorgängen und Planungsdaten der Kunden handelt es sich um kritische Daten. Aus diesem Grund muss sowohl im eigenen Interesse als auch im Interesse der Kunden sichergestellt werden, dass diese Daten einem unberechtigten Dritten nicht in die (digitalen) Hände fallen können. Neben einer restriktiven Berechtigungsverwaltung in den Backend-Systemen, die sicherstellt, dass ein Kunde nur auf die Daten zugreifen kann, für die er über eine Zugangsberechtigung verfügt, muss der Anwender bereits beim Zugriff auf das Portal sicher authentifiziert werden.

Der standardmäßige Authentifizierungsprozess des Anwenders am Portal, basierend auf Benutzername und Passwort, wird in diesem Fall als nicht ausreichend angesehen. Es ist eine stärkere 2-Faktor-Authentifizierung erforderlich. Denn nur durch die Kombination von Besitz und Wissen kann bei der Anmeldung am Portal eine nötige Sicherheit bei der Identifizierung des Anwenders erreicht werden.

Den berechtigten Anwendern soll es möglich sein, von jedem beliebigen Ort aus über das Internet auf das Portal zuzugreifen. Es soll keine Einschränkung auf bestimmte Workstations oder auf bestimmte Netzwerk-Adressbereiche geben. Zudem kann lediglich vorausgesetzt werden, dass ein Standard-Webbrowser auf den Workstations der Kunden installiert ist. Ansonsten dürfen keine weiteren Modifikationen in Form von Software oder Hardware an den Clients durchgeführt werden, da sie nicht im Verantwortungsbereich des Portalbetreibers liegen.

Des Weiteren soll erreicht werden, dass sich der Kunde nur einmal am Portal authentifizieren muss und anschließend auf die integrierten Backend-Systeme ohne weiteren Anmeldeprozess zugreifen kann.

Die Anforderungen im Überblick:

1. sichere Authentifizierung
2. Anwendbarkeit in einer heterogenen Client-Landschaft
3. Single Sign-On

12.3 Lösung

Zum Einsatz kommen das Einmal-Passwort-Token (siehe auch Abschnitt 7.1.3), *SecurID* von RSA Security, das zur Authentifizierung am Portal verwendet wird. Der Portalbetreiber setzte bereits die RSA Security-Lösung ein. Die SecurID-Karten wurden bei der Anmeldung der eigenen Mitarbeiter bei der Einwahl ins Unternehmensnetz verwendet und entsprechend am RSA ACE/Server validiert. Die bereits bestehende Server-Infrastruktur und die entsprechend installierte und konfigurierte Software konnte daher genutzt werden und musste nur noch für die Nutzung zur Authentifizierung der Portalanwender erweitert werden. Der Anwender muss bei der Verwendung von RSA SecurID beim Zugriff auf das Portal seine PIN und die aktuelle, sich regelmäßig ändernde Zahlenfolge auf seiner SecurID-Karte zur Authentifizierung eingeben.

Da es sich hierbei nicht um ein Standard-Authentifizierungsverfahren an Portalen handelt, waren entsprechende Modifikationen erforderlich. Die Anmeldung mittels Benutzername und SecurID stellt eine komfortable und sichere Lösung für die Authentifizierung der Benutzer an einem aus dem Internet erreichbaren Portal dar. Darüber hinaus braucht auf Anwenderseite keine zusätzliche Hardware oder Software installiert zu werden.

Logon-Ticket

Die Authentifizierung an den Komponentensystemen erfolgt auf der Basis des Logon-Tickets (siehe Abschnitt 7.2.1), das erst nach erfolgreicher Authentifizierung mit dem Einmal-Passwort ausgestellt wird. Da das Ticket ausschließlich über verschlüsselte Verbindungen übertragen wird und nur eine begrenzte Gültigkeitsdauer hat, ist der ganze Mechanismus als sicher einzustufen.

Die Lösung kann problemlos in heterogenen Client-Landschaften eingesetzt werden, da auf dem PC des Anwenders lediglich ein aktueller Browser vorhanden sein muss. Damit sind die Anforderungen der sicheren Authentifizierung, der Nutzbarkeit in einer heterogenen Client-Landschaft und Single Sign-On vollständig erfüllt.

Akzeptanz der Token

Die Benutzung der eingesetzten Hardware-Token stellte sich als sehr benutzerfreundlich und auch für technisch weniger talentierte Anwender, deren Know-how sich eher auf Applikations-Know-how beschränkt, als praktikabel dar. Die beigefügte Bedienungsanleitung wurde vom weitaus größten Teil der Betroffenen verstanden und akzeptiert, so dass die Hotline des Portalbetreibers keine nennenswerten Rückfragen bezüglich der Authentifizierung am Portal verzeichnen konnte. Beim weltweiten Rollout stellte sich schnell heraus, dass Englisch zwar fast überall gelesen werden kann, ein technischer Sachverhalt jedoch besser in der jeweiligen Landessprache verstanden wird. Da es sich bei der Anleitung zur Benutzung bzw. Bedienung der SecurID-Karten um einige verdeutlichende Bilder und wenige Zeilen erklärenden Textes handelt, waren die Übersetzungen in die jeweiligen Sprachen von einem Übersetzungsdienstleister einfach zu realisieren, was die Verständnisprobleme weiter zu reduzieren half.

Akzeptanz bei den Kunden

Die Akzeptanz der 2-Faktor-Authentifizierung war sehr hoch, da das damit einhergehende hohe Sicherheitsniveau den Kunden unmittelbar einleuchtete und in ihrem Interesse lag. Durch die breite Akzeptanz schon bei der Anmeldung am Portal konnten sehr schnell nach dem Rollout der Hardware-Tokens starke Frequentierungen des Portals verzeichnet werden. Hierbei zahlten sich die getroffenen Investitionen in eine entsprechende Portalinfrastruktur schnell aus. Die benötigten errechneten Bandbreiten, die kurze Antwortzeiten garantieren sollten, waren teilweise bereits schon von der bestehenden Internet-Anbindung des Portalbetreibers gedeckt. Durch die Etablierung einer redundanten Internet-Anbindung konnte das noch bestehende Defizit kostengünstig ausgeglichen und gleichzeitig konnte die Verfügbarkeit der Portallösung erhöht werden. Nachdem nun die netzwerkseitige Performance und Redundanz gesichert war, sollte es auch an den Portal-Servern nicht scheitern. Die beiden Server wurden ebenfalls mit entsprechenden, redundanten Hardware-Komponenten ausgestattet: Multiprozessor, Festplatten-RAID, redundante Festplatten-Controller mit der Möglichkeit, sie während des Betriebs auszutauschen, zwei Netzteile, angeschlossen an zwei getrennt gesicherte Stromkreise, mehrere Lüfter. Darüber hinaus wurden die beiden Server über eine entsprechende Loadbalancing-Lösung verbunden, um zum einen eine größere Ausfallsicherheit zu gewährleisten, die prognostizierte Frequentierung des Portals mit ausreichender Kapazität bewältigen zu können. Die im Portal integrierten Komponentensysteme verfügten bereits über eine entsprechende Netzwerkanbindung. Des Weiteren waren die in das Portal zu integrierenden SAP R/3-Systeme bereits zuvor im Produktivbetrieb und damit entsprechend verfügbar, so dass bei den Komponentensystemen in Bezug auf Redundanz und Bandbreite keine weiteren Investitionen notwendig waren. Aufgrund der Tatsache, dass der größte Teil der hier beschriebenen Lösung – Komponenten-Systeme, RSA ACE/Server mit RADIUS – bereits beim Portalbetreiber vorhanden war und produktiv genutzt wurde, mussten zur Realisierung der Lösung lediglich die redundante Internetanbindung, die Installation und Konfiguration der Portal-Server sowie die Integration des ACE/Servers umgesetzt werden. Die Akzeptanz des Portals bei den Anwendern hängt vom Vertrauen in die Sicherheit und von der Verfügbarkeit ab. Diesen Anforderungen konnte hier mit geringen Aufwand entsprochen werden, und die hohe Frequentierung des Portals bestätigt die getroffenen Entscheidungen.

In den folgenden Abschnitten sollen die in der Gesamtlösung verwendeten Technologien näher erläutert werden.

12.3.1 RSA SecurID-Lösung

RSA SecurID-Karte

Die Nutzung von RSA SecurID setzt einen zentralen Server voraus, der zur Verifikation der Passwörter dient (*RSA ACE/Server*). Die SecurID-Karte ist in unterschiedlichen Formaten erhältlich. Man kann sie in Scheckkartengröße (*RSA SecurID Card* oder *RSA SecurID PinPadTM Card*) oder als so genannten *RSA SecurID Key Fob* (Schlüsselanhänger) beziehen. Bei diesen Hardware-Tokens wird standardmäßig alle 60 Sekunden eine sechsstellige Ziffernfolge generiert, die pro SecurID-Token einzigartig ist. Bei der SecurID Card und dem SecurID Key Fob muss die benutzerabhängige PIN diesem Einmal-Passwort vorangestellt werden, um den Benutzer gegenüber dem RSA ACE/Server zu authentifizieren. Bei der SecurID PinPad^{TM} Card wird die PIN nicht vorangestellt, sondern durch eine Funktion mit dem erzeugten Einmal-Passwort in Beziehung gebracht. Dazu gibt der Anwender seine PIN direkt an der Karte mittels Zifferntasten ein und löst die Berechnung durch eine weitere Taste aus. Das Ergebnis dieser Funktion wird durch ein Hash-Verfahren verschlüsselt und ebenfalls als sechsstellige Ziffernfolge dargestellt. Die Verbindung aus der Benutzer-PIN und dem erzeugten Einmal-Passwort bzw. der errechnete Hash-Wert dieser beiden wird als *Passcode* bezeichnet. Der Portalbetreiber hat sich für den Einsatz der SecurID PinPad™ Cards entschieden, da hierbei die PIN noch zusätzlich gesichert ist und daher ein noch höheres Sicherheitsniveau bei der Anmeldung erreicht wird.

RSA ACE/Server

Bei der Authentifizierung am RSA ACE/Server können, wie gerade beschrieben, unterschiedliche Arten von SecurID-Karten zum Einsatz kommen. Der zentrale Server und die Token müssen synchron laufen, damit der Server bei der Anmeldung dasselbe Passwort ermittelt, wie es auf der SecurID-Karte angezeigt wird. Für dieses Portal kommt ein ACE/Server zum Einsatz, der von anderen Systemen über das RADIUS-Protokoll (siehe auch Abschnitt 7.2.2) angesprochen werden kann. Dem RSA ACE/Server müssen die verwendeten SecurID-Karten bekannt gemacht werden, was durch einen Datenträger, der den Karten von RSA Security beigefügt wird, mit entsprechender Information über die gelieferten SecurID-Karten geschieht. Im ACE/Server können nun die Benutzer den verfügbaren SecurID-Karten zugeordnet und für definierte Zugänge freigeschaltet werden. Die Benutzer können dabei entweder aus einem LDAP-Verzeichnis abgerufen oder aus einer RADIUS-Datenbank importiert werden. Der RSA ACE/Server bietet einen integrierten RADIUS-Dienst, mittels dessen der ACE/Server selbst als RADIUS-Server fungieren kann mit der Folge, dass alle dem ACE/Server bekannten Benutzer sich auch mittels Anfrage über das RADIUS-Protokoll abfragen und authentifizieren lassen. In dieser Lösung wurde der ACE/Server gleichzeitig als RADIUS-Server genutzt, denn diese Funktionalität wurde vom Portalbetreiber bereits für die RAS-Einwahl der eigenen Mitarbeiter eingesetzt. Durch die Definition der Portal-Server als Clients im ACE/Server kann nun also eine SecurID-Karte den Portalanwendern zugeordnet und bei erfolgreicher Authentifizierung der Zugang zum Portal freigeschaltet werden. Bei jedem Anmeldevorgang wird im ACE/Server die interne Uhr der SecurID-Karte mit der Information über diese Karte, die der ACE/Server vorhält, abgeglichen. Dadurch wird erreicht, dass die Synchronität zwischen Token und Server für die standardmäßige Lebensdauer einer Karte von drei Jahren gewährleistet werden kann.

Rollout Die Verteilung der RSA SecurID-Karten erfolgt derart, dass die Token, die mit einer Seriennummer versehen sind, beim Portalbetreiber dem entsprechenden Anwender mit Hilfe dieser Seriennummer zugeordnet werden. Der Zugang zum Portal mittels der an den Anwender zu versendenden Karte ist zu diesem Zeitpunkt noch nicht möglich, da die Karte auf dem ACE/Server noch nicht freigeschaltet ist. Die zugeordnete SecurID-Karte wird in Verbindung mit einer Empfangsbestätigung dem entsprechenden Benutzer auf dem Postweg zugestellt. Ein beiliegendes Schreiben in der jeweiligen Landessprache erklärt die weitere Vorgehensweise für den Benutzer. Er muss nun, nachdem er die Karte erhalten hat, die ihm zugeordnete Seriennummer überprüfen. Dann quittiert er den Erhalt der richtigen SecurID-Karte handschriftlich auf der beiliegenden Empfangsbestätigung. Die unterschriebene Empfangsbestätigung wird dem Portalbetreiber sowohl über Fax vorab als auch im Original auf dem Postweg zugeschickt. Nach Erhalt der Empfangsbestätigung wird der Zugang des Anwenders auf das Portal im ACE/Server freigeschaltet.

Verlust der Karte Da eine 2-Faktor-Authentifizierung stattfindet, gibt es auch kein akutes Sicherheitsproblem, wenn ein Anwender seine Karte verliert. Dennoch müssen bei Verlust einer Karte weitere Sicherungsmaßnahmen greifen. So führt beispielsweise eine dreimalige Fehleingabe des benötigten Passcodes automatisch zur Sperrung der Karte. Des Weiteren werden gescheiterte Anmeldeversuche protokolliert und entsprechend ausgewertet, so dass eine mehrfache Fehleingabe bei der Authentifizierung innerhalb kurzer Zeit entdeckt wird. Darüber hinaus wird der Verlust der Karte von Benutzern meistens unverzüglich gemeldet. Die verlorene SecurID-Karte wird im ACE/Server gesperrt und kann nicht mehr zur erfolgreichen Authentifizierung verwendet werden. Die PIN kann, wie bereits beschrieben, nicht abgehört werden, da sie direkt auf der SecurID-Karte eingegeben und mit der erzeugten Ziffernfolge als Hash-Wert bei der Anmeldung verwendet wird. Das Erspähen einer Zugangskennung beim Anmelden am Portal ist ebenfalls wertlos, da diese Kennung nach der Benutzung nicht mehr akzeptiert wird und bei einer erneuten Anmeldung eine andere Zugangskennung erforderlich wird, die nicht vorhersagbar ist.

Alternative: PKI Alternativ zu der eingesetzten Lösung hätte die Hauptanforderung einer starken 2-Faktor-Authentifizierung auch durch den Einsatz von Public Key-Mechanismen erfüllt werden können. In diesem Fall wären Smart Cards oder USB-Token (siehe auch Kapitel 13), die zusätzlich mit einer PIN geschützt sind, zur Speicherung des Schlüsselpaares und zur Authentifizierung am Portal eingesetzt worden.

Der Anwender hätte sich in diesem Fall mit der PIN an der Smart Card beziehungsweise dem USB-Token authentifiziert und das darauf gespeicherte Schlüsselpaar zur Authentifizierung am Portal über das SSL-Protokoll verwendet. Für den Einsatz von Smart Cards ist jedoch auf der Client-Seite ein Smart Card-Lesegerät erforderlich. Der Betrieb eines solchen Lesegerätes erfordert ebenso wie der Einsatz von USB-Token clientseitig die Installation der notwendigen Treibersoftware. Da es jedoch ausgeschlossen war, auf den Kundensystemen eine spezielle Software für den Zugriff auf das Portal zu installieren, konnte diese Authentifizierung über PKI-Mechanismen nicht eingesetzt werden.

12.3.2 Integration über RADIUS

Integration über RADIUS

Unternehmensportale der SAP unterstützen das RADIUS-Protokoll nicht direkt. Es ist jedoch über eine Schnittstelle möglich, externe Authentifizierungsmechanismen für die Anmeldung an das Portal einzubinden (siehe Abschnitt 7.3.2). Für diese auf COM basierende Schnittstelle wurde der entsprechende Mechanismus zur Authentifizierung über das RADIUS-Protokoll implementiert.

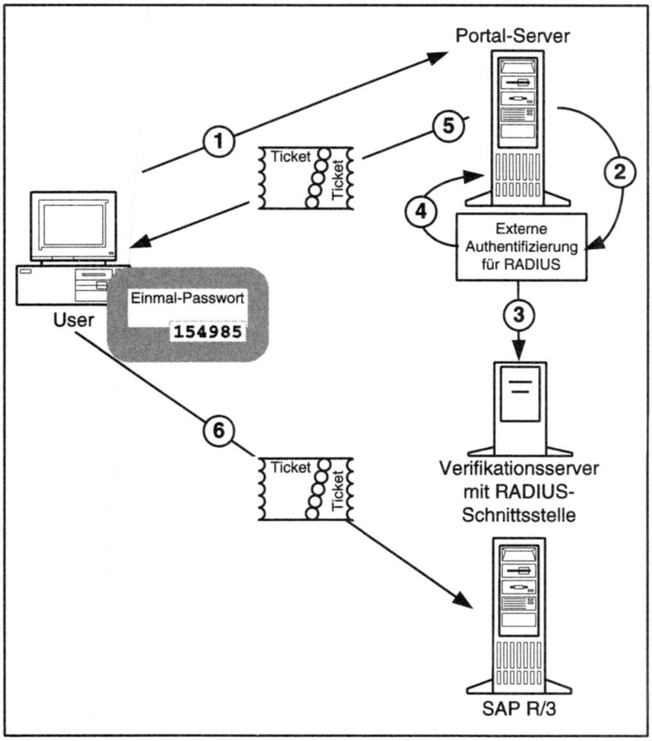

Abbildung 12.1 Architektur der Lösung

Der Anmeldevorgang verläuft wie folgt:

1. Der Benutzer ruft im Browser die URL des Portals auf und authentifiziert sich mittels Benutzername und Passcode.
2. Über RADIUS werden Benutzername und Passcode an RADIUS-/RSA ACE/Server gestellt.
3. RADIUS-/RSA ACE/Server prüft Benutzername und Passcode und übermittelt das Ergebnis an den Portal-Server wiederum über RADIUS.
4. Der Portal-Server erstellt bei positivem Ergebnis ein Logon-Ticket.
5. Das Logon-Ticket wird zum Client übertragen und als nicht-persistentes Cookie gespeichert.
6. Der Zugriff auf integrierte Server, hier SAP R/3, wird über das Logon-Ticket möglich.

Beim Zugriff auf das Portal wird der Anwender aufgefordert, seine Benutzerkennung und seinen Passcode einzugeben. Diese Informationen werden vom Portal-Server an den externen Authentifizierungsmechanismus weitergeleitet, der über das RADIUS-Protokoll eine Anfrage an den Verifikations-Server (ACE/Server) stellt. Die RADIUS-Anfrage wird lediglich mit der Aussage beantwortet, dass die Kennung gültig ist oder nicht. Für den Fall, dass die Kennung als ungültig abgelehnt wurde, kann zusätzlich noch ein Fehlergrund angegeben werden (beispielsweise »Benutzer ist gesperrt«).

Erhält der Portal-Server vom externen Authentifizierungsmechanismus die Bestätigung, dass der Anwender sich erfolgreich authentifiziert hat, ist der User angemeldet, und der Portal-Server generiert das Logon-Ticket, das zur Anmeldung an den SAP-Komponentensystemen eingesetzt wird.

13 Lösungsbeispiel: SAP Trust Center Service und USB-Token

Jeder autorisierte Nutzer erhält auf einem USB-Token seinen persönlichen »Schlüssel zum Portal«. Größtmögliche Freiheit mit eingeschlossen: Der Zugang kann von jedem beliebigen PC oder Notebook einfach über das Internet erfolgen.

Dieses Kapitel beschreibt beispielhaft die Anforderungen, die gewählte Lösung und die Erfahrungen innerhalb eines Projekts zum Aufbau eines Unternehmensportals bei einem Telekommunikationsdienstleister. Ziel des aufgebauten Unternehmensportals war es zum einen, die Kunden stärker in die Geschäftsprozesse zu integrieren, Medienbrüche zu reduzieren und auf diese Weise die Servicequalität zu erhöhen. Zum anderen ging es darum, für die Kunden eine Möglichkeit zu schaffen, durch einen einfachen Zugang zu Informationen ihr eigenes Tagesgeschäft effizienter abwickeln zu können.

Zugriff via Internet

Die Kunden können heute via Internet die betreffenden Informationen abrufen, Auswertungen erstellen oder ganze Geschäftsobjekte – Stichwort »elektronische Kundenakte« – bearbeiten. Das Einführungsprojekt hatte eine Laufzeit von sechs Monaten.

Anmeldung über X.509-Zertifikate, gespeichert auf USB-Token

Die Benutzerauthentifizierung am Portal, das über einen einfachen Link im Internet zugänglich ist, erfolgt aus Sicherheitsgründen ausschließlich mit Hilfe von X.509-Benutzerzertifikaten. Die Zertifikate werden von der SAP über den SAP Trust Center Service für ausgewählte autorisierte Kunden ausgestellt und direkt auf einem USB-Token gespeichert. Der Benutzer verwendet diesen Token im Prinzip wie einen Schlüssel, den er anstelle einer Benutzername/Passwort-Eingabe einfach in die USB-Schnittstelle seines Computers steckt. Der entscheidende Vorteil dieser USB-Token-Lösung ist der, dass auf Seiten des Kunden die Notwendigkeit eines zusätzlichen Smart Card-Lesegerätes entfällt. Zudem befindet sich das Benutzerzertifikat durch ein Passwort (PIN) geschützt auf dem USB-Device, ist damit portabel und steht ausschließlich den autorisierten Benutzern zur Verfügung.

13.1 Ausgangssituation

Die bestehende IT-Systemlandschaft des Telekommunikationsdienstleisters war sehr gut abgesichert, und bis zur Einführung des Unternehmensportals war kein Zugriff von außen möglich. Es existierte eine entsprechende Sicherheitsarchitektur, und es gab eine Reihe umfassender Sicherheitsmaßnahmen auf allen Ebenen, um die Sicherheit der Systeme zu gewährleisten.

Client-/Server-Systemlandschaft als Ausgangssituation

Die Mitarbeiter des Unternehmens verwendeten für ihre tägliche Arbeit hauptsächlich R/3-Anwendungen, die über den SAPGUI für Windows benutzt wurden. Darüber hinaus gab es weitere Nicht-SAP-Applikationen, die über Schnittstellen mit dem SAP-System verbunden waren und ebenfalls nach der klassischen Client-Server-Architektur arbeiteten. Als Betriebssystem für die Desktop-PCs der Mitarbeiter wurde Windows NT 4.0 Professional verwendet.

Die genutzten R/3-Anwendungen waren zum Teil SAP-Standardapplikationen. Ein großer Teil wurde jedoch für die spezifischen Anforderungen der Geschäftsprozesse im R/3-System selbst entwickelt. Neben dem R/3-System und den Nicht-SAP-Anwendungssystemen war ein Dokumenten-Managementsystem vorhanden, das über selbstentwickelte Schnittstellen mit den anderen Systemen verbunden und für die Speicherung der elektronischen Kundenakten zuständig war.

Vor der Einführung des Unternehmensportals mussten die Informations- bzw. Änderungsanfragen der Kunden stets manuell bearbeitet werden. Die Mitarbeit des Kunden im Geschäftsprozess war nur indirekt über die Ansprache an den Sachbearbeiter möglich, der dann die Bearbeitung intern durchführte.

13.2 Anforderungen

Forderung: einfach & sicher!

Das Unternehmensportal sollte im ersten Schritt ausgewählte Applikationen, Services und Informationen für Kunden des Telekommunikationsdienstleisters über das Internet bereitstellen, wobei die Nutzung der Systeme sich so einfach wie möglich gestalten sollte. Die Bedienung der Anwendungen sollte ausschließlich über einen Webbrowser erfolgen und möglichst ohne Installationsarbeiten auf den Kunden-PCs auskommen. Die Authentifizierung der Benutzer in den unterschiedlichen beteiligten Systemen sollte per Single Sign-On erfolgen. Folgende Ziele waren dabei zu berücksichtigen:

- Die Datenverbindung sollte über eine gewöhnliche Internet-Verbindung realisiert werden.
- Der Zugang sollte sicher sein.
- Der Zugriff auf das Portal und die SAP-Systeme sollte ohne Performance-Einschränkungen möglich sein.
- Die Oberfläche des SAP-Standards sollte an das Corporate Design angepasst werden.
- Es sollten Daten aus unterschiedlichen IT-Systemen (u.a. SAP R/3, Dokumenten-Managementsystem etc.) in der Web-Oberfläche des Portals angezeigt und bearbeitet werden.

Die Unternehmensleitung hatte die Vorgabe gemacht, das Unternehmensportal nur in Verbindung mit einer höchstmöglichen Sicherheitsstufe in Betrieb zu nehmen. Eine solche Forderung ist schon aus dem Blickwinkel der Kunden unumgänglich, deren Daten ja vor dem Zugriff Dritter und vor Manipulation geschützt werden müssen.

Sicherer und restriktiver Zugang

Das eingeführte Unternehmensportal bietet prinzipiell die Möglichkeit, über eine Internet-Verbindung und einen einfachen Webbrowser auf die produktiven IT-Systeme des Unternehmens zuzugreifen. Ein solcher Zugang muss entsprechend sicher und restriktiv implementiert werden. Für die Implementierung des hier beschriebenen Unternehmensportals wurden deshalb folgende Forderungen gestellt:

- Die Benutzeranmeldung an das Portal musste so implementiert werden, dass sie ausschließlich von ausgewählten Personen durchführbar war. Eine unberechtigte Anmeldung durfte technisch nicht möglich sein.
- Nach erfolgreicher Anmeldung eines Benutzers an das Unternehmenportal musste sichergestellt sein, dass dieser Benutzer ausschließlich auf Daten und Applikationen zugreifen konnte, die für ihn vorgesehen waren.
- Die Sicherheit und Integrität aller beteiligten Datenübertragungswege musste gewährleistet sein.
- Die zugrunde liegende Portalinfrastruktur musste auf allen technischen Ebenen abgesichert werden. Eine solche Absicherung sollte den gesamten Bereich der Netzwerkverbindungen und Netzwerkkomponenten, das Betriebssystem und systemnahe Programme sowie die beteiligten Datenbanksysteme umfassen.

- Die Anwendungssysteme, die über das Portal bereitgestellt werden, mussten entsprechend abgesichert werden, so dass keine mißbräuchliche oder unberechtigte Nutzung möglich war.
- Aus Sicherheitsgründen sollten alle Aktivitäten der Benutzer auf Applikationsebene protokolliert werden.
- Eine weitere Aufgabenstellung war die Auswahl und Einführung eines Intrusion Detection Systems (IDS), das eventuelle Angriffe auf Systeme des Kunden protokolliert und einen Eindringling meldet.

Große Unbekannte: Desktop PCs der Kunden

Zu Beginn des Projekts wurden vor allem die Alternativen der Benutzeranmeldung diskutiert. Eine Lösung auf der Basis von digitalen Zertifikaten und die Verwendung von Smart Cards erschien nach den ersten Untersuchungen sehr aufwendig, zumal auch bisher keine Erfahrung gemacht wurden und nur wenig Know-how im Zusammenhang mit diesen Themen in der IT-Abteilung des Kunden vorhanden war. Zudem sollten auf Seiten des Kunden möglichst keine Installations- oder Konfigurationsarbeiten notwendig werden, um die Handhabung und den Zugang zum Portal so einfach wie möglich zu gestalten. Der Einsatz eines eigens zu installierenden Smart Card-Lesegerätes kam deshalb nicht in Frage.

Ein weiteres Problem brachte die Tatsache mit sich, dass die Betriebssysteme der Kunden-Desktop-PCs nicht als bekannt und wohldefiniert vorausgesetzt werden konnten. Die zu realisierende Lösung musste deshalb zumindest alle gängigen Windows-Betriebssysteme unterstützen.

13.3 Lösung

Zertifizierter Smart Card-Chip

Die Portal- und Security-Anforderungen konnten auf der Basis der SAP-Portaltechnologie erfolgreich umgesetzt werden.

Die Implementierung der Single Sign-On-Lösung wurde auf der Basis der von der SAP bereitgestellten Trust Center Services durchgeführt. Als Speichermedium für die von der SAP ausgestellten Benutzer-Zertifikate wurden die USB-Tokens der Firma Aladdin verwendet, in denen ein Infineon Smart Card-Chip (SLE66CX160S mit CardOSM4) enthalten ist, der die Generierung des individuellen Schlüsselpaares auf dem Token selbst durchführt.

Zur Datenverschlüsselung wurde für die Verbindung zwischen Webbrowser und Webserver das SSL-Protokoll verwendet. Zum Schutz der Kommunikation zwischen den SAP Server-Komponenten wurde eine Verschlüsselung mittels SNC eingesetzt.

Die Integration der vorhandenen SAP-Applikationen sowie der Eigenentwicklungen in das Portal wurde mit Hilfe des SAP Internet Transaction Servers (ITS) realisiert, der wesentlicher Bestandteil der Lösungsarchitektur ist. Der ITS ist ein sogenannter *Web Enabler*, der die bestehenden R/3-Anwendungen durch eine automatische Transformation der Bildschirmmasken in HTML zur Nutzung über einen einfachen Webbrowser bereitstellt.

ITS als Web Enabler für die R/3-Anwendungen

Da auch das zu integrierende Dokumenten-Managementsystem (DMS) vollständig über eine HTML-Oberfläche bedient werden konnte, waren keine speziellen Browser-Einstellungen oder lokal beim Kunden zu installierende Anwendungen auf der Basis von ActiveX-Controls oder Java-Applets erforderlich. Das Single Sign-On am Dokumenten-Managementsystem konnte ebenfalls auf der Basis der X.509-Client-Zertifikate realisiert werden.

Integration von Nicht-SAP-Systemen

In den folgenden Abschnitten werden die in der Gesamtlösung verwendeten Technologien näher erläutert.

13.3.1 SAP Internet Transaction Server

Der ITS bildet die Schnittstelle zwischen einem »zustandslosen« Webserver (HTTP-Protokoll), dessen Kommunikation mit dem Webbrowser über Zyklen mit je einer Anfrage/Antwort abläuft, und einem »zustandsabhängigen« R/3-System (SAPGUI-Protokoll), bei dem die Ausführung betriebswirtschaftlicher Vorgänge vom internen Status abhängt.

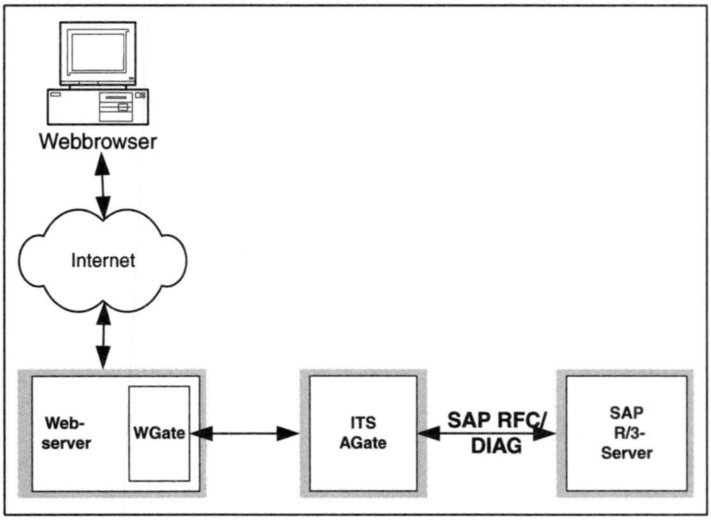

Abbildung 13.1 SAP ITS

Um den Benutzerkontext im R/3 zu pflegen, hält das AGate die Verbindung zum R/3-System für die gesamte Dauer des SAPGUI-Modus aufrecht. Die Verbindung zwischen dem Webbrowser und dem Webserver wird jedoch nach jedem Anfrage-/Antwort-Zyklus geschlossen.

ITS übersetzt zwischen Internet- und SAP-Protokollen

Bei jeder weiteren Anfrage, die nach dem Öffnen einer Session in R/3 abgesetzt wird, benutzt der Webbrowser Cookies, um eine Session-Kennung mit der HTTP-Anfrage zu senden, die zur eindeutigen Identifizierung der Verbindung zum R/3-System dient.

Bei jedem nachfolgenden Dialogschritt im Webbrowser ändert der Benutzer eine Reihe von Dynpro-Feldern. Der Webbrowser schickt diese Felder an den Webserver und das WGate, das sie wiederum an das AGate weiterleitet. Dank der eindeutigen Session-Verwaltung findet das AGate die Verbindung zum R/3-System und schickt die geänderten Dynpro-Felder mit einem OK-Code an das R/3-System. Das R/3-System wiederum gibt ein geändertes SAP-Dynpro zurück, das entweder mit Hilfe der Standard-Styles oder mit Hilfe eines eigenentwickelten HTML-Templates in HTML umgesetzt wird.

Das SAPGUI für Windows ist im Internet ungeeignet

Alternativ zur Nutzung des Internet Transaction Servers wäre auch die Integration des »klassischen« R/3-Frontends (SAPGUI) in das Portal möglich gewesen. Der SAPGUI für Windows beispielsweise hätte mit Hilfe eines ActiveX-Controls in die Portaloberfläche integriert werden können (vgl. Lösungsbeispiel in Kapitel 11). Dies wäre ebenso mit dem SAPGUI for Java möglich gewesen. Beide Ansätze haben allerdings den Nachteil, dass die Kommunikation des SAP-Frontends direkt mit dem R/3-System und nicht über die dazwischen liegende ITS-Middleware erfolgt, die vollständig in eine Webserver-Architektur integriert werden kann. Eine solche Lösung hätte zur Folge gehabt, dass die benötigten TCP/IP-Verbindungsports auf Kundenseite hätten freigeschaltet werden müssen. Eine solche Forderung wäre nur sehr schwer durchzusetzen und stark von den individuellen Gegebenheiten der Kundeninfrastruktur abhängig gewesen. Ein weiteres Problem dieser Alternative läge in der Bereitstellung und lokalen Installation des ActiveX-Controls bzw. des Java Applets, die zumindest bei der Erstbenutzung eine längere Download-Zeit und gegebenenfalls Installationsprobleme nach sich gezogen hätte.

13.3.2 Single Sign-On auf Basis von X.509-Benutzerzertifikaten

Zur Anmeldung am Portal muss der Benutzer im Besitz eines entsprechenden Zertifikates sein, das die Identität des Benutzers bescheinigt.

Dieses sogenannte *Benutzerzertifikat* wird über das SSL-Protokoll vom Webserver abgefragt und muss deshalb auf dem Desktop-PC des Benutzers verfügbar gemacht werden. Die Speicherung des Schlüsselpaares auf dem Desktop-PC ist abhängig vom verwendeten Betriebssystem und kann beispielsweise auch über eine entsprechende C-API-Schnittstelle (*Cryptographic Application Programming Interface*) auf einer Smart Card oder einem USB-Token erfolgen, so wie es in der hier vorgestellten Lösung realisiert wurde.

Benutzerzertifikats-Anmeldung

Beim Aufruf des Unternehmensportals wird über die Standardfunktionalität des Internet Explorers eine Benutzerzertifikats-Anmeldung vorgenommen. Für den Fall, dass auf dem USB-Token oder in dem Standard-Zertifikatsspeicher des Betriebssystems (dies ist normalerweise die Windows Registrierungsdatenbank) mehrere Benutzerzertifikate für diesen Benutzer gespeichert sind, öffnet der Internet Explorer automatisch eine Auswahlbox, aus der das richtige Benutzerzertifikat ausgewählt werden muss und mit dem dann die SSL-Client-Authentifizierung durchgeführt wird. Der Webserver überprüft das Benutzerzertifikat anhand des installierten Wurzelzertifikats des SAP Trust Centers auf seine Echtheit hin und stellt außerdem sicher, dass der Benutzer auch tatsächlich im Besitz des zu dem übermittelten Zertifikat gehörenden privaten Schlüssels ist. Dies geschieht über die Verify-Nachricht des SSL-Protokolls, die mit dem privaten Schlüssel des Benutzers verschlüsselt wurde und deshalb einzigartig ist.

Die Echheitsprüfung erfolgt nur einmal

Anschließend wird der eindeutige Name aus dem Zertifikat, der sogenannte *Distinguished Name*, über eine sichere SNC-Verbindung an die R/3-Systeme weitergeleitet, ohne dort allerdings eine erneute Echtheitsprüfung des Zertifikats durchzuführen, die ja bereits auf dem Webserver erfolgt ist. Über die SNC-Verbindung wird dann die Anmeldung an das R/3-System und die Prüfung des Benutzers abgewickelt. Falls der Distinguished Name im R/3-System nicht hinterlegt ist, wird der Benutzer abgewiesen.

Für jede Verbindung auf der Basis von SNC müssen sich beide Kommunikationspartner gegenseitig vertrauen, d.h., der jeweilige Kommunikationspartner wird explizit als vertrauenswürdig eingestuft. Damit nicht eine beliebige Anwendung die Identität fälschen kann, wird für jeden SNC-Kommunikationsteilnehmer eine sogenannte *PSE-Datei* (*Personal Security Environment*) erzeugt, in der ein eindeutiges digitales Server-Zertifikat abgelegt wird, auf das keine fremde Anwendung Zugriff hat. Diese digitalen Server-Zertifikate können selbst erstellt sein und sind deshalb von den zuvor genannten Client-Zertifikaten zu unterscheiden.

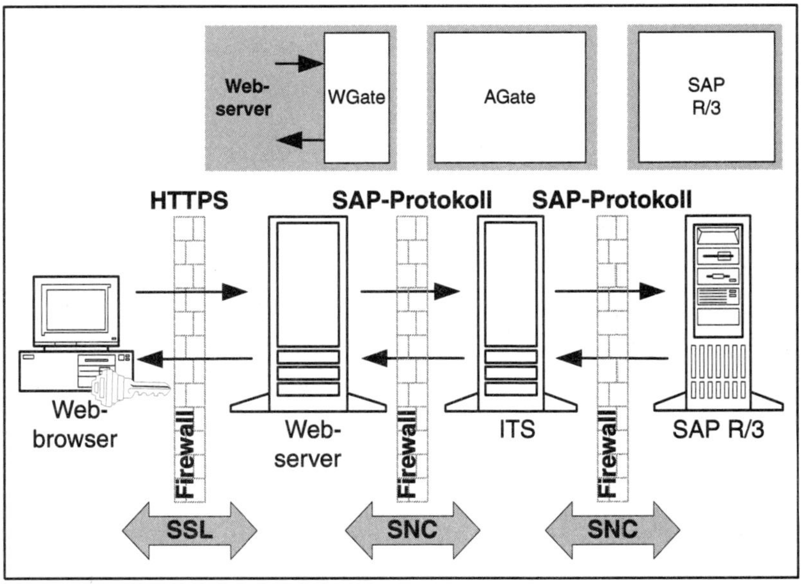

Abbildung 13.2 SAP-ITS-Absicherung

SAP Cryptographic Library

Die Implementierung der SNC-Verbindungen konnte mit Hilfe der von der SAP bereitgestellten *SAP Cryptographic Library* durchgeführt werden. Die SAP Cryptographic Library (*sapcryptolib*) bezeichnet die von der SAP als OEM lizenzierte Variante des Security Toolkits der SECUDE GmbH, die der deutschen Exportregulierung unterliegende Kryptographie beinhaltet und ohne zusätzliche Lizenzkosten zwischen SAP-Serverkomponenten eingesetzt werden kann. Die SAP liefert für die Installation und Konfiguration der SNC-Verbindungen das Programm *sapgenpse* aus, das auch zur Erstellung der Server-Zertifikate benutzt werden kann.

13.3.3 USB-Token

USB-Token mit integriertem Smart Card-Chip

In dem hier beschriebenen Portalprojekt wurden USB-Smart Cards der Firma Aladdin verwendet, die eine kostengünstige Alternative zu herkömmlichen Smart Card-Systemen darstellen, weil sie im Gegensatz zu letzteren kein zusätzliches Lesegerät benötigen. Der USB-basierte Sicherheits-Key von Aladdin ist quasi Smart Card und Lesegerät in einem.

Der erforderliche Treiber – inklusive Installationsanleitung –, der zur Verwendung des eTokens erforderlich ist, wird dem Kunden auf einem Datenträger zusammen mit dem Token ausgehändigt. Alternativ hierzu kann der Treiber vom Kunden auch über die Portalseite heruntergeladen werden. Die Installation des Treibers ist sehr einfach und kann problemlos durch die Kunden selbst durchgeführt werden.

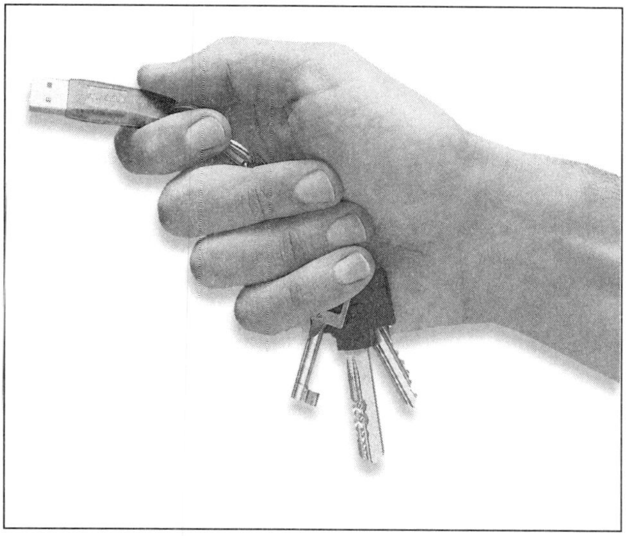

Abbildung 13.3 Aladdin eToken

Nach der Installation des eToken-Treibers auf dem Rechner des Anwenders signalisiert eine Leuchtdiode im eingesteckten USB-Token dessen Funktionstüchtigkeit. Die auf dem Token gespeicherten Zertifikate werden zusammen mit den auf dem PC installierten Zertifikaten aus der üblichen Umgebung des Internet Explorers heraus angezeigt und können für eine Anmeldung ausgewählt werden.

Alternativen zum USB-Token

Für die Benutzerauthentifizierung wäre als einfachere Lösung auch eine Anmeldung per Benutzername und Passwort-Eingabe über SSL möglich gewesen. Eine solche Lösung ist in Bezug auf die Sicherheitsstufe jedoch nicht mit der von digitalen Benutzerzertifikaten, die auf USB-Smart Cards gespeichert werden, vergleichbar. Auch der Verzicht auf die Benutzerzertifikate auf dem USB-Token wäre ein deutlicher Sicherheitsverlust, weil die Alternative, die Benutzerzertifikate zu speichern, eine bessere Angriffsfläche dargestellt hätte als ein kleines, portables Stück Hardware, das zusätzlich über eine PIN geschützt wird.

Der kritische Punkt bei der Speicherung im Zertifikatsspeicher des Betriebssystems ist, dass dieser – abhängig vom verwendeten Betriebssystem – unterschiedlich sicher ist. Theoretisch besteht die Gefahr, dass das Benutzerzertifikat zusammen mit dem privaten Schlüssel vom Desktop-PC des Benutzers entwendet und zum Zwecke der missbräuchlichen Benutzeranmeldung von einem beliebigen anderen Desktop-PC aus herangezogen wird.

Auf der gleichen Sicherheitsstufe wie die USB-Token stehen vergleichbare Smart Card-Lösungen mit externem Lesegerät. Hier ist allerdings der Nachteil gegeben, dass das Lesegerät erst an den Desktop-PC angeschlossen und in Betrieb genommen werden muss, während eine USB-Schnittstelle in den meisten PCs vorhanden ist. Andererseits ist beim Einsatz eines externen Lesegerätes der Vorteil gegeben, dass dieses in der Regel an einen ergonomisch günstigen Platz positioniert werden kann, so dass die Benutzung der Smart Card sehr einfach und praktisch wird. Bei einem USB-Token kann es dagegen sehr umständlich sein, den Stecker anzubringen, wenn der PC beispielweise unter dem Schreibtisch aufgestellt wurde und der Steckplatz auf der Gehäuse-Rückseite angebracht ist. Um dieser Problematik zu begegnen, gibt es unterschiedliche Hilfsmittel, z.B. kann ein einfaches USB-Verlängerungskabel schon Abhilfe schaffen. Da die USB-Schnittstelle auch für viele andere Peripherie-Geräte eine Rolle spielt, wird dieses Problem in der Zukunft entschärft, beispielsweise durch den Einsatz zusätzlicher USB-Hubs auf den Schreibtischen oder die Anschaffung von Flachbildschirmen mit integrierten USB-Anschlüssen.

13.3.4 Wahl des Trust Centers

Zur Ausstellung der Zertifikate kommt der SAP Trust Center Service (vgl. Abschnitt 8.3) zum Einsatz. Im Gegensatz zum Standardverfahren des Trust Center Services, bei dem jeder Anwender sich sein Zertifikat selbst erstellen kann, wird die Ausstellung der Zertifikate auf den USB-Token ausschließlich von ausgewählten Mitarbeitern des Portalbetreibers durchgeführt. Für die Anwender des Portals selbst ist dieser Dienst nicht zugänglich.

Der Service wird unter Berücksichtigung des Vier-Augen-Prinzips im Namen des späteren Kunden beziehungsweise Benutzers ausgeführt, und das dabei erstellte Schlüsselpaar wird direkt auf dem USB-Token erzeugt. Anschließend wird der USB-Token persönlich an den Kunden beziehungsweise Anwender übergeben.

Als Alternative zur Nutzung des SAP Trust Center Services wäre entweder der Aufbau und Betrieb einer eigenen PKI notwendig gewesen oder aber die Inanspruchnahme der Dienste eines kostenpflichtigen Anbieters, der die Benutzerzertifikate auf den USB-Tokens ausgestellt hätte. Beide Lösungen wären deutlich aufwändiger oder mit höheren Kosten verbunden gewesen.

Teil 5
Anhang

A Glossar

3DES Siehe Triple Data Encryption Standard.

ABAP Advanced Business Application Programming, objektorientierte Interpretersprache für SAP-Systeme.

Active Directory Services (ADS) Ein von Microsoft mit Windows 2000 eingeführter Verzeichnisdienst.

Adapter Durch den Einsatz eines Adapters können Komponenten, die nicht über gemeinsame Standardprotokolle verfügen, integriert werden. Ein Adapter schafft eine technische Verbindung zwischen unterschiedlichen Komponenten.

Advanced Encryption Standard (AES) Symmetrisches Verschlüsselungsverfahren, vorgeschlagener Nachfolger für DES, Schlüssellänge 128, 192 oder 256 Bit.

Anwendung Eine Anwendung besteht aus einer Reihe von Funktionen oder Web-Diensten, die normalerweise im Zusammenhang genutzt werden.

Application Programming Interface (API) Softwaretechnische Konvention, die festlegt, wie Anwendungen von anderen Programmen aufgerufen bzw. angesprochen werden. APIs ermöglichen die Kommunikation von Applikationen unterschiedlicher Hersteller.

Audit Information System (AIS) System zur Durchführung der Revision in Unternehmen. Das AIS besteht aus dem AUDIT-Berichtsbaum und ist eine Sammlung, Strukturierung und Voreinstellung von SAP-Standardprogrammen. Das AIS dient der Verbesserung der Prüfungsqualität.

Authentication Server (AS) Bei Kerberos eingesetzter Server, der die Schlüssel der teilnehmenden Benutzer verwaltet und die Benutzer authentifiziert, so genannte Trusted Third Party.

Authentifizierung Prozess der Identifizierung einer Person oder einer Systemkomponente, normalerweise als Voraussetzung für den Zugriff der Person oder der Komponente auf ein System.

Biometrisches Verfahren Automatisierte Methode zur Verifizierung oder Erkennung der Identität von Benutzern an digitalen Einheiten auf der Basis bestimmter physiologischer Charakteristika (z.B. Fingerabdrücke, Irismuster oder Tastenanschlagsmuster).

Blowfish Symmetrisches Verschlüsselungsverfahren, 1993 von Bruce Schneier entwickelt, Schlüssellänge 32 bis 448 Bit.

Business Application Programming Interfaces (BAPIs) BAPIs sind standardisierte, objektorientierte Schnittstellen in SAP-Systemen, mit deren Hilfe die Integration betriebswirtschaftlicher Anwendungen beispielsweise über das Internet möglich wird. Dabei können Systeme gekoppelt werden, auch wenn sie auf unterschiedlichen Technologien beruhen.

CardOS M4 Ein von Siemens entwickeltes Betriebssystem für Smart Cards. CardOS unterstützt ab der Version 4 die Erzeugung des Schlüsselpaares direkt auf der Smart Card.

Challenge-Handshake Authentication Protocol (CHAP) Authentifizierungsverfahren, bei dem das Passwort nicht übertragen, sondern ein Hash-Wert des Passwortes verglichen wird. Spezifiziert in RFC 1994.

Component Object Model (COM) Schnittstellenspezifikation bei Microsoft-Betriebssystemen.

Data Encryption Standard (DES) Symmetrisches Verschlüsselungsverfahren, bekannt seit 1988, Schlüssellänge 56 Bit.

Datenfernübertragung (DFÜ) Datenaustausch zwischen zwei Computern mittels analogem Modem oder ISDN-Modem.

De-Militarized Zone (DMZ) Demilitarisierte Zone. Zone, die nur bedingten Zugriff auf die darin enthaltenen Ressourcen erlaubt, abgeleitet vom militärischen Begriff, der eine Zone eingeschränkter Kriegshandlungen (z.B. Waffenstillstand) bezeichnet.

Diffie-Hellman Asymmetrisches Verschlüsselungsverfahren, benannt nach den Entwicklern W. Diffie und M. E. Hellman. Das Verfahren beruht auf der mathematischen Schwierigkeit, diskrete Logarithmen zu berechnen, und kann ohne Lizenzgebühren verwendet werden.

Digitale Signatur Sicherheitsmechanismus zum Schutz digitaler Daten, basierend auf Public Key-Mechanismen. Die digitale Signatur kann dazu verwendet werden, um die Identität des Absenders einer Nachricht (Authentizität) oder des Unterzeichners (Verbindlichkeit) eines elektronisch übertragenen Dokuments zu überprüfen. Über digitale Signaturen lässt sich auch sicherstellen, dass der ursprüngliche Inhalt einer Nachricht oder eines Dokuments nicht verändert wurde (Integrität).

Digitales Zertifikat Ein digitales Zertifikat schafft eine Verbindung zwischen einem Individuum und dessen digitaler Identität. Ein digitales Zertifikat ist das Pendant des Personalausweises in EDV-Netzen. Digitale Zertifikate werden zur Authentifizierung und zur Verifizierung digitaler Unterschriften eingesetzt. Das digitale Zertifikat wird von einer Zertifizierungsstelle ausgestellt und enthält Namen, Seriennummer, Gültigkeitszeitraum, eine Kopie des öffentlichen Schlüssels des Zertifikatsinhabers und die digitale Signatur der ausstellenden Instanz.

Directory Access Protocol (DAP) Auf dem OSI-Modell basierendes Zugriffsprotokoll für Verzeichnisse.

Distinguished Name (DN) X.500-Terminologie, eindeutiger Name innerhalb eines Verzeichnisses.

Domain Name Service (DNS) Im Internet standardisierter Namensdienst, der Domain-Namen in IP-Adressen auflöst und umgekehrt.

Domain-Controller Server in Microsoft Windows NT-Netzen, der die Benutzeranmeldung und die Verwaltung von Benutzern, Gruppen und Netzwerkressourcen regelt.

Dynamic Host Configuration Protocol (DHCP) Internetstandard zur dynamischen Zuweisung von IP-Adressen und anderen netzwerkbasierten Informationen, spezifiziert in RFC 2131.

Dynamic Link Library (DLL) Bei Microsoft Windows-Betriebssystemen verwendete Laufzeitbibliothek, die bestimmte Routinen von Windows-Programmen bereithält, die dynamisch zur Laufzeit eines Programms geladen werden kann.

EAP (Extensible Authentication Protocol) EAP ist eine Erweiterung des Point-to-Point-Protokolls (PPP) und stellt einen Standardmechanismus zur Verwendung zusätzlicher Authentifizierungsmechanismen bereit. Durch EAP kann eine Authentifizierung z.B. durch Einmal-Passwörter oder Smart Cards durchgeführt werden. EAP wird auch bei der Authentifizierung in Virtual Private Networks eingesetzt.

Enterprise Resource Planning (ERP) Betriebswirtschaftliche Planungssysteme in Unternehmen (z.B. SAP R/3), beispielsweise in den Bereichen Materialwirtschaft, Personalwirtschaft, Finanzen usw.

Extensible Markup Language (XML) Die Extensible Markup Language ist ein Datenformat für strukturierte Dokumente. Dokumentenstruktur und Gestaltung werden voneinander getrennt. Der Sprachschatz kann flexibel und anwendungsspezifisch erweitert werden.

Gateway Netzwerkgerät, das zwei oder mehr Netzwerk-Segmente miteinander verbindet.

Generic Security Services Application Programming Interface (GSS API) Schnittstelle auf Anwendungsebene (API) für Netzwerksicherheitssysteme. GSS API erlaubt die Integration von Sicherheitsfunktionen, die von einem externen Sicherheitsprodukt zur Verfügung gestellt werden, wie z.B. starke Authentifizierung oder Verschlüsselung.

Human Resources (HR) Englischer Begriff für Personalabteilung.

HyperText Transfer Protocol (http) Offenes Internetstandardprotokoll, das zum Austausch von Dokumenten genutzt wird.

HyperText Transfer Protocol on Secure Sockets Layer (https) https ist die durch Secure Sockets Layer (SSL) gesicherte Variante von http.

Institute of Electrical and Electronics Engineers (IEEE) US-amerikanisches Standardisierungsgremium.

Integrität Unveränderter Zustand der Inhalte einer Nachricht.

International Data Encryption Algorithm (IDEA) Symmetrisches Verschlüsselungsverfahren, 1992 von Firma ASCOM in der Schweiz patentiert, Schlüssellänge 128 Bit.

Internet Engineering Task Force (IETF) Internetorganisation (Arbeitsgruppe) zur Etablierung, Weiter- oder Neuentwicklung von Internetstandards.

Internetstandards Allgemeine Sammlung offener Standards zur Kommunikation und Integration via Internet. Beispiele von Internetstandards sind http, XML und WSDL.

Kerberos Authentifizierungssystem, das symmetrische Verschlüsselung zu seinem Schutz verwendet, spezifiziert in RFC 1510. Weitere Informationen finden Sie unter *http://web.mit.edu/kerberos/www/*.

LDAP Data Interchange Format (LDIF) Standardisiertes Verfahren zum Austausch von Daten oder Strukturen in LDAP-fähigen Verzeichnissen, RFC 2849.

Lightweight Directory Access Protocol (LDAP) LDAP ist ein Standardprotokoll zum Zugriff auf Verzeichnisdienste. Es wird normalerweise genutzt, um Organisations- und Benutzerdaten sowie andere Quellen, wie Dateien und Einheiten, sowohl im Internet als auch in Unternehmens-Intranets nachzuschlagen. LDAP ist in RFC 2251 spezifiziert.

Marktplatz Marktplätze verbinden Business-Gruppierungen und verbessern Business-Prozesse durch den Einsatz kollaborativer Funktionen, rationalisierter Operationen und höherer Effizienz. Private Marktplätze werden auch *private exchanges* genannt.

Message Digest Version 4 (MD4) Hash-Verfahren zur Erzeugung von eindeutigen, 128 Bit langen Werten, RFC 1320.

Message Digest Version 5 (MD5) Hash-Verfahren zur Erzeugung von eindeutigen, 128 Bit langen Werten, RFC 1321.

Messaging Messaging (Mitteilungsübertragung) bezeichnet den Datenaustausch unter einzelnen Anwendungen, die von verschiedenen Komponenten zur Verfügung gestellt werden.

Middleware Eine intelligente Applikation, die Frontend und Backend oder Backend und Backend miteinander verbindet.

Network Operating System (NOS) Systemsoftware, die dazu konzipiert wurde, die Ressourcen eines EDV-Netzes zu verwalten. Zu den typischen Anwendungen gehört der gemeinsame Zugriff auf Dateien, Druckerdienste und Vorkehrungen zum Schutz der Daten vor unberechtigtem Zugriff.

Non-Repudiation (Nichtabstreitbarkeit) Die Unfähigkeit, abzustreiten, dass eine Handlung ausgeführt wurde. Zum Beispiel kann ein Non-Repudiation-Dienst nachweisen, dass eine Person eine Nachricht an eine andere Person geschickt hat. In elektronischen Geschäftsabläufen kann dies durch Nutzung der Public Key-Technologie erreicht werden. Die Teilnehmer an einer Transaktion müssen sicher sein, dass niemand eine einmal getroffene Vereinbarung abstreiten kann. Durch eine entsprechende Sicherheitstechnologie lässt sich verhindern, dass ein Teilnehmer behaupten kann, einen Vertrag nicht unterzeichnet zu haben.

Non-Repudiation of Origin Der Absender kann nicht abstreiten, die Nachricht versendet zu haben.

Non-Repudiation of Receipt Der Empfänger kann nicht abstreiten, die Nachricht erhalten zu haben.

NT LAN Manager (NTLM) Authentifizierungsprotokoll, das Windows NT benutzt, um bei der Anmeldung Authentifizierungsinformationen zwischen Client und Server weiterzuleiten.

Online Certificate Status Protocol (OCSP) Standard, der von Client-Anwendungen genutzt wird, um zu prüfen, ob digitale Zertifikate zum Zeitpunkt der Transaktion gültig sind. OCSP erlaubt die schnelle Verifizierung des Aufhebungsstatus von digitalen Zertifikaten, RFC 2560.

Password Authentication Protocol (PAP) Authentifizierungsverfahren, bei dem das Passwort im Klartext übertragen wird, spezifiziert in RFC 1334.

Personal Digital Assistant (PDA) Handheld-Informationseinheit, die multiple Kommunikationsmöglichkeiten inklusive Adressbuch, persönlichem Informationsmanager, mobilem Telefon, Kalender und Netzwerkfähigkeiten bietet. PDAs nutzen verschiedene Arten von Eingabetechnologien inklusive Stift, Stimme und Tastatur.

Personifizierung Personifizierung bedeutet die Ausführung einer Handlung im Namen des Benutzers. Eine Komponente (Prozess) greift auf eine andere Komponente (Prozess) zu, wobei letztere annimmt, der Zugriff käme von dem entsprechenden Benutzer.

Private Key (Privater Schlüssel) Schlüssel, der bei asymmetrischen Kryptoverfahren benutzt wird. Dieser Schlüssel darf nur der befugten Person zugänglich gemacht werden. Mit ihm werden Daten digital signiert.

Public Key (Öffentlicher Schlüssel) Das Gegenstück zum Private Key im asymmetrischen Verschlüsselungsverfahren. Dieser Schlüssel wird weitergegeben oder auf Key Servern veröffentlicht. Mit diesem Schlüssel werden z.B.

Nachrichten an den Besitzer des Keys verschlüsselt, die nur mit dem entsprechenden Private Key wieder lesbar gemacht werden können. Darüber hinaus wird er verwendet, um digitale Signaturen zu verifizieren.

Public Key-Infrastruktur (PKI) Ein System, das die Vertrauensbeziehungen unter Nutzung der Public Key-Technologie verwaltet. Aufgabe der PKI ist es, zu gewährleisten, dass digitale Zertifikate und Zertifizierungsbehörden validiert und als vertrauenswürdig angesehen werden können.

Remote Function Call (RFC) RFC (Remote Function Call) ist ein SAP-Schnittstellenprotokoll, das auf CPI-C beruht. Damit wird die Programmierung von Kommunikationsabläufen zwischen Systemen wesentlich vereinfacht. Mit RFCs können vordefinierte Funktionen auf einem entfernten System – oder innerhalb des gleichen Systems – aufgerufen und ausgeführt werden.

Request for Comment (RFC) Im Internet veröffentlichte Dokumente zur Beschreibung von aktuellen Standards oder zur Weiter- oder Neuentwicklung derselben, von der IETF koordiniert.

RIPE-MD 160 Hash-Verfahren zur Erzeugung von eindeutigen, 160 Bit langen Werten.

Rolle Im Zusammenhang mit Unternehmensportalen sind drei verschiedene Bedeutungen des Begriffs „Rolle" zu unterscheiden: die organisatorische Rolle, die Portalrolle und die Rolle im Backend-System. Die organisatorische Rolle bezieht sich auf die Position eines Mitarbeiters im Unternehmen (z.B. Mitarbeiter des Einkaufs). Die Portalrolle bezieht sich hauptsächlich auf die Navigation im Portal, also die Anwendungen, die dem Anwender angezeigt werden. Rolle in Backend-Systemen (z.B. innerhalb des SAP R/3-Systems) beziehen sich auf die Berechtigungen des Mitarbeiters auf Transaktionsebene.

RSA Asymmetrisches Verschlüsselungsverfahren, benannt nach den Entwicklern R. Rivest, A. Shamir und L. M. Adleman.

Schlüssel In der Kryptographie ist der Schlüssel ein Parameter für einen Verschlüsselungsalgorithmus, mit dem eine Zeichenkette oder ein Textblock (eine Nachricht oder eine digitale Signatur) in verschlüsselten Text umgewandelt werden. Von der Länge des Schlüssels hängt es ab, wie aufwendig das Entschlüsseln der Nachricht und damit wie sicher das verwendete Verfahren ist.

Secret Key Geheimer Schlüssel. Meist wird der Schlüssel von symmetrischen Kryptoverfahren so bezeichnet.

Secure Hash Algorithm Version 1 (SHA-1) Hash-Verfahren zur Erzeugung von eindeutigen, 160 Bit langen Werten, RFC 3174.

Secure Sockets Layer (SSL) SSL ist ein Standardprotokoll zum Aufbau verschlüsselter Verbindungen in Netzwerken unter Verwendung von Verschlüsselung mit Public Key- und Private Key-Technologie.

Security Assertion Markup Language (SAML) XML-Sicherheitsstandard für den Austausch von Authentifizierungs- und Autorisierungsinformationen. Weitere Informationen finden Sie unter *http://www.oasis-open.org/cover/saml.html.*

Simple Authentication and Security Layer (SASL) Internetstandard zum Hinzufügen von Authentifizierung und Verschlüsselung zu verbindungsorientierten Kommunikationsprotokollen (z.B. TCP), RFC 2222.

Simple Object Access Protocol (SOAP) Vom W3C standardisiertes Protokoll zum Informationsaustausch zwischen Anwendungen in verteilten Umgebungen, basierend auf XML-Dokumenten.

Single Sign-On (SSO) Ein Mechanismus, der es dem Benutzer ermöglicht, mit einem Anmeldevorgang den Zugriff auf unterschiedliche Systeme freizuschalten. Single Sign-On gestattet es dem Benutzer, sich selbst einmal zu authentifizieren und dann ohne weiteres Eingreifen auf all jene Systeme zuzugreifen, die in der Single Sign-On-Umgebung zur Verfügung stehen und zu deren Nutzung er berechtigt ist.

Transmission Controll Protocol (TCP) Verbindungsorientiertes Kommunikationsprotokoll, das auf Layer 4 (Transportschicht) arbeitet und auf IP (Layer 3, Netzwerkschicht) aufsetzt, RFC 793.

Triple Data Encryption Standard (TripleDES) Symmetrisches Verschlüsselungsverfahren, das durch dreimalige Anwendung von DES entsteht, Schlüssellänge 112 Bit (Schema ABA) bzw. 168 Bit (Schema ABC).

Unternehmensportal Ein Unternehmensportal stellt einen einzigen Zugriffspunkt für alle Informationen, Anwendungen und Dienste dar, die die Mitarbeiter benötigen, um ihre Arbeit entsprechend ihrer Rollen ausführen zu können. Es bietet Lieferanten, Kunden, Partnern und Angestellten den einfachen und sicheren Zugriff auf alle relevanten Inhalte.

Verzeichnis Verzeichnisse werden genutzt, um anwendungsübergreifend zentral gemeinsam genutzte Informationen zu speichern und abrufbar zu machen. Typischerweise sind Verzeichnisse auf den Lesezugriff hin optimiert.

Virtual Private Network (VPN) Privates Datennetzwerk, das von der öffentlichen Telekommunikationsinfrastruktur Gebrauch macht, dabei aber die Privatsphäre durch Sicherheitsprotokolle aufrechterhält.

Web-Dienst Ein Web-Dienst ist eine autarke, modularisierte Funktion, die veröffentlicht wird und auf die über ein Netzwerk unter Nutzung offener Standards zugegriffen wird. Er ist die Implementierung einer Schnittstelle mittels einer Komponente und repräsentiert eine ausführbare Einheit. Für denjenigen, der den Dienst aufruft, ist der Dienst eine Black Box, die eine Eingabe erwartet und ein Ergebnis liefert. Web-Dienste sichern die Bereitstellung von Integrationsdiensten sowohl innerhalb eines Unternehmens als auch unternehmensübergreifend in jedem Format, ob synchron oder asynchron.

Wireless Application Protocol (WAP) WAP ist ein Standard, der vom WAP-Forum, einem Industriekonsortium mit Mitgliedern wie Openwave, Ericsson, Nokia, Motorola und Siemens definiert wurde. Der Zweck dieses Standards ist der kabellose Zugriff auf das Internet und auf erweiterte Telefondienste. Weitere Informationen finden Sie unter *http://www.wapforum.org*.

Wireless Markup Language (WML) WML ist eine XML-basierte Sprache zur Entwicklung von WAP-Anwendungen.

World Wide Web Consortium (W3C) Internationales Gremium zur Erarbeitung von Internetstandards (z.B. HTML und XML)

X.509 Weit verbreiteter Standard für digitale Zertifikate. Das Format verlangt gewisse Standardinformationen, z.B. eine E-Mail-Adresse, die den Inhaber und den Aussteller des Zertifikats identifiziert.

XML Siehe Extensible Markup Language (XML).

B Informationsquellen

In diesem Abschnitt finden Sie alle Angaben zu den Quellen, die bei der Erstellung dieses Buches verwendet wurden. Dieses Quellenverzeichnis kann als Ausgangspunkt für weitere Recherchen und vertiefte Auseinandersetzung mit der Thematik des Buches dienen.

Bauer, H. (2001): *Unternehmensportale – Geschäftsmodelle, Design, Technologien.* Galileo Business. Bonn.

Biethahn, J. & Hoppe, U. (2001): *Informations- und Kommunikationssysteme auf der Basis offener Standards.* Universität Göttingen, Abt. Wirtschaftsinformatik I/Universität Osnabrück, Fachgebiet BOW.

Claus, V. & Schwill, A. (2001): *Duden Informatik. Ein Fachlexikon für Studium und Praxis.* Dudenverlag. Mannheim.

Jünemann, M. (1997): *Universalservice – Lightweight Directory Access Protocol. Verzeichnisdienste.* iX 8/1997, S. 118.

Microsoft Inc. (2000): *Active Directory Architecture White Paper.* Microsoft Press. Redmond, USA.

Microsoft Inc. (2000): *Windows 2000 – Technical Resources. How It Works.* Microsoft Press. Redmond, USA.

Network Working Group. Chokhani, S. & Ford, W. (3/1999): *Request for Comments 2527. Internet X.509 Public Key Infrastructure, Certificate Policy and Certification Practices Framework.*

Network Working Group. Dierks, T. & Allen, C. (1/1999): *Request for Comments 2246. The TLS Protocol Version 1.0.*

Network Working Group. Fielding, R.; Gettys, J.; Mogul, J.; Frystyk, H.; Masinter, L.; Leach, P.; Berners-Lee, T. (6/1999): *Request for Comments 2616. Hypertext Transfer Protocol – HTTP/1.1.*

Network Working Group. Franks, J.; Hallam-Baker, P.; Hostetler, J.; Lawrence, S.; Leach, P.; Luotonen, A.; Stewart, L. (6/1999): *Request for Comments 2617. HTTP Authentication: Basic and Digest Access Authentication.*

Network Working Group. Gleeson, B.; Lin, A.; Heinanen, J.; Armitage, G.; Malis, A. (2/2000): *Request for Comments 2764. A Framework For IP Based Virtual Private Networks.*

Network Working Group. Good, G. (6/2000): *Request for Comments 2849. The LDAP Data Interchange Format (LDIF) – Technical Specification.*

Network Working Group. Haller, N.; Metz, C.; Nesser, P.; Straw, M. (2/1998): *Request for Comments 2289. A One-Time Password System.*

Network Working Group. Harkins, D. & Carrel, D. (11/1998): *Request for Comments 2409. The Internet Key Exchange (IKE).*

Network Working Group. Kent, S. & Atkinson, R. (11/1998): *Request for Comments 2401. Security Architecture for the Internet Protocol.*

Network Working Group. Kent, S. & Atkinson, R. (11/1998): *Request for Comments 2402. IP Authentication Header.*

Network Working Group. Kent, S. & Atkinson, R. (11/1998): *Request for Comments 2406. IP Encapsulating Security Payload (ESP).*

Network Working Group. Kohl, J. & Neuman, C. (9/1993): *Request for Comments 1510. The Kerberos Network Authentication Service (V5).*

Network Working Group. Linn, J. (1/2000): *Request for Comments 2743. Generic Security Service Application Program Interface Version 2 (GSS-API v2). Update 1.*

Network Working Group. Linn, J. (6/1996): *Request for Comments 1964. The Kerberos Version 5 GSS-API Mechanism.*

Network Working Group. Maughan, D.; Schertler, M.; Schneider, M.; Turner, J. (11/1998): *Request for Comments 2408. Internet Security Association and Key Management Protocol (ISAKMP).*

Network Working Group. Myers, J. (10/1997): *Request for Comments 2222. Simple Authentication and Security Layer (SASL).*

Network Working Group. Myers, M.; Ankney, R.; Malpani, A.; Galperin, S.; Adams, C. (6/1999): *Request for Comments 2560. X.509 Internet Public Key Infrastructure, Online Certificate Status Protocol (OCSP).*

Network Working Group. Postel, J. (9/1981): *Request for Comments 793. Transmission Control Protocol.*

Network Working Group. Rigney, C.; Willens, S.; Rubens, A.; Simpson, W. (6/2000): *Request for Comments 2865. Remote Authentication Dial In User Service (RADIUS).*

Network Working Group. Townsley, W.; Valencia, A.; Rubens, A.; Pall, G.; Zorn, G.; Palter, B. (8/1999): *Request for Comments 2661. Layer Two Tunneling Protocol "L2TP".*

Network Working Group. Valencia, A.; Littlewood, M.; Kolar, T. (5/1998): *Request for Comments 2341. Cisco Layer Two Forwarding (Protocol) "L2F".*

Network Working Group. Wahl, M.; Howes, T.; Kille, S. (12/1997): *Request for Comments 2251. Lightweight Directory Access Protocol (v3).*

Novell Inc. (11/1999): *NDS Corporate Edition. Administration Guide.* Provo, USA.

Novell Inc. (11/1999): *NDS Corporation Edition. Administration Guide – user account management for e-business.* Provo, USA.

Novell Inc. (2000): *Which directory offers the best LDAP server? Directory Services White Paper.* Provo, USA.

Novell Inc. (o.J.): *Novell eDirectory. Directory Services Technical Whitepaper.* Provo, USA.

Power, R. (2001): *Attacken im Web – Fälscher, Hacker, Datenklauer – die Schattenseite des Cyberspace.* Markt+Technik Verlag. München.

SAP AG (1/2000): *Secure Network Communications. SNC-Benutzerhandbuch. Version 1.2.* Walldorf.

SAP AG (11/2000): *mySAP™ Technology. Exchange Infrastructure: Process-centric Collaboration.* Walldorf.

SAP AG (11/2000): *mySAP™ Technology. IT Landscapes: Architecture and Life-cycle Management of distributed Environments.* Walldorf.

SAP AG (11/2000): *mySAP™ Technology. mySAP Technology for open e-Business Integration – Overview.* Walldorf.

SAP AG (11/2001): *mySAP™ Technology. Portal Infrastructure: People-centric Collaboration.* Walldorf.

SAP AG (11/2001): *mySAP™ Technology. Security Secure Business in Open Environments.* Walldorf.

SAP AG (1999): *Directory-Enabled R/3 – SAP Supports LDAP.* Walldorf.

SAP AG (1999): *Verzeichnisfähiges R/3 mit LDAP.* Walldorf.

SAP AG (2000): *BC-Verzeichnisdienste*. Walldorf.

SAP AG (2000): *mySAP.com Passport Enrollment*. Walldorf.

SAP AG (2000): *mySAP.com TCS – Customer Benefits*. Walldorf.

SAP AG (2000): *Pluggable Authentication Service (PAS) for External Authentication Mechanisms*. Walldorf.

SAP AG (2001): *Business User Administration – The New User Management Strategy for mySAP.com*. Walldorf.

SAP AG (2001): *mySAP.com: E-Business Security.* Walldorf.

SAP Portals (2001): *Architecture of the Enterprise Portal – Enterprise Portal version 5.0*. Palo Alto, USA.

SAP Portals (2001): *Enterprise Portal 5.0: Security.* Palo Alto, USA.

Schmeh, K. (2001): *Kryptografie und Public Key-Infrastrukturen im Internet. 2. Auflage.* dpunkt-Verlag. Heidelberg

Sun Microsystems Inc. (12/2001): *iPlanet Directory Server. Deployment Guide. Version 5.1*. Palo Alto, USA.

Sun Microsystems Inc. (12/2001): *iPlanet Directory Server. Installation Guide. Version 5.1*. Palo Alto, USA.

Vering, M.; Grant, N.; Barth, P.; Hurley, J.R.; MacKay, B.; Duray, D.J. (2001): *Der E-Business-Workplace.* Galileo Press. Bonn.

C Die Autoren

Alexander Brietz ist Security-Berater bei der SecurIntegration GmbH. Im Rahmen seiner Tätigkeit erstellte er diverse Security-Konzepte im SAP R/3-Umfeld. Als Leiter eines Rechenzentrums war er zuvor für die Sicherheit der ihm anvertrauten SAP-Systeme und Nicht-SAP-Systeme verantwortlich. Alexander Brietz verfügt über mehrjährige Erfahrung als Abteilungs- und Projektleiter in den Bereichen Aufbau von IT-Systemen, IT-Integration und IT-Security.

Alexander Kerwien ist ebenfalls Security-Berater bei der SecurIntegration GmbH. Seine Schwerpunkte liegen in den Bereichen SAP Internet Transaction Server (ITS), SAP-Portale und SAP-Security. Bei internationalen Projekten konnte er in den letzten Jahren zahlreiche Erfahrungen als Projekt- und Schulungsleiter sammeln. Zu seinen Aufgaben gehört u.a. der Anschluss von SAP-Portalen an das SAP Trust Center über SSL und SNC sowie die Einrichtung von firmeninternen Public Key-Infrastrukturen.

Guido Schneider ist Gründer und Geschäftsführer der Security-Firma SecurIntegration GmbH. Er ist seit sechs Jahren als Security-Berater tätig, wobei er sich seit vier Jahren mit der sicheren Anbindung von SAP-Systemen an das Internet und seit drei Jahren auch mit SAP-Portalen beschäftigt. Guido Schneider ist bei zahlreichen internationalen Portalprojekten als Security-Berater bzw. als Projektleiter tätig.

Florian Zwerger ist Senior-Consultant und Jurist bei der SAP Portals Europe GmbH und Co-Autor des bei SAP PRESS erschienenen Buches *Internet Selling –Integrierte Online-Verkaufslösungen mit SAP* sowie Co-Autor des Buches *E-Business-Projekte – Warum sie scheitern und wie man sie zum Erfolg führt*, das im Frühjahr 2002 bei Galileo Business erscheint. Seine Schwerpunkte sind Internet-Recht und Sicherheit. Er verfügt über mehrjährige internationale Erfahrung in E-Commerce-Projekten und in der Unternehmensberatung. Florian Zwerger hat hierzu zahlreiche Beratungsprojekte durchgeführt, Vorträge gehalten und ist als Referent für Kongresse im Bereich E-Business tätig.

Die **SecurIntegration GmbH** wurde im Frühjahr 2001 von Guido Schneider in Köln gegründet. Das Security-Beratungsunternehmen hat sich auf den Aufbau von sicheren Unternehmensportalen spezialisiert. Zu dieser Thematik bietet die SecurIntegration GmbH Beratung, Schulung sowie die Umsetzung von Security-Konzepten an.

Speziell für Kunden aus dem SAP-Umfeld entwickeln die Mitarbeiter individuelle und firmenspezifische Lösungen. Ziel ist es, das Vertrauen in das Medium Internet als Kommunikationsplattform für jeglichen Datenaustausch aufzubauen bzw. zu fördern.

Index

H

I

J

K

L

M

N

O

P

T

U